W0068980

ZU DIESEM BUCH

Wer fragt, woran es unseren Schulen fehlt, hört fast immer den gleichen Katalog von Klagen: Es fehlen Lehrer, Mittel und Räume, Schuldemokratie und entschlossene Reformen der Lehrpläne. Unentdeckt bleibt ein Grundübel, das George B. Leonard in diesem Buch untersucht:

● Der normierte, disziplinierende Unterricht an unseren Schulen erstickt im Ansatz die Faszination, die vom Neuen, noch nicht Erfahrenen ausgeht, mit dem sich Lehrende und Lernende denkend und handelnd einlassen möchten.

Aber:

● Die Faszination – das aktivierende, vorantreibende Moment im Lernprozeß – in ihre Rechte einzusetzen, ist kein utopisches Ziel, dessen Verwirklichung der Schule von morgen vorbehalten bleiben muß.

● Die Faszination verhindert bürokratischen, lehrerfixierten Unterricht.

● Die Faszination löst die erstarrten Muster der Erfahrung, des Denkens und der Kommunikation auf und führt zur Spontaneität, Entdeckerfreude und Erfahrungsbereitschaft.

● Erst durch die Faszination wird Lernen zu einem Prozeß ständiger Veränderung des Lernenden und zu offener, kritischer Auseinandersetzung mit der Umwelt.

George B. Leonard, einer der bekanntesten pädagogischen Schriftsteller in den USA, ist Vizepräsident des Esalen Institute in Big Sur (Kalifornien) und Mitherausgeber der Zeitschrift «Look».

George B. Leonard

Erziehung durch Faszination
Anschlag auf die
ordentliche Schule

Erziehung heißt Veränderung

Rowohlt

Die Originalausgabe erschien bei Delacorte Press, New York,
unter dem Titel «Education and Ecstasy»
Titel der im Verlag R. Piper & Co. erschienenen Buchausgabe:
«Erziehung durch Faszination. Lehren und Lernen
für die Welt von morgen»
Aus dem Amerikanischen übertragen von Elisabeth Fetscher
Umschlagentwurf Jürgen Wulff

Ungekürzte Ausgabe
Rowohlt Taschenbuch Verlag GmbH,
Reinbek bei Hamburg, März 1973
© R. Piper & Co. Verlag, München, 1971
«Education and Ecstasy» © George B. Leonard, 1968
Gesamtherstellung Clausen & Bosse, Leck/Schleswig
Gesetzt auf IBM-Composer aus der Aldin-Roman
Reprosatz Herbert Kröger, Hamburg 80
Printed in Germany
ISBN 3 499 16809 X

Inhalt

Der neuen Generation
und meinem besonderen Interesse
an ihr
Ellen, Mimi, Lillie, Emily

Anschlag auf die ordentliche Schule

Der Postkutschenverkehr um 1820 hatte auch seine Probleme; man darf sicher sein, daß an seiner Verbesserung laboriert wurde — bessere Beaufsichtigung der Kutscher, zügigerer Pferdewechsel, schnellere Reparaturmöglichkeiten, besseres Pferdematerial und so fort. Hundert Jahre später hatte sich herausgestellt, daß diese so gut gemeinte Postkutschenreform in eine dann lächerlich anmutende Sackgasse geführt hatte, von denen die Reformer sich deshalb nichts träumen ließen, weil sie sich Verkehrsentwicklung gar nicht anders denn als Postkutschenentwicklung vorstellen konnten.

Die unangenehme und wichtige Provokation des vorliegenden Buchs liegt darin, daß es die langläufigen therapeutischen Bemühungen um unsre schwer daniederliegende Schule in die Rolle der Postkutschenreform versetzt — einer Reform also, die eine ebenso überforderte wie in dieser Form zum Aussterben verurteilte Einrichtung unter ungeheurem Verschleiß von menschlichem und ökonomischem Potential noch einmal aufzumöbeln versucht. Der Besuch in der Kennedy-Schule in Santa Fé, Neu-Mexico, im Jahr 2001 dürfte auf jemand, der unsere Schulen von innen kennt, ähnlich verstörend wirken, wie wohl eine Autobahnvision auf einen zünftigen Postkutschenreformer vor eineinhalb Jahrhunderten gewirkt haben dürfte.

Wenn man in unsrer Gesellschaft Meinungen darüber sammelt, woran es unsrem institutionalisierten Erziehungswesen vor allem fehle, wird man einen Katalog von Defiziten hören, der den Angesprochenen schon verdächtig leicht von den Lippen geht: Es fehlt an Lehrern, Schulräumen, Lehrmitteln; es fehlt an organisatorischer Flexibilität und an inhaltlicher Modernität; es fehlt an praktizierter Schul-Demokratie, es fehlt an objektivierter Leistungsmessung — es fehlt, es fehlt ... Aber wird jemand zu sagen sich unterfangen, es fehle unsrer Schulerziehung vor allem an Faszination, am Auftreten jener elektrisierenden Momente, in denen Lernende sich vergessen und außer sich geraten, weil sie an Neues, Überraschendes, Schockierendes geraten sind, auf das sie sich denkend, handelnd, fühlend einlassen möchten — ungehindert durch administrative Zwänge? Kaum zu erwarten, daß das Fehlen von Faszination bei uns als ernster Mangel eingestuft wird, zu tief sitzt die Vorstellung vom Unterricht als einer domestizierten Angelegenheit, die viele Schüler durch immer souveräne Lehrer auf wohlpräparierten Lernwegen zu feststehenden, normierten Lernzielen zu geleiten hat. Angesichts der hier vorgelegten Detailberichte aus einer ganz anderen, schon da und dort verwirklichten Unterrichtspraxis mag man ins Grübeln darüber verfallen, was denn unsre schulorganisatorischen Schönheitsreparaturen fruchten, wenn Schulunterricht so bleibt, wie er ist – so lehrerfixiert, so notenorientiert, so stoffbezogen, so in Fächern erstarrt, so verbeamtet wie bisher oder auch technologisch so glatt und reibungslos gemacht, wie manche Ingenieure einer künftigen Lernfabrik sich das zurechtlegen?

„Faszination" ist Merkmal eines Lernprozesses, der sich mindestens in drei Merkmalen von den in unsren Schulen institutionell programmierten Lernprozessen unterscheidet: 1. Es geht nicht um Einlernen von Feststehendem, Überliefertem, Gesichertem – es geht vielmehr um Entsicherung, Liquidation, Verflüssigung erstarrter Muster des Wahrnehmens, Denkens, Fühlens, Kommunizierens; es geht um die Entdeckung und Erprobung neuer Erfahrungsmöglichkeiten. 2. Es geht nicht um das Hochtrainieren isolierter Fähigkeiten. Faszination ist Symptom für die Auflösung spezialistischer Blickbornierung. 3. Es geht um den Abbau des Überhangs an intellektueller Distanziertheit des Schulunterrichts, der Vorherrschaft also des Beredens, Analysierens, Beurteilens, Memorierens von Gedanken, Erfahrungen, Entdeckungen über das Anbahnen und das persönliche Durchmachen dieser Erfahrungen, Denkprozesse, Entdeckungen. Nach „Erziehung in Summerhill" und dem Bericht aus der Scuola di Barbiana, der Schülerschule am Apennin, ist dieses von den Stärken und Schwächen einer prophetischen Gedankenführung geprägte Buch in kurzer Zeit der dritte von draußen kommende Anschlag auf unsere Maßstäbe von einer anständigen und ordentlichen Schule, von einer anständigen und ordentlichen Erziehung. Man möchte ihm schon wünschen, daß es diese Maßstäbe ein wenig zu verrücken hilft – denn sie sind nicht so normal, so vernünftig, so realistisch, wie uns Phantasielosigkeit und Resignation einreden möchten.

Horst Rumpf

Erziehung heißt Veränderung

Lehrer sind überarbeitet und unterbezahlt. Das ist wahr. Das Eindämmen der Flut menschlicher Möglichkeiten ist ein ausfüllendes und erschöpfendes Geschäft. Was braucht es für Energie, um den reißenden Strom in ein Rinnsal zu verwandeln, dieses Rinnsal dann in enge, gut gezogene Kanäle zu lenken! Lehrer sind oft müde. Im Lehrerzimmer seufzen sie ihre Erleichterung in fleckige Tassen mit Nescafé und sind jedem dankbar, der sie über die Mißgeschicke des Tages zum Lachen bringt. Dieses Lachen erlaubt ihnen für einen Moment das gesundheitserhaltende Eingeständnis — dem jeder zustimmt —, daß das, was man für das tägliche Einerlei oder Routine oder Langeweile hält, in Wirklichkeit eine Tragödie ist. (Eine Stunde, von der man fünfzig Minuten an die „Ruhe in der Klasse" verwendet hat. Die Frage eines Kindes unbeantwortet, hundert ungefragt. Einen vorlauten Schüler lächerlich gemacht: „Er wird es schon noch lernen!" Das wird er sicher.) Vergnügtes Lachen bricht wie ein sprudelnder Springbrunnen durch verkrustete Vorstellungen und läßt eine Träne im Auge des Lehrers zurück. Ein kleiner Triumph.

Wie ertragen die Lehrer ihre unglückliche Aufgabe? Sie lernen es, wegzublicken. Sie flüchten in eine Sprechweise, die sie ihre Probleme vergessen läßt. Was man nicht lösen kann, wird mit einem Namen versehen. Einmal benannt, scheint eine Lösung nicht mehr so dringend nötig zu sein — vielleicht überhaupt nicht. Melissa „kommt nicht mit". (So nennt man das.) „James fällt aus der Rolle." (Er versteht sich überhaupt nicht mit seinem Lehrer.) Susan leidet an „Legasthenie" (das bedeutet — pst! daß das bloß die Eltern nicht hören — sie „kann nicht richtig lesen"). In manchen der Volksschulklassen fehlt diese Krankheit merkwürdigerweise ganz, in anderen leiden ein Dutzend oder mehr Kinder an Legasthenie.

Manche Lehrer verwandeln sich in Schauspieler. Gewöhnlich folgen sie dieser Berufung in den oberen Klassen, wo das Vorlesesystem (die beste Art, den Stoff aus dem Heft des Lehrers in das Heft des Schülers zu transportieren, ohne das Gehirn des Schülers zu berühren) in voller Blüte steht. Hier, auf einer imaginären Bühne, ist der Schauspieler-Lehrer für immer vor den Gefahren der Erziehung geborgen. Seine Vorstellung hat Erfolg. Er spielt für Gelächter und beleidigte Blicke. Ein geisterhafter Beifall begleitet ihn nach Hause zu seiner Frau, und er kann es kaum erwarten, wieder auf der Bühne zu stehen. Er ist sich eines vollen Hauses und einer langen Laufzeit sicher und weiß, daß die Kritiken freundlich sein werden. Wer ihm eine schlechte Besprechung gibt, bekommt eine mangelhafte Note.

Direktoren haben noch ein anderes Tummelfeld: ihre Schulgebäude. Beton, Glas, Stahl und Holz halten still; ihre Probleme beun-
ruhigen die Seele nicht. Ich habe ungefähr hundert Schulen besucht,
und es ist immer dasselbe. Der Besucher wird in das Schulbüro geführt. Dort findet ein Austausch von Höflichkeiten statt, und danach
begleitet der Direktor den Besucher auf einem kleinen Rundgang
durch das Schulgebäude. Es ist ganz egal, daß der Besucher vielleicht
nur gekommen ist, um etwas mit Miss Morrison, der Lehrerin der
zweiten Klasse, am Ende des Ganges zu erledigen. Erst kommt die Be-
sichtigung.

Der Direktor schreitet frisch drauflos. „Dies ist der Mehrzweck-
raum. Beachten Sie die beweglichen Trennwände." Rein und raus und
einen Korridor hinunter, der in „fröhlichen Farben", wie er es nennt,
strahlt. Die Türen zu den Klassenzimmern stehen offen, und die Spannung angestauten Lebens läuft kreuz und quer über den Flur hinweg,
wie die Kraftlinien eines magnetischen Feldes. Ich werde in eine offene Tür hineingezogen. Der Direktor zögert, drängt dann hinein. Ich
folge. Ein Junge sitzt auf dem Boden im Flur neben einer Klassentür,
Rücken gegen die Wand, Kopf zwischen den Knien. Er sieht aus wie
aus dem Bilderbuch — verschwitzte, zerzauste schwarze Haare, heraus-
hängender Hemdzipfel, die Schnürsenkel seines einen Tennisschuhs
hängen herab. Als wir vorbeigehen, lugt ein großes glänzendes Auge
zwischen seinen Handknöcheln hervor und blickt mich anklagend an.
Warum hat man ihn von der Gesellschaft seiner Kameraden ausge-
schlossen? Ich fühle mich nach links gezogen. „Hier rechts ist unser
neues Lehrerzimmer." Ich gehe nach rechts. „Bitte genieren Sie sich
nicht, diesen Raum, wann immer Sie wollen, zu benutzen. Es gibt da
immer Kaffee, Sie können auch ein wenig mit den Mitgliedern unseres
Kollegiums plaudern."

Wir gehen weiter, endlich in ein Klassenzimmer. Es ist die 5. Klasse*, über die eine gedrungene weibliche Person mit Brille und röt-
lichem Haar das Zepter schwingt. Mit unserem Erscheinen entlädt sich
die elektrische Spannung im Raum in einen Blitz; der Grad der An-
spannung läßt nach, das Maß des Interesses steigt. Alle Gesichter wenden sich uns zu. „Entschuldigen Sie, Miss Brown. Ich möchte gern,
daß unser Besucher eines von unseren neuen Klassenzimmern zu sehen
bekommt." Auf dem zweiten Platz in der zweiten Reihe wandern die
Augen eines Jungen von uns zu einem auf dem Pult aufgepflanzten
Heft. Während der Direktor spricht, schlängle ich mich herum, um zu
sehen, was der Junge liest. Aha, hinter dem Heft ist ein Exemplar von
„Mechanik für alle" verborgen. Er sieht mich vorwurfsvoll an, liest

* Die Elfjährigen (Anm. d. Übers.)

dann weiter, mit trotzigen, verträumten Augen. Eine Aura seltenen Gefesseltseins umgibt ihn. Ich blicke weg. Er wird sich an all seinen Trotz und all seine Träume fest anklammern müssen.

„Beachten Sie bitte den Lichteinfall auf den Seiten des Raumes, die vom Fenster entfernt sind. Sie werden feststellen, daß jeder Tisch vollkommen gleich und ausreichend beleuchtet ist." Der Direktor ist selig, und ich freue mich mit ihm über den wunderbaren, vollkommen gleichmäßigen Strom von Tageslicht in einem Raum voll wunderschöner Kinder. Aber irgend etwas stört mich, ein unangenehmes Prickeln an meinem Hinterkopf. Eine Hexe ist im Zimmer. Ich sehe sie hinten in der vierten Reihe, milchweiße Haut, schwarzes Haar fällt über eine verblichene Bluse, ein Streifen von Sommersprossen zieht sich quer über den Rücken ihrer schmalen, scharfgeschnittenen Nase. Dunkle Augen mit geweiteten Pupillen sind jetzt fest auf mich geheftet, dreist und direkt; sagen mir, daß sie, ohne ein Wort, weiß, alles weiß, was man über mich wissen kann. Ich starre zurück und habe das Gefühl, daß dieses Mädchen mit einer Erziehung, die es höchstwahrscheinlich nicht bekommen wird, uns vielleicht die Zukunft voraussagen könnte, Zeichen deuten, mit Geistern Umgang pflegen. In Salem hätte man sie wahrscheinlich zu Feuer und Wasser verurteilt. In unserer Gesellschaft wird sie angepaßt werden.

„Wenn es draußen dunkel wird", sagte der Direktor, „gleicht ein elektronisches Auge — hier ist es — automatisch die Lichtverhältnisse aus, indem es die Lampen der übrigen Beleuchtung anstellt." Die Augen des Mädchens lassen mich keine Sekunde los. Sie ist auch noch eine Zauberin, denn schon hat sie eine völlig neue Welt geschaffen, die nur von uns beiden bewohnt ist. Es ist keine sexuelle Welt. Was in ihr vorgeht — sie würde es nie in Worte fassen können —, geht über das Erotische ganz und gar hinaus. Aber später, dann, wenn diese ihre Gaben, die sich in den wissenschaftlich-rationalistischen Rahmen nicht einfügen lassen, ganz erstickt worden sind, dann wendet sie sich vielleicht dem Sex zu. Und vielleicht verfällt sie der Promiskuität, immer auf der Suche nach dem Schatten einer Ekstase und eines Wissens, an die sie sich dann nur noch wie an ein fernes Beben erinnern wird, an ein unerklärliches Hingezogensein zu den anderen.

„Sie sehen, ein Klassenzimmer wie dieses kann nie dunkel werden. Es ist immer gleich hell." Ich merke, daß der Direktor zu Miss Brown sagt, daß wir jetzt gehen. Das Mädchen hat nicht die geringste Absicht, meine Augen loszulassen. Der Direktor bewegt sich auf die Tür zu. Einen Augenblick wird mir schwindlig, dann reißt die Verbindung ab, und ich folge meinem Gastgeber zur Tür hinaus, werfe mir schnell wieder die Verkleidung über, die wir alle tragen müssen, um sicher durch die Welt zu kommen, von der ich und der Direktor und die meisten von uns gewöhnlich vorgeben, daß sie das Eigentliche ist.

Ich beglückwünsche den Direktor, aber ich weiß, daß die Beleuchtung in diesem Raum niemals ganz gleichmäßig sein wird. Ein Klassenzimmer, jedes Klassenzimmer, ist ein geheimnisvoller Ort voll von Schatten und wechselnden Farben, ein Ort voller uneingestandener Wünsche und namenloser Kräfte, ein magischer Ort. Seine Bewohner sind gezähmt. Nach Jahren unnötiger Wiederholungen werden die fähig sein, ihre Tricks auszuführen – Lesen, Schreiben, Rechnen und deren schwierigere Nebenprodukte. Aber sie sind nur im Sinne eines Käfigs voll junger Dschungel-Katzen gezähmt. Es müssen nur die richtigen Umstände zusammentreffen, und das Klassenzimmer explodiert.

Was ist das für eine Arbeit, die wir unsere Lehrer tun lassen! Kein Wunder, daß sie ihre Phantasie einschränken, in fremden Zungen sprechen lernen, Schauspieler werden. Einige von ihnen entwickeln sich zu Sadisten – die Versuchung ist groß, aber von diesen wollen wir nicht sprechen; bewußte Grausamkeit ist in den Schulen heutzutage selten. Die gegenwärtige Situation in den Klassenzimmern ist mehr dazu angetan, eine Art merkwürdiger Anpassung zu schaffen, bei der es schwer ist herauszufinden, wer wem was antut. Betrachten wir den Fall des seltsamen Geräuschs, das während einer meiner Einführungstouren in einer Volksschule aus einem der Klassenzimmer drang. Aus der Ferne hätte es das Geräusch eines glühendheißen Feuerhakens, den man in Eiswasser geworfen hat, sein können, oder das einer Schlange, die gerade auf ein Kaninchen losgeht. Es wiederholte sich in unregelmäßigen Zeitabständen von vielleicht fünf bis zehn Sekunden, manchmal in einem noch schnelleren Tempo, indem es sich zu einer Art Höhepunkt steigerte. Anfangs dachte ich, es wäre etwas Ernstliches mit der Heizung nicht in Ordnung, aber als wir näher kamen, konnte ich feststellen, daß die schrille, angespannte Stimme einer Lehrerin den Kontrapunkt zu diesem Zischen bildete und daß sie versuchte, damit ihre Klasse zur Ruhe zu bringen. „Also, Schsch! – Jungens und Mädchen, Säugetiere – Schsch! – sind die einzigen Mitglieder des – Schsch! – Tierreiches, die mit Haaren bedeckt sind – Schsch! – oder – Schsch! – mit Fellen – Schsch!"

Ich blieb nur einen Augenblick an der Tür, aber es war lange genug, um mir ein wenig übel werden zu lassen. Während der ersten Tage meines Besuchs in dieser Schule – ich sollte noch ein paar Wochen in einer anderen Klasse verbringen – führten mich meine Gedanken immer wieder zurück zu der Klasse mit dem Zischen. Ich dachte darüber nach, wie wohl das Nervensystem der Kinder unter einer solchen Belastung gesund bleiben konnte. Ich stellte mir vor, wie sie nach Hause gingen und dort zitternd vor Scham und niedergedrückt in einer Ecke säßen.

Ich irrte mich. Ein paar Tage später, nachdem sich die meisten Lehrer der Schule an meine Gegenwart gewöhnt hatten, betrat ich diesen Raum. Die Lehrerin, eine große, gutaussehende Frau von skandinavischem Typus, hieß mich mit einem leichten Lächeln willkommen und ging dann sofort wieder über zu ihrem Katzenkonzert. Ich brauchte nur ein paar Minuten, um zu erkennen, daß die Kinder keineswegs gedemütigt waren – oder strapazierte Nerven hatten. Sie schienen leicht benommen, aber ganz aufmerksam, wie Jazz-Musiker nach dem Genuß von Marihuana. Durch das Zischen der Lehrerin waren sie in keiner Weise zur Ruhe zu bringen. Weit davon entfernt. Sie halfen auf eine großartige unbewußte Weise mit, der Lehrerin diesen Laut zu entlocken. Sie war ihre Marionette, die Kinder zogen so an ihren Fäden, daß sie durch sorgfältige Dosierung gerade genug Störung provozierten, um das Schsch! auf dem Höhepunkt zu halten. Die Geschicklichkeit der Kinder bei dieser Aufgabe machte dem menschlichen Potential alle Ehre; sie schliefen wahrscheinlich gut bei Nacht.

Später traf ich dann die Lehrerin im Lehrerzimmer. Diese reizende Frau zeigte nicht die geringsten Spuren ihrer Verhaltensweise im Klassenzimmer. Und auch der Direktor gönnte der Angelegenheit nicht mehr als den Anflug eines Gedankens. Als ich gegen Ende meines Aufenthalts mit ihm darüber sprach, mußte er ein paar Augenblicke überlegen, um sich den bewußten Laut ins Gedächtnis zu rufen. Er bestätigte dann, daß er wüßte, was ich meinte, lächelte leicht und bemerkte, nicht ohne Nachdruck, daß sie „eine tüchtige Frau" sei, „eine Lehrerin, auf die ich mich verlassen kann".

Lernen heißt sich wandeln. Erziehung ist ein Prozeß, der den Lernenden verwandelt.

Machen Sie den Lehrern oder ihren Vorgesetzten keine Vorwürfe, wenn es ihnen nicht gelingt, ihre Schüler zu erziehen, d. h. zu verwandeln. Denn was die meisten Gesellschaften von ihren Erziehern verlangen, ist, gerade die junge Generation daran zu hindern, sich in irgendeiner tieferen oder wesentlichen Weise zu ändern. Vielleicht ist es genug, wenn die Schulen ihre vorwiegend konservative Funktion beibehalten: die erprobten Werte und Fähigkeiten der Vergangenheit weiterzugeben. Vielleicht sollten die Schulen nicht verändern, sondern zivilisieren, menschliches Verhalten eingrenzen, indem sie Fertigkeiten und „Benehmen" aufpropfen. Wer möchte mit dem Leben von Kindern experimentieren?

Aber irgend etwas stimmt nicht. Jeder Windsack, den wir für die Stürme der Zukunft aufziehen, zeigt uns, daß die Menschen gut daran täten, neue Wege zu finden, sich mit ihrer Umgebung auseinanderzusetzen. Schon allein um zu überleben, brauchen wir offenbar eine neue menschliche Natur; also sprechen wir über „die Kluft zwischen Technik und Gesellschaft". Wir spüren, daß unsere Rettung auf dem Gebiet der Erziehung liegt; also reden wir pädagogisch um die Dinge herum und nennen das „eine Revolution". Wenn weiter nichts geschieht, dann wenden wir uns böse gegen unsere Erzieher und machen dadurch nicht ihnen, sondern uns selbst Unehre. Wir verurteilen sie als Babysitter, während das gerade die Funktion ist, die wir ihnen am hartnäckigsten aufdrängen. Wir machen sie lächerlich, weil sie sich vor allem mit der „Methode" beschäftigen, während man sie in Wirklichkeit mit funktionierenden Methoden gerade nicht ausgerüstet hat und Methoden das sind, was sie am meisten nötig hätten. Wir verleumden sie hinterlistig, indem wir sagen, daß ihnen der feingeschliffene Intellekt ihrer Verleumder abgehe, oder indem wir sie als nach oben drängende „Spießer" bezeichnen, wobei ja doch die Fähigkeit, in dem, was kulturelle Borniertheit „Intelligenztests" nennt, einen hohen Quotienten zu erzielen, sehr wenig mit erzieherischem Talent zu tun hat und tatsächlich manchmal mit einer doktrinären, inhumanen Starrheit verbunden ist, die jedem Wandel Widerstand entgegensetzt.

Nein, die Erzieher sind nicht die Schuldigen. Sie sind die tapferen Sklaven unserer Gesellschaft, dazu verdammt, das System, dessen Opfer sie sind, zu verewigen. Sie sind manchmal verwirrt, manchmal ärgerlich, oft müde, weil — in einer Zeit bedrängenden kulturellen Umbruchs, wo praktisch die Kinder eines ganzen zivilisierten Kontinents zur Schule gehen — die gegenseitige Täuschung zwischen ihnen und ihren Herren durchsichtig geworden ist. Wenn Erziehung ein Prozeß ist, der wirklichen Wandel hervorrufen soll, Wandel nicht nur in der Fähigkeit, mit Symbolen umzugehen, sondern in der gesamten Persönlichkeit, dann mag die Arbeit, zu der man heute die Erzieher aufruft, alles mögliche sein, Erziehung ist es jedenfalls nicht.

Und doch gibt es, sogar in der Schule, auch Momente, in denen man lernt. „Haben Sie je beobachtet", sagte ganz zusammenhanglos einmal ein Lehrer, „daß es manchmal Tage gibt, an denen man tatsächlich lehren kann?" Im Lehrerzimmer wurde es plötzlich still. „Ich weiß, daß sie manchmal tatsächlich lernen wollen", sagte ein zweiter Lehrer nachdenklich. „An manchen Tagen ist es anders", fuhr der erste Lehrer fort, „alles ist anders. Ich weiß auch nicht, warum."

An wie viele solcher Augenblicke erinnern Sie sich? Irgend etwas passiert. Eine angenehme Wärme breitet sich an Stellen ihres Wesens aus, von denen Sie nicht einmal wußten, daß sie kalt waren. Das Mark in Ihren Knochen beginnt zu schmelzen. Sie fühlen sich ein bißchen taumelig, wenn Ihr eigenes Bewußtsein, die Stimme des Lehrers, das ganze Gewebe aus Geräuschen und Stille, das die Klasse zusammenhält, der Raum selbst, der Fluß der Zeit, alles auf eine andere Ebene gleitet. Und plötzlich ist es Weihnachtsmorgen, Schüler und Lehrer tauschen hübsche Geschenke aus, während die Glocken leise klingen; die alten Möbel im Raum glänzen sonntäglich; die Augen der Klassenkameraden funkeln und glitzern, und Sie merken plötzlich mit beschwingender Sicherheit, wie einzigartig und wertvoll jeder in diesem Raum geworden ist, immer war. Oder Sie überraschen sich selbst bebend vor Schreck und Freude über das Wissen, über das Ungeheuerliche von Existenz, Gesetzen und Wandel. Und wenn es vorbei ist und Sie gehen müssen, dann verlassen Sie das Zimmer benommen, und Sie wissen, daß Sie nie wieder ganz derselbe sein werden. Sie haben gelernt. Wie viele Tage sind es, an denen man wirklich lehrt? Einer unter hundert? Dann gehören Sie schon zu den Begünstigten.

Aber es gibt Lehrer, ein paar unter ihnen, die können fast jeden Tag erreichen, daß sich etwas ereignet. Ich habe mehr als den mir zukommenden Teil dieser Lehrmeister gesehen, die, gemessen an unseren geringen Erwartungen, auf wunderbare Weise begabt sind. Kein Rektor oder Direktor läßt es sich entgehen, mir solch einen Lehrer zu zeigen, wenn er irgendwo in der Nähe ist. Ich habe auf einem winzigen Kinderstuhl im Hintergrund einer dritten Klasse gesessen, und mein Herz hat gerast, während die Klasse einfaches Rechnen lernte. Und ich war verändert. Wie viele solcher Lehrer gibt es in einem Leben? Wie viele, die unser Leben verändern? Zwei? Drei? Dann können Sie sich glücklich schätzen! So ist das also. Und da sitzen unsere Kinder und zählen jede Stunde, in der sie lernen sollten, die Sekunden, bis die Glocke läutet, sie warten auf den Lehrer, den sie noch nie kennengelernt haben, warten darauf, daß irgendwas *passiert*. Wenn es wenigstens ein gleichgültiges Warten sein könnte, möchten wir wünschen. Wenn sie nur dasitzen könnten und *nichts* lernen, ohne Schaden zu nehmen! „Betrachte jede Verzögerung als einen Vorteil", schrieb Rousseau, „es ist ein großer Gewinn, voranzukommen, ohne irgend etwas zu verlieren." Er sucht nach irgendeinem Weg, „nichts selbst zu tun, ... zu verhindern, daß irgend etwas von anderen getan würde, ... deinen Schüler gesund und widerstandsfähig ins Alter von zwölf Jahren zu bringen, ohne daß er fähig sein sollte, seine rechte von seiner linken Hand zu unterscheiden".

Aber niemand kann vom Lernen befreit werden; Lernen ist ja dasselbe wie menschliches Leben. Der Gehirnforscher John Lilly und andere haben versucht, die Verbindung abzuschneiden zwischen dem Ich und der sinnlichen Welt, die den Lernstoff liefert. Bei diesen Versuchen, die Außenwelt auszuschalten, befindet sich das Subjekt nackt in einem Tank mit lauwarmem Wasser. Seine Augen sind verbunden, seine Ohren verstopft; es atmet durch eine Gesichtsmaske. Es wird, so weit das möglich ist, ein körperloses Gehirn. Aber das Gehirn begibt sich nicht zur Ruhe. Es orientiert sich neu, baut sich eine neue, reiche innere Welt auf, in der das Selbst sich zu bewegen und zu lernen scheint. „Als ich in den Tank ging", erzählte mir Dr. Lilly, „konnte ich mich selbst in das Zentrum eines Riesencomputers versetzen. Ich konnte in lebhaften Farben Verbindungen sehen, die von mir aus in alle Richtungen gingen. Oder, wenn ich das wollte, konnte ich über die Gipfel der Anden gleiten, einen Gipfel nach dem anderen flüchtig berührend."

Es gibt da keine belanglosen Momente. Sogar in den Klassen, wo die Erziehung, die sich manche von uns erhoffen, unmöglich ist, geht ein schattenhafter, negativer Lernprozeß weiter. Manche Schüler lernen das Tagträumen, andere, Tests zu machen. Andere lernen die schalen Enttäuschungen des Betrügens kennen; wieder andere die größeren Enttäuschungen, die dem konsequenten Durchhalten ihrer „Schulrolle" folgen (das tadellos geführte Heft, die richtige Antwort, der fortgeschrittene Schüler mit den guten Noten im Hauptfach). Die meisten lernen, daß die Symbole, die ihre Lehrmeister ihnen beizubringen versuchen, sehr wenig mit ihren eigenen tieferen Gefühlen oder mir irgend etwas in der Welt um sie herum zu tun haben. Die Tätigkeit, die sich unter dem alten und vornehmen Begriff „Erziehung" versteckt, scheint tatsächlich als eine Art Preis für die Zukunft zu dienen, eine Vorauszahlung aufs „Vorwärtskommen" – oder zumindest aufs Nicht-zurück-Fallen. Die Einkommenszahlen eines ganzen Lebens belasten mögliche Oberschulabsolventen. Diese Zahlen scheinen zu zeigen, daß eine annehmbare Interpretation der „Ode auf eine griechische Urne" gewissermaßen bedeutet, daß man sein Leben in einem besseren Wohnviertel verbringen und ein größeres Auto fahren wird. Die Vision eines Ruhestandes in Florida legt sich über jede Zeichnung im Geometrieunterricht. Einige Schüler weigern sich, den Preis zu zahlen, und man sollte nicht überrascht sein, daß es gerade diese Schüler sind, die die Gesellschaft selbst die „besseren" nennt. (Laut Dr. Louis Bright, dem Forschungsdirektor des amerikanischen Office of Education, haben in den Großstädten, wo man Zahlenmaterial darüber besitzt, die Schüler, die die Schule *aufgeben*, einen höheren Intelligenzquotienten als die, die den Abschluß machen.) Aber beide, die Versager und die Erfolgreichen, nehmen eine ungeheure Übung darin mit, ihr Leben in Stücke zu zerlegen – Sinne von Gefühlen und Intellekt zu isolieren, Fächer anzulegen für Kunst und Abstraktionen, das Ich von der Wirklichkeit und der Freude der Gegenwart zu scheiden. Dunkle psychologische Erklärungen für die Gespaltenheit des modernen Menschen sind überflüssig; die Schule bringt sie ihm bei. Vielleicht ist das immer so gewesen, seit man angefangen hat, der Erziehung eine Form zu geben. Der Historiker Arnold

Toynbee führt das Auseinanderfallen des chinesischen Reiches unter den Ts-in und Han Dynastien ebenso wie das des römischen Weltreiches teilweise darauf zurück, daß man versucht hatte, die formale Erziehung von einer privilegierten Minderheit auf einen größeren Kreis auszudehnen. „Eine Ursache", schreibt Toynbee, „war, daß das traditionelle Erziehungssystem der privilegierten Minderheit durch einen Ausdehnungsprozeß verdünnt wurde. Es degenerierte zu formalem Buchwissen und wurde von der unmittelbaren Lebenspraxis abgetrennt ... Tatsächlich wurde die Kunst des Lebens durch die Kunst, mit Worten zu spielen, ersetzt."

In primitiveren Kulturen, wie zum Beispiel der polynesischen, war die Erziehung etwas Sakramentales. Jeder Aspekt des Lebens, jeder Akt des Handelns war aufs Ganze bezogen, und die Lebensvorgänge wurden in einer vergleichsweise viel intensiveren und viel beiläufigeren Weise erlernt, als das bei einer formalen Einrichtung möglich sein könnte. Alle Dinge wurden in ihrer Einheit beobachtet und erfahren. Auf der anderen Seite sind die Erziehungseinrichtungen der westlichen Zivilisation fast immer äußerst formalistisch und symbolisch gewesen. Als die Akademien der Renaissance sich den römischen Erzieher Quintilian zum Vorbild nahmen, gelang es ihnen, gerade seine negativsten und verdummendsten Rezepte zu übernehmen, die zu einer rein verbalen Gewandtheit in der antiken Literatur führten. Jedoch hat bis vor relativ kurzer Zeit nur ein verschwindend geringer Prozentsatz der Bevölkerung des Westens jemals das Innere einer „Lehrstätte" gesehen. (Noch 1900 gingen weniger als 10 Prozent von Amerikas Sechzehnjährigen zur Schule.) Für die große Masse glich die Erziehung, wenn sie auch weniger sakramental und ekstatisch war, der der Polynesier. Unter der Anleitung solch fester Institutionen wie der Familie, des Bauernhofs, des Dorfes, der Kirche und der Handwerkerzunft absolvierte der normale junge Mann aus dem Westen seine Lehrzeit fürs Leben — vielleicht in begrenzter Weise, aber ganz aus einem Stück. Was den Adeligen anging, so lebte und lernte er unter der sicheren Führung der Tradition seiner Klasse und benutzte die formale Erziehung in erster Linie dazu, Klassengrenzen zu verfestigen. Besser als Abzeichen und Federn waren Latein und Griechisch, und an diesen Fächern hielt man unter dem Vorwand, das „Denken" zu lehren, auch dann noch jahrhundertelang fest, als die Weltliteratur längst in Übersetzungen zugänglich war. (Alle Versuche, zu beweisen, daß das Studium des Lateinischen die Denkfähigkeit fördert, sind fehlgeschlagen.) Ein Schulakzent diente ebensogut wie der Schulschlips dazu, die Schranken zwischen den Leuten zu verstärken, die man so nötig zu haben schien, um ein militaristisches koloniales Weltreich aufzubauen und aufrechtzuerhalten.

Wir kennen die nun folgenden historischen Ereignisse als die Aufklärung, den Prozeß der Demokratisierung, die industrielle Revolution und die explosive Entwicklung von Konsumententum und Freizeit. Sie schwächten die vorherrschenden Erziehungseinrichtungen der Vergangenheit (Familie, Bauernhof, Dorf, Kirche, Zunft) und überließen in der Folge die gesamte Erziehung der jüngeren Generation fürs Leben immer mehr den Schulen und Hochschulen. Die Jugend wurde in Klassenzimmern zusammengedrängt und dem Leben entfremdet.

Reformer versuchten, diese Zerstückelung aufzuhalten. Der größte unter ihnen war John Dewey. Dewey suchte nach einer Einheit des Lebens. Er erkannte, daß die Erziehung selbst ein Lebensprozeß ist und nicht eine Vorbereitung für ein zukünftiges Leben. Er glaubte, daß Erziehung die Basis für jeden sozialen Fortschritt und jede Reform ist. Er versorgte die Bewegung progressiver Erziehung mit einem philosophischen Hintergrund, was, schlicht gesagt, das amerikanische Schulsystem gerettet hat, indem es dadurch gerade noch flexibel und großzügig genug wurde, um die Kinder der Einwanderer, der armen Bauern und anderer Anhänger des Amerikanischen Traums, einzubeziehen.

Aber Dewey versah die Erzieher nicht mit den festgefügten Werkzeugen echter Reform. Von der Psychologie seiner Zeit verführt, munterte er die Lehrer dazu auf, mehr Energie daran zu wenden, die Vorstellungskraft der Kinder zu üben, anstatt sie bestimmte Dinge lernen zu lassen. Noch schädlicher war jedoch, daß er vom Begriff der „Interessen" fasziniert war und annahm, daß sie sich automatisch bei den Kindern zeigen würden, wenn diese *soweit wären*, etwas zu lernen. Dieser Begriff hat, etwas mißinterpretiert, eine Generation von Lehrern dazu verführt, auf Kinder zu warten, die Zeichen von „Interesse" zeigen — ehe sie sich selbst in Bewegung setzten —, und damit die Lernfähigkeit der Kinder in bedauernswerter Weise zu unterschätzen. Die Lehrer fanden eine weitere Rechtfertigung für ihre abwartende Haltung in den Arbeiten der Entwicklungspsychologen, die Dewey folgten. Diese gutherzigen Zweifler beschäftigen sich immer noch mit endlosen Studien, mit denen sie uns genau zeigen wollen, was Kinder bis zu diesem oder jenem Alter *nicht tun können*. Ihre Untersuchungen sind wertlos, wie wir im nächsten Kapitel sehen werden, wenn man Kinder in eine Lernumgebung versetzt, die dazu angetan ist, sie alle Wände, die von der Vergangenheit errichtet worden sind, durchbrechen zu lassen. Die progressive Erziehung war eine nützliche, menschliche und manchmal erfreuliche Reform, aber es war nicht die wahre Revolution der Erziehung, die die Zeit damals nötig hatte und heute dringend fordert. Das Schlimmste dieser Bewegung kann in einem Satz zusammengefaßt werden: Es ist ebenso grausam, ein Kind zu langweilen, wie es zu schlagen.

> *Lernen schließt unter Umständen eine Wechselwirkung zwischen dem Lernenden und seiner Umwelt ein, und der Erfolg steht in Beziehung zu Häufigkeit, Verschiedenheit und Intensität dieser Wechselwirkung.*

In den meisten Fällen haben sich die Schulen nicht wirklich verändert. Sie haben weder die Lücke gefüllt, die durch den Rückzug der vorherrschenden Erziehertypen von früher entstanden ist, noch die Substanz und den Stil ihres Lehrens wirklich bedeutsam verändert. Die gängigste Art der Unterweisung besteht auch heute noch wie in der Renaissance darin, daß ein Lehrer vor einer Anzahl von Schülern in einem abgeschlossenen Raum steht oder sitzt und ihnen Tatsachen und Techniken verbal-rationeller Art präsentiert. Unsere Erwartungen davon, was ein menschliches Wesen lernen, tun, sein kann, bleiben erstaunlich gering und vorsichtig. Unsere Definitionen der letzten Zwecke von Erziehung bleiben kurzsichtig utilitaristisch. Die Landkarte des von uns zu erlernenden Gebiets bleibt antiquiert; Berufsausbildung, Haushaltsführung, Autofahren und andere begrenzte und isolierte Randgebiete sind in den Lehrplan eingedrungen, werden aber allgemein als außerhalb der eigentlichen Domäne der „Erziehung" befindlich betrachtet. Diese Domäne, diese hochverehrte Festung, ist immer noch ein Ort, wo man die Leute lehrt, ihre Welt in einzelne symbolische Systeme aufzusplittern, um besser mit ihr fertigzuwerden und sie manipulieren zu können. Diese Art von „Erziehung", überrationalistisch und analytisch zur gleichen Zeit, hat den Kolonialismus, das Fließband, die Raumfahrt und die Wasserstoffbombe möglich gemacht, aber sie hat die Leute nicht zu glücklichen und ganzen Menschen gemacht, und sie bietet ihnen auch jetzt noch keine Möglichkeiten, sich zu verändern, zu vertiefen.

Was in den meisten Schulen und Hochschulen heute vor sich geht, ist, wie wir sehen werden, nur ein kleiner Teil von dem, was Erziehung werden kann. Und doch zeigen unsere gegenwärtigen Erziehungseinrichtungen auch in diesem kleinen Teil noch eine betrübliche Erfolglosigkeit. In den vergangenen Jahren hat es immerhin einen kleinen echten Leistungszuwachs bei amerikanischen Schülern in den grundlegenden Fächern gegeben. Aber das wurde auf Kosten einer enormen Anstrengung erreicht — mehr und mehr Hausarbeiten, die man den Schülern unter Androhung von mehr und härteren Examina auferlegte, um sie zu zwingen, das selber zu lernen, von dem die meisten der heutigen Lehrer seit langem wissen, daß sie es ihnen nicht beibringen können. Ein Besucher von einem anderen Stern könnte den Schluß ziehen, daß unsere Schulen wild darauf erpicht sind, eine Generation freudloser Sklaven heranzuziehen — und das in einer Ge-

21

sellschaft, die einerseits Müßiggang anbietet und andererseits schöpferische Tätigkeit fordert.

Es gibt Anzeichen dafür, daß die Schule diese verheerende Mission nicht wird durchführen können. Man sieht schon die Saat eines echten Wandels aufgehen — auf den College-Campussen, in den Lehrervereinigungen, in wissenschaftlichen Laboratorien, an anderen abgelegenen Orten, von denen in späteren Kapiteln die Rede sein wird. Diese Reform würde am Flickwerk der Korrekturmaßnahmen völlig vorbeigehen, die gegenwärtig als Reform angesehen werden (Spanisch in der zweiten Klasse, Zusammenarbeit der Lehrer, die Hauptfächer auf den neusten Stand bringen). Sie zielt direkt ins Zentrum der Erziehungsbemühungen innerhalb und außerhalb der Schule, sucht neue Methoden, neuen Inhalt, neue Eigenart, neue Bereiche, neue Ziele und in der Tat eine neue Definition der Erziehung. Weit davon entfernt, eine vorwärtsdrängende Technologie herunterzumachen oder sich ihr entgegenzustellen, sieht sie in ihr einen Verbündeten, eine Kraft, die den menschlichen Geist ebenso leicht beschwingen wie hemmen kann. Indem sie voreilige und starre eigene Annahmen vermeidet, ist sie dennoch rigoros, wenn es gilt, einige der automatischen Annahmen der Vergangenheit in Frage zu stellen. Es ist ein ganz neuer Weg. Wenn man daran teilhaben will, läßt man am besten seine Ehrfurcht vor der Geschichte hinter sich, öffnet seinen Verstand ungewohnten und sogar als schlecht geltenden Lösungen, wenn sich herausstellt, daß gerade sie funktionieren, betrachtet alle Abstraktionssysteme einfach als Versuchung und wirft alle früheren Vorstellungen von dem, was der Mensch vollbringen kann, über Bord. Die Aussichten sind hocherfreulich, wenn es auch gefährlich wird, darüber zu schreiben, und sei es nur, weil es heutzutage so schwierig ist, der Wirklichkeit einen Schritt voraus zu sein. Wir wollen annehmen, daß die Zukunft uns überraschen wird, und wir wollen, indem wir das annehmen, nur über das nachdenken, was sich tatsächlich schon anbahnt. Zum Beispiel sind folgende Aussichten im Bereich des Möglichen:

Man kann Techniken entwickeln, die dem Durchschnittsschüler helfen, das, was er von den Haupttatsachen der Gegenwart wissen muß, in einem Drittel oder weniger der heute aufgewandten Zeit zu lernen, mit Vergnügen statt unter Schmerzen und mit fast sicherem Erfolg. Darüber hinaus kann der ganze Überbau des rational-symbolischen Wissens so neugeordnet werden, daß diese Aspekte der Möglichkeiten des Lebens eher als Einheit und Verschiedenheit innerhalb des Wechsels aufgefaßt und verstanden werden können, statt Fragmente innerhalb einer illusorischen Dauer zu bleiben. Es können Methoden einer neuen Lehre fürs Leben gefunden werden, die dem technologischen Zeitalter ständigen Wechsels entsprechen. Für viele entscheidende Gebiete menschlichen Handelns, die jetzt vernachlässigt oder gänzlich übersehen werden, kann eine neue Art von Lernen Teil der erzieherischen Aufgabe werden. Viel von dem, was wir morgen werden lernen müssen, hat heute noch nicht einmal eine allgemein akzeptierte Bezeichnung.

Es können Wege gefunden werden, die fast jeden Tag zu einem machen, „an dem man besonders gut lernt", so daß fast jeder Erzieher mit seinen Schülern jene begnadeten Augenblicke des Lernens teilen kann, die jetzt nur den wenigsten und bemerkenswertesten unter ihnen zuteil werden. Erziehung in einem neuen und viel weiter gefaßten Sinn kann ein lebenslanges Ziel für jedermann sein. Weiter lernen und dieses erweiterte Lernen mit anderen teilen, könnte wohl ein Zweck sein, der der Menschheit und ihrer wachsenden Fähigkeiten würdig ist.

In ihrer besten Form ist Erziehung Faszination.

Wenn Erziehung in Zukunft nicht nur irgendein Teil des Lebens, sondern der Hauptzweck des Lebens werden soll, dann wird endlich der Zweck der Erziehung als zentral angesehen werden. Was ist also der Zweck oder das Ziel der Erziehung? Ein großer Teil der Antworten auf diese Frage kann gut das sein, was Menschen unserer Zivilisation am längsten gefürchtet und am meisten begehrt haben: *die Herbeiführung von Momenten totaler Faszination*. Nicht nur Spaß, nicht einfach Vergnügen wie in der Gleichung von Bentham und Mill, nicht die befriedigte Libido von Freud, sondern Ekstase, *ananda*, das äußerste Entzücken.

Die westliche Zivilisation hat sich aus wohlbekannten historischen Gründen in ihrer ganzen Tradition vor ekstatischen Gefühlen gescheut, sie als eine Bedrohung der zweckbestimmten Kontrolle von Menschen, Dingen und Energien empfunden – und tiefes menschliches Unglück dabei verursacht. Andere Zivilisationen, besonders die indische, haben ihre besten Energien dem Erreichen von Ekstase zugewandt, dabei die praktischen Ziele vernachlässigt – und tiefes menschliches Unglück erlitten. Jetzt scheint die moderne Wissenschaft und Technologie eine Situation vorzubereiten, in der die erfolgreiche Kontrolle praktischer Angelegenheiten und die Verwirlichung von Ekstase gefahrlos miteinander existieren können, wo eines das andere bestärkt und wo höchstwahrscheinlich beide nicht lange ohne einander auskommen können. Überfluß und Bevölkerungskontrolle sind bereits logisch und technisch möglich. Gleichzeitig erweitern und vertiefen Kybernetik, umfassende und unmittelbare Kommunikation und andere Rückkoppelungseinrichtungen von wachsender Geschwindigkeit, Reichweite und Sensibilität den menschlichen Sinnesapparat und vervielfältigen damit ebenso die Möglichkeiten für Verständnis und Begeisterung wie für Mißverständnisse und Destruktion. Die Zeit fordert, daß wir „Entzücken" wählen.

Stehen Disziplin und Beherrschung der Technik im Gegensatz zu Freiheit, Selbstentfaltung und dem Moment des Ekstatischen? Die meisten westlichen Erzieher haben sich so verhalten, als ob das der Fall wäre. Seltsam, wenn man bedenkt, wie viele Modelle der Verbindung zwischen beiden es gibt. Wenn man nur die künstlerische Anstrengung betrachtet: Der Komponist entdeckt, daß der schöpferische Geist die Gestalt der Form nur dann überschreitet, wenn er die Form absolut beherrscht. Der Geiger erreicht letzte Feinheit nur durch äußerste Beherrschung der Technik. Die Instrumente des Lebens, die wir jetzt in die Hände bekommen — vielfältig, reich und fähig zu „antworten" —, erfordern meisterhafte Behandlung. Dieser Vorgang des Meisters selbst kann ein ekstatischer sein und zu einem Entzücken führen, das größer ist als die Meisterschaft selbst.

Die neuen Revolutionäre der Erziehung müssen nicht nur die beruhigen, die sich vor der Technik fürchten, sondern auch jene, die dem Entzücken mit Angst begegnen. Schon manche liberale Erziehungsreform ist daran gescheitert, daß sie keine geeigneten Instrumente zum Erreichen ihrer Ziele besaß — sogar wenn es um etwas so Einfaches ging wie das *genaue* Wissen, wann man den Lernenden ganz mit sich alleine lassen muß. Die Erziehung muß ihren mächtigsten Diener, die Technik, dazu benutzen, Fähigkeiten zu lehren, die weit über jene hinausgehen, die für die akademischen Prüfungstests nötig sind. Wir werden sehen, daß sogar schon heute bestimmte systematische Methoden ausgearbeitet werden, die den Leuten helfen, lieben zu lernen, tiefer zu empfinden, ihre innersten Kräfte zu entwickeln, schöpferisch zu werden, in neue Bereiche des Seins einzutreten. Was ist Erziehung? Die Antwort könnte viel einfacher sein, als wir denken. Dinge von großem Belang und Vorgänge, die wirklich ins Zentrum unseres Lebens eingreifen, sind für gewöhnlich weniger dunkel und geheimnisvoll, als sie zuerst erscheinen. Die Bahnen der Himmelskörper, einst Gegenstand der Anstrengung eines Pantheons von Göttern, folgen heute ein paar einfachen Formeln. Chemische Reaktionen, die man sich als Essenzen, Verdunstungen und Entzündungsprozesse erklärte, wurden leichter verständlich, wenn man sie auf eine einzige Größe reduzierte: das Gewicht. Selbst das erschreckendste Geheimnis der Menschheit, das Feuer, konnte, einmal begriffen, von kleinen Kindern gehandhabt werden. Der Weg zu Verstehen, zu Kontrolle und Begeisterung ist durch die ganze Geschichte hindurch eine umständliche Reise zu Einfachheit und Einheit gewesen.

Lernen ist Wandel. Erziehung ist ein Prozeß, der den Lernenden verwandelt.

Der erste Teil einer einfachen funktionalen Definition von Erziehung verlangt vom Erzieher, seine Arbeit als praktisch-folgenreich, nicht als theoretisch oder formalistisch zu betrachten. Wenn er die Veränderung seines Schülers und seiner selbst zum Maßstab nimmt, dann wird er entdecken, was an seiner Arbeit wichtig ist und was sinnlose Anstrengung. Wenn er sich selbst fragt: „Was hat sich im Schüler und in mir auf Grund dieser besonderen Erfahrung verändert?", kann es sein, daß er sich die Antwort geben muß, die Fähigkeit des Schülers habe sich nur dahin geändert, daß er ein paar „Fakten" mehr nennen kann als vor der Stunde. Es kann aber auch sein, daß er feststellt, daß der Schüler sich umfassender und tiefgehender verändert hat. Er muß sich vielleicht auch eingestehen, daß er sich kaum verändert hat, oder wenn, dann in einer Weise, die niemand beabsichtigt hatte. Auf jeden Fall wird er sich nicht die falschen Fragen stellen („War meine Darstellung nicht glänzend?" „Warum sind die Kinder so stumpfsinnig?"). Wenn er die Richtung und die weiteren Konsequenzen dieser Veränderung ins Auge faßt, wird er gezwungen sein, sich zu fragen, ob sie gut für den Schüler, für ihn selbst oder für die Gesellschaft ist. Verfährt er so, muß der Erzieher entdecken, daß er dem, was mit dem Schüler vorgeht, in jedem Augenblick Aufmerksamkeit schenken muß, und dadurch wird er sich bewußt in den Bannkreis des Lernens einbezogen fühlen. Betrachtet er das Lernen als etwas, das das Verhalten des Lernenden ändert, dann wird der Erzieher sein Arbeitsgebiet tausendfach vervielfältigen, denn er wird feststellen, daß es kaum irgendwelche Aspekte des menschlichen Lebens gibt, die nicht verändert, nicht erzogen werden können. Er wird klar erkennen, daß, wenn sich die Erziehung auf das beschränkt, was man heute für gewöhnlich in den Klassenzimmern lehrt, es in Zukunft immer mehr Fehlschläge geben wird.

Lernen schließt Wechselwirkung zwischen dem Lernenden und seiner Umgebung ein, und der Erfolg steht in Beziehung zu der Häufigkeit, Verschiedenartigkeit und Intensität dieser Wechselwirkung.

Wenn er sich von diesem zweiten Teil der Definition leiten läßt, wird der Erzieher der Lernumgebung eine weit höhere Aufmerksamkeit schenken, als man das je zuvor in der Geschichte der Erziehung getan hat. Diese Umgebung kann ein Buch sein, ein Spiel, ein programmierter Apparat, ein Chorm, ein Gehirnwellen-Rückkoppelungsmechanismus, ein stiller Raum, eine zusammenarbeitende Gruppe von Schülern, sogar ein Lehrer — aber in jedem Fall wird der Erzieher seine Aufmerksamkeit von der reinen Darstellung der Umgebung (zum Beispiel einem Vortrag in der Klasse) auf die antwortende Haltung des Lernenden richten. Er wird mit dem Lernprozeß, mit den Serien von

Antworten, Versuche machen und auf jedem Schritt mit ihnen experimentieren, um die wachsenden Möglichkeiten von Umgebung und Lernendem in ihrem Wandel besser nutzen zu können. Wenn er in diesem Licht die Arbeit derer, die man „Meisterlehrer" genannt hat, betrachtet, dann wird er entdecken, daß ihre geheimnisvolle, unergründliche „Kunstfertigkeit" tatsächlich auf einer erhöhten Aufmerksamkeit für die Reaktionen des Schülers beruht und dazu auf dem Gebrauch von ihnen selbst entwickelter, besonderer und flexibler Techniken. Der Erzieher wird Methoden ausarbeiten, die jedem Lehrer helfen können, ein „Künstler" zu werden.

In ihrer besten Form ist Erziehung Faszination, Begeisterung.

Die ersten beiden Teile der Definition machen den dritten nötig, den man vielleicht als eine Art Lob des Lernens um seiner selbst willen ansehen kann. Und doch führt das noch weiter, denn der Erzieher der Zukunft wird auch in dieser Hinsicht nicht vage oder theoretisch sein. Sobald er die Furcht vor „Entzücken" verliert, wird er ganz bewußt hinter den Momenten der Ekstase herjagen. Wenn er am besten, am wirksamsten, am unbehindertsten sich ereignet, dann ist der Augenblick des Lernens ein Augenblick des „Entzückens". Diese grundlegende und offensichtliche Wahrheit wird uns jeden Tag von dem Baby und dem Kind im Vorschulalter vor Augen geführt, von der Klasse des „Lehr-Künstlers", von Lernenden aller Altersstufen, die sich in neue Lernprogramme vertiefen, denen der Erfolg sicher ist. Wenn die Freude fehlt, dann sinkt der Erfolg des Lernprozesses mehr und mehr, bis der Mensch zögernd, murrend und ängstlich nur noch mit einem Bruchteil seines Potentials arbeitet. Die Vorstellung, daß Begeisterung, Ekstase vor allem eine nach innen gerichtete Erfahrung ist, beweist unser Mißtrauen gegenüber unserer Gesellschaft, gegenüber der Umwelt, die wir uns selbst geschaffen haben. Tatsächlich gibt es zahllose Spielarten von Ekstase und Faszination, wie wir in den folgenden Kapiteln sehen werden. Der neue Erzieher wird die Möglichkeit des „Entzückens" in jeder Art von Lernen entdecken. Er wird feststellen, daß die glatte Lösung einer mathematischen Aufgabe und das Lieben nur verschiedene Erlebnisgruppen in der gleichen Ordnung der Dinge sind und daß die Ekstase beiden gemeinsam ist. Er wird merken, daß sogar solche Erziehung, wie zum Beispiel das Lernen der Multiplikationstabellen, die heute nur als Plackerei für eine zukünftige Belohnung betrachtet wird, Freude machen kann, sobald eine sinnvoll entworfene Lernumgebung (vielleicht ein programmiertes Spiel) das Lernen schnell und leicht macht. Tatsächlich wird aus dem richtigen Streben nach Ekstase das Streben nach ausgezeichneter Leistung entstehen, und nicht nur wenige, sondern viele werden dabei haben, was sie noch nie hatten — Erfolg. Aber, darüber müssen wir uns klar sein, ausgezeichnete Leistung, wie wir sie heute sehen, wird nur ein Nebenprodukt einer größeren Einheit, eines tieferen Entzückens sein.

Dies ist ein Buch über Erziehung, aber das heißt nicht, daß es nur von Schulen handelt. Tatsächlich werden die nächsten vier Kapitel sich mit den Schulen, wie wir sie kennen, nur nebenbei beschäftigen. Kapitel 2 „Das Potential des Menschen" erforscht die Fähigkeiten des menschlichen Organismus. Kapitel 3 „Einflüsse der Umwelt" zeigt, wie die äußere Umgebung, manchmal unbemerkt, die Entwicklung größerer menschlicher Fähigkeiten begrenzen oder auch beflügeln kann. Kapitel 4 „Lernen als Prozeß" behandelt die Wechselwirkung zwischen Umwelt und Organismus bei Mensch und Tier und überprüft im besonderen die erzieherischen Auswirkungen der Zivilisationsepoche. Kapitel 5 „Der Außenseiter als Lehrer'" zeigt, wie bestimmte Einzelwesen es erreicht haben, die engen Eingrenzungen unserer Zivilisation zu umgehen, und zeigt, was wir daraus lernen können. Schließlich kehren wir zur Schule zurück, aber nicht so, wie man sich das vielleicht vorstellt.

Hier wird eine Vision der Hoffnung entworfen in einem Zeitalter, da Hoffnung uns nicht leicht wird — eine Abhandlung nicht nur darüber, wie die Dinge sind, sondern auch wie sie sein können und sein werden.

Wer ist das Geschöpf, das wir mit so viel Freude erziehen wollen? Was sind seine Fähigkeiten? Kann es wirklich verändert werden? Werden uns große Anstrengungen große Gewinne bringen? Die Geschichte berichtet uns, was mit dem Menschen nicht stimmt, mehr als wir davon wissen wollen, und wir können kaum in einer Zeitung blättern, ohne der genauen Zeit, dem Ort und dem Namen des Übels zu begegnen.

Aber vielleicht erscheint das am meisten verbreitete Übel kaum in den Zeitungen. Dieses Übel, die Verschwendung menschlicher Möglichkeiten, registriert man mit ganz besonderem Schmerz, denn es betrifft unsere Eltern und Kinder, unsere Freunde und Brüder, uns selbst. „Ich glaube", schreibt James Agee, „daß jedes menschliche Wesen theoretisch fähig ist, innerhalb seiner ,Grenzen' seine eigenen Fähigkeiten voll zu ,verwirklichen'; und daß die Tatsache, daß es betrogen und erstickt wird, das bei weitem gräßlichste, gemeinste und größte Verbrechen ist, dessen die Menschen sich selbst anklagen können ... Ich weiß nur, daß fast jedes Individuum auf diesem Planeten ermordet wird."

Es ist nicht so mühsam zu zweifeln, wie vor Zorn zu rasen. Während eines großen Abschnitts unserer Geschichte war der feste, maßgebende, offizielle Gesichtspunkt der, daß der Mensch ein begrenztes, zerbrechliches, im wesentlichen unveränderliches Wesen sei. Jedes Zeitalter hat Wege gefunden, den Menschen mit Pessimismus zu beglücken. Zwar glaubte Christus an die Kraft des Menschen, aber der Großinquisitor meinte, seine Kirche könne das nicht. Sigmund Freud erfand eine komplizierte Allegorie über das Thema der Erbsünde, die so reich an literarischen Möglichkeiten war, daß drei Generationen von Künstlern und Heilkünstlern in ihrer Dunkelheit schwelgen konnten. Die Tragödie schien tiefer zu sein als die Komödie; aus der „menschlichen Natur" wird die „conditio humana". Die Weisheit der Kirchenlehrer ist die Weisheit von den Grenzen. Nimm deine Grenzen an, sagt der Weise, das erspart dir, dich zu übernehmen oder deinen klaren Kopf zu verlieren, weil du zuviel erwartest.

Aber die Hoffnung und das Wissen um verschwendete Kraft sind nie wirklich aus dem Bewußtsein geschwunden. Seit das Menschengeschlecht gelernt hat, wissen zu wollen, sind die Menschen von diesem unaustilgbaren Traum verfolgt worden: daß die Grenzen menschlicher Fähigkeiten jenseits der Schranken unserer Phantasie liegen, daß jeder Mensch nur einen winzigen Bruchteil seiner Fähigkeiten nutzt, daß es irgendeinen Weg für jedermann geben müßte, weit mehr zu erreichen, als er tatsächlich erreicht. Die größten Propheten, Mystiker und Heiligen der Geschichte haben noch kühnere Träume gehabt, nach denen alle Menschen in irgendeiner Weise eins mit Gott sind. Diese Träume haben die Fehlschläge, die Ironie und die launischen Triumphe der Geschichte überlebt, mehr auf Intuition gestützt als auf das, was unsere wissenschaftlich-rationalistische Gesellschaft „Tatsachen" nennt. Jetzt aber fangen die Tatsachen an, Wirklichkeit zu werden. Die Wissenschaft hat schließlich ihre Aufmerksamkeit den zentralen Fragen der menschlichen Fähigkeiten zugewandt, sie hat angefangen, sowohl nach einer Technologie als auch nach einer Wissenschaft der menschlichen Möglichkeiten zu suchen. Auf den verschiedensten Gebieten haben Menschen, die oft nichts voneinander wußten, manchmal in ihren Methoden, ihrer Philosophie oder sogar ihrer Sprache nicht übereinstimmten, aufsehenerregend *ähnliche* Schlüsse gezogen, die einen Pessimismus über die Zukunft des Menschen weit schwieriger machen als früher. Diese Männer — Neurologen, Psychologen, Pädagogen, Philosophen und andere — produzierten etwas, das gut die größte Entdeckung des Jahrhunderts genannt werden könnte. Fast alle stimmen sie darin überein, daß das, was die Menschen jetzt nutzen, weniger als zehn Prozent ihrer tatsächlichen Möglichkeiten ausmacht, einige setzen die Zahl bei weniger als einem Prozent an. Tatsache ist, daß *jeden*, der eine verantwortungsbewußte und systematische Studie des menschlichen Wesens in Angriff nimmt, eines Tages das große Staunen befällt, das Shakespeare schreiben ließ: „Was für ein Stück Arbeit ist der Mensch! Wie großartig in seiner Vernunft! Wie unendlich in seinen Fähigkeiten!"

Fangen wir mit dem Gehirn an. Diese wunderbare Substanz, die jetzt so intensiv dabei ist, sich selbst zu analysieren, ist die vielfältigste organisierte Einheit im ganzen uns bekannten Universum. Plato nannte den Geist „eine Gabe des Gedächtnisses, die Mutter der Musen", er hielt ihn für einen Wachsklumpen, auf dem die Eindrücke eingeprägt, festgehalten und verändert werden. Seit den Zeiten Platos hat sich die Vorstellung des Menschen, wie sein Verstand arbeitet, beträchtlich entwickelt, und seit neuestem macht sie wieder ständig in revolutionärer Weise Korrekturen durch. Das Gehirn kann als eine Art Computer angesehen werden. Jede seiner zehn Milliarden Neuronen (Gehirnzellen) kann, wenn sie genügend angeregt worden ist, einen elektrischen Impuls aussenden. Dieser dient dazu, eine nahegelegene Hirnzelle anzuregen, so daß diese ebenfalls sendet, und so immer weiter, bis eine lange Kette angeregter Gehirnzellen vielleicht eine Nachricht so weit befördert hat, daß sie einem Muskel befiehlt, sich zu bewegen, daß sie das Erlebnis „Grün" hervorruft, daß sie eine „Gedächtnisspur" herausbildet oder ein Teilstück der Entdeckung einer abstrakten mathematischen Formel produziert. Bei dieser allgemein angenommenen

Auffassung der Hirnfunktion hat jede Gehirnzelle nur zwei Möglichkeiten: zu senden oder nicht zu senden. Sogar dann gibt es genug Kombinationsmöglichkeiten der Milliarden von Gehirnzellen, um die Ursache für ein Verhalten zu sein, wie es sich in Beethoven abspielte, als er seine letzten Quartette komponierte, oder in Milton beim Schreiben des „Verlorenen Paradieses" oder in Einstein bei der Formulierung der Allgemeinen Relativitätstheorie — und dabei wurden noch ungeheure Quantitäten an Fähigkeiten ungenützt gelassen.

Aber das ist, wie sich herausstellt, nur der Anfang. In die komplexere Arbeit des Gehirns hineinzuspähen, erfordert einen Computer, der einen großen Raum füllt, und eine winzige elektrische Sonde, die in eine einzelne Gehirnzelle eindringt. Verschiedene Forschungsgruppen benutzen diese und andere moderne Geräte, um neue Konzeptionen über Informationsverarbeitung und -speicherung im zentralen Nervensystem abzuleiten. Die neuen Gehirnmodelle, die aus dieser Arbeit hervorgehen, gleichen den alten wie Dichtung der Grammatik. Dr. W. Ross Adey und seine Mitarbeiter im Raumbiologischen Laboratorium des Gehirnforschungsinstituts der University of California haben unerwartete elektrische Vorgänge tief im Innern des Gehirns entdeckt. Sie haben komplexe Wellenmuster, die sich während des Lern- und Erinnerungsprozesses zeigen, gefunden. Sie haben den wechselnden elektrischen Widerstand quer durch gewisse Schlüsselgebiete des Gehirns gemessen und haben wiederum bedeutsame Muster während des Lernprozesses gefunden. Diese Elektrizität, diese Wellen fließen nicht nur durch die Gehirnzellen selbst, sondern durch die weicheren Neurogliazellen, die diese umgeben, und durch die gallertartige Substanz, die den Platz zwischen den Zellen ausfüllt. Solche Forschungstätigkeit kann sehr gut ein äußerst subtiles Instrument darstellen, um die Wahrscheinlichkeit der Sendung von Gehirnzellen über ein relativ großes Gebiet des Gehirns hinweg zu beeinflussen.

„Das An- und Abschalten der Gehirnzellen", sagte mir Dr. Adey, „ist die minimalste Gehirnleistung." Adeys Mitarbeiter sind so weit gegangen, eine Art Wetterkarte des Geistes anzufertigen, wobei sie verschiedene gerade angeschaltete Gehirnwellen eines in der Ausbildung befindlichen Astronauten auffingen und sie mit Hilfe eines Computers alle zusammen auf einem Stück Papier aufzeichneten. Wenn man eine dieser Zeichnungen betrachtet, so kann man dabei „Stimmungs"änderungen ablesen. Genau da, wo die Aufgaben des zukünftigen Astronauten unerwartet schwieriger werden, sehen wir, was man als eine scharfe „Kaltfront" bezeichnen kann, der „Gewitter" folgen.

„Das Gehirn", sagt Dr. Adey, „ist keine Telefonschalttafel, die nur arbeitet, wenn Signale von außen sie erreichen. Die Schalttafel ‚Gehirn' ist immer unter Spannung. Sie verändert sich im ganzen. Und sie verändert sich durch subtile, qualitative Veränderungen der hereinkommenden Signale, d. h. nicht durch die Gegenwart oder das Fehlen von Lichtern auf der Schalttafel, sondern durch den Wechsel von Helligkeits- oder Farbgraden." Adeys Hypothese ist mit den neuesten Erkenntnissen aus den Laboratorien der Biochemiker verzahnt. Jede lebende Zelle, die Gehirnzellen eingeschlossen, enthält DNS (Desoxy-Ribonukleinsäure), das sind die komplexen genetischen Moleküle, die den Bauplan der Art weitergeben. Ähnliche Moleküle einer anderen Substanz, RNS (Ribonukleinsäure), dienen als Boten für die DNS; sie informieren die Proteine im Körper, was und wie sie produzieren sollen. Es scheint jetzt, daß die RNS in den Gehirnzellen noch eine andere Fähigkeit besitzt, die dazu beiträgt, die bemerkenswerten Fähigkeiten des Gehirns zu erklären. Jedes RNS-Molekühl ist ein Informationsspeicher, eine mikroskopische Bibliothek. Was nun, falls die RNS-Moleküle *innerhalb* der Gehirnzellen durch Ereignisse *außerhalb* der Zellen verändert werden könnten? Was, wenn die zeitweise ablaufenden elektrischen und chemischen Vorgänge überall im Gehirn dadurch, daß sie die RNS verändern, bleibende Veränderungen innerhalb der Gehirnzellen hervorbringen könnten? Wenn das so wäre, könnte eines der großen Geheimnisse des Lebens weit einfacher erklärt werden: Wie das Verhalten eines Lebewesens für länger als einen Augenblick durch seine Umwelt verändert werden kann — mit anderen Worten, wie es lernt.

Solche Erkenntnisse nehmen im Werk von Gehirn-Chemikern wie Holger Hyden Gestalt an. In seinem Laboratorium in Göteborg, Schweden, hat Hyden ausgezeichnete Methoden zum Messen der RNS im einzelnen Neuron entwickelt. Er hat gezeigt, daß in den Gehirnabschnitten, in denen in kurzer Zeit intensives Lernen vor sich geht, ein explosives Anwachsen der RNS erfolgt. Wenn die Menge von RNS und Protein innerhalb des Neurons wächst, nimmt sie in dem außerhalb befindlichen Neuroglia ab. „Es könnte sein", meint Dr. Adey, „daß die elektrische Aktivität, die die Neuroglia durchfließt, sie veranlaßt, irgend etwas in die Flüssigkeit um das Neuron herum hineinzugießen, das seinerseits wiederum die RNS und das Protein innerhalb des Neurons verändert."

Experimente, die das Adey-Team ausgeführt hat, lassen vermuten, daß ungefähr zwanzig Minuten nötig sind, um das Sendesystem eines Neurons zu verändern. Dazu sagen die Biochemiker, daß das auch ungefähr die Zeit ist, die jede grundlegende Veränderung der RNS braucht. Ebenfalls annähernd zwanzig Minuten braucht das Gedächtnis, um sich als dauerhaft zu manifestieren. Die Behandlung mit Elektroschock wischt die Erinnerung an alles, was sich ungefähr zwanzig Minuten vor dem Schock abgespielt hat, hinweg. Alle früheren Erinnerungen — sicher im Protein der Neuronen gelagert — werden im Gedächtnis-Speicher aufbewahrt. Die Gehirnkonzeption von Dr. Adey ist eine von vielen. Jeder Forscher geht auf diesem Gebiet — explizit oder implizit — nach seinem eigenen Modell vor. Wir haben zur Zeit noch keine Möglichkeit, zu beweisen, wer „recht" hat, dafür ist das Gehirn viel zu komplex. Aber manche von Dr. Adeys Schlüsselideen werden langsam von anderen Laboratorien unterstützt. Dr. Philipp G. Nelson vom National Institute of Health hat gezeigt, daß die Nervenzellen in der Wirbelsäule zusammenwirken, und zwar nicht nur, indem sie einander Stromstöße schicken, sondern außerdem auf der Basis der noch subtileren elektrischen Felder, die sie selbst erzeugen. Die Zellen in der Wirbelsäule sind größer und liegen weiter auseinander als die Gehirnzellen. Wenn es ihnen gelingt, den Vorgang des „Sendens" oder „Nichtsendens" aufeinander zu übertragen, dann müssen die viel enger gepackten Gehirnzellen fast unvermeidlich dasselbe und noch mehr tun können.

Die komplizierte neue Mathematik, die Dr. Adey und seine Kollegen anwenden, um die Tätigkeit der Gehirnwellen zu analysieren, findet ihre Bestätigung durch die Arbeit von Harry Blum von den Airforce Cambridge Forschungslaboratorien. Blum schreibt, daß „trotz mehr als zwei Jahrtausenden Geometrie bis jetzt keine Formeln verfügbar sind, die dem hier aufgetauchten biologischen Problem entsprechen", und er sucht weiter nach neuen Wegen, um Formen zu beschreiben, indem er Lichtquellen analysiert, die von ihnen zurückgeworfen werden. Dr. Adeys Team benützt gleichfalls elektrische Wellen, um Vorgänge innerhalb der Neuronen im Gehirn zu beschreiben. Auch Dr. Otto Creutzfeldt in Deutschland und Yasuichiro Fujita und Toshio Sato in Japan führen in ihren Laboratorien Untersuchungen durch, die die Theorien von Dr. Adey stützen.

Wenn schwache elektrische Felder, die im Gehirn erzeugt werden, das Denken und Empfinden beeinflussen können, was würde dann geschehen, wenn dieselbe Art von Feldern von außen herangebracht würde? Dr. James Hamer von den Northrop Systems Laboratorien hat versucht, diese Frage durch eine streng kontrollierte Serie von Experimenten zu beantworten. Dr. Hamer versorgt Aluminiumplatten zu beiden Seiten des Kopfes einer menschlichen Versuchsperson mit Wechselstrom von niedriger Spannung (nur 2 Volt). Die Platten berühren den Kopf nicht, und die Menge der Elektrizität, die zu den Neuronen vordringen kann, ist tatsächlich ganz gering — bestimmt nicht groß genug, um die Sendetätigkeit der Neuronen auszulösen. Und doch verändert dieses winzige elektrische Feld die Zeitvorstellung der Versuchsperson merklich.

Das alles läßt tatsächlich auf ein empfindliches und subtiles Gehirn schließen. Mit etwas dichterischer Freiheit dürften wir jedes Neuron nicht nur als eine computerähnliche Zelle mit einer einzigen Funktion ansehen, sondern als eine bewegliche komplexe Persönlichkeit im kleinen. Sie kann eine Spezialeigenschaft haben, aber sie ist auch fähig, an einer Unzahl von Erinnerungen, Stimmungen, Vorstellungen und Handlungen teilzuhaben. Sie steht in direktem Kontakt mit ihren Nachbarzellen, aber stellt sich auch auf Nachrichten von weit entfernten Vorgängen im Gehirn ein und ist bereit, ihre Stimme oder ihren Einfluß im geeigneten Augenblick einzusetzen. Sie hat einen festen, erkennbaren Charakter, ist aber bereit und fähig, sich zu ändern, aus Erfahrung zu lernen.

Ein Gehirn, das aus solchen Neuronen zusammengesetzt ist, kann offensichtlich niemals „aufgefüllt" werden. Vielleicht *kann* es um so mehr wissen und schaffen, je mehr es weiß. Vielleicht können wir tatsächlich eine unglaubliche Hypothese aufstellen: *Die äußerste schöpferische Kapazität des Gehirns dürfte — für alle praktischen Zwecke — unendlich sein.*

Aber *wie* kann man das Potential dieses wunderbaren Organs erschließen? Und zu welchem Nutzen? Die Männer, die die Geheimnisse des Zentralnervensystems ergründen wollen, finden sich selbst oft vor diese Fragen gestellt. Die meisten von ihnen nehmen an, daß ein besseres Verständnis des Gehirns neue Techniken ermöglichen wird, die Fähigkeiten des Menschen zu verbessern. Aber sie werden vorsichtig, wenn man sie nach spezifischen — auch nur spekulativen — Beispielen fragt. Einige populäre Bücher und Zeitschriften sind nicht so vorsichtig. Indem sie das Wesentliche der Gehirnforschung in Richtung auf Science Fiction verlängern, erreichen sie utopische Denkdimensionen, die uns im Nu alles beibringen wollen, was man darüber wissen und, sagen wir, berechnen kann. Oder sie phantasieren von „Zwischenschädel-Anschlüssen", die es Studenten ermöglichen, die Einsichten eines berühmten Professors zu erwerben, ohne in seine Vorlesungen gehen zu müssen. Aus diesen Spekulationen resultieren zwei einigermaßen vielversprechende Wege zur Veränderung menschlichen Verhaltens: elektrische Reizung des Gehirns und bewußtseinsverändernde Medikamente.

Schon 1936 entdeckte der kanadische Neurochirurg Dr. Wilder Penfield, daß elektrische Reizung gewisser Teile des Gehirns (besonders beim Epileptiker) manchmal eine lebhafte geistige Erfahrung auslöst. Der Patient scheint mit einem Teil seines Geistes alte Erinnerungen noch einmal zu durchleben, während er mit einem anderen das Bewußtsein von der Gegenwart behält. Verschiedene Forscher beobachteten auch, daß elektrischer Strom, den man mit kleinen Elektroden tief in das Gehirn von Tieren leitet, ihre Handlungen entscheidend beeinflussen kann. Wissenschaftler des Max-Planck-Instituts für Verhaltensphysiologie in Seewiesen haben in den Gehirnen von Hühnern nach Kontrollzentren sondiert. Sie wissen selten genau, was für eine Reaktion sie von diesen nur mit einem kleinen Gehirn ausgerüsteten Tieren bekommen, wenn sie den Strom einschalten. Auf einen bestimmten Punkt gelenkte Elektrizität macht vielleicht aus dem Huhn einen wilden Esser. Wenn man den Strom einen Millimeter weiter schickt, kann der elektrische Einfluß dazu führen, daß das Huhn überhaupt nicht mehr ißt. Ein kleiner Stromstoß in das Wut- oder Aggressionszentrum veranlaßt den Hahn vielleicht dazu, mit den Flügeln zu schlagen und seine Sporen gegen ein ausgestopftes Tier zu spreizen.

Die Wissenschaftler des Max-Planck-Instituts kamen der Schaffung eines ferngesteuerten Huhnes nahe, als sie es mit einem winzigen Transistorradio-Empfänger ausrüsteten, so daß man den Strom aus der Entfernung anstellen konnte. Das führte bei einer Gruppe sich frei bewegender, aber mit Transistoren ausgerüsteter Hühner zu interessanten sozialen Situationen. Die in der Rangordnung unterste Henne und die meisten Hühner der Gruppe konnten in ‚Tiger‘ verwandelt werden, wenn man ihr Aggressionszentrum reizte.

Manchmal setzte man mehr als eine Elektrode auf das Gehirn des Huhnes an, um den Wissenschaftlern die Kontrolle über ein möglicherweise widersprüchliches Verhalten zu verschaffen. Ein mit zwei Elektroden ausgerüstetes Huhn erhielt z. B. den Befehl, entweder zu sitzen oder zu hüpfen oder zu fliegen. Die Wissenschaftler komplizierten die Lage, indem sie die „Sitz"- und die „Spring"-Elektrode zur gleichen Zeit anstellten. Mit diesem Dilemma konfrontiert, das im gewöhnlichen menschlichen Leben nicht unbekannt ist, tat das Huhn, was es konnte. Nach einer Zeit aufgeregten Herumscharrens setzte es sich, blieb eine Weile sitzen und sprang dann mit einem Schrei auf.

In verschiedenen Teilen der Welt hat eine Anzahl Wissenschaftler ähnliche Versuche an verschiedenen Tieren durchgeführt. Dr. José Delgado von der Yale School of Medicine führte eine radiokontrollierte Elektrode in das Angstzentrum eines kämpfenden Stieres ein; zum Testen ging er dann in die Arena. Wenn der Stier angriff, drückte Dr. Delgado einen Knopf des kleinen Senders, den er bei sich trug. Der Stier bremste und wich zurück. Bilder von diesem Versuch erschienen in der Weltpresse.

Die Entdeckung, die die menschliche Phantasie am meisten beflügelt hat, hängt mit dem tiefgelegenen Lustzentrum des Menschen zusammen. Dr. James Olds, damals McGill Universität in Montreal, entdeckte diese „Freudenquelle" 1954 im Gehirn einer weißen Ratte. Wenn man eine Elektrode ins Lustzentrum der Ratte steckte, die mit einem leicht bedienbaren Fußhebel verbunden war, verbrachte sie ganze Tage und Nächte damit, sich selbst zu stimulieren, und vergaß darüber das beste Essen sowie eine weibliche Ratte.

In späteren Experimenten von Olds und anderen hat sich herausgestellt, daß Ratten ihre Lustpedale bis zu 8000mal in der Stunde betätigen und daß ihre elektronische Sucht nach Glück wochenlang andauert. Was geht in diesen lustsüchtigen Ratten vor? Werden sie, wie ein gewisses Porträt des ausschweifenden Dorian Gray, verwüstet und verbraucht? Schlechte Nachrichten für die Puritaner, die es bei uns gibt: Die orgiastischen Ratten sind im allgemeinen im Endeffekt in einem besseren physischen und geistigen Zustand als ihre frustrierten Wurfgenossen. Sie sind hellwach. Ihr Fell glänzt. Ihre Augen leuchten. Man hat Lustzentren der einen oder anderen Art bei vielen Tieren entdeckt, darunter bei Katzen, Hunden, Affen, Delphinen und — vielleicht — auch beim Menschen. Daß dieser Punkt umstritten ist, soll durch eine möglicherweise zweifelhafte Geschichte illustriert werden, die passierte, als ein berühmter skandinavischer Gehirnforscher (natürlich im Verlauf einer Therapie) auf das stieß, was er für das Lustzentrum im Gehirn eines männlichen Patienten hielt. Außer sich vor Freude telefonierte er sofort mit einem amerikanischen Kollegen, der das nächste Überseeflugzeug nahm, um das selbst zu sehen. Als der Amerikaner auf dem Schauplatz erschien, drückte der Patient immer wieder begeistert auf einen Hebel, der durch einen Draht Strom in eine ihm ins Gehirn eingepflanzte Elektrode sandte. Der Amerikaner beobachtete das eine Zeitlang und bat dann um Erlaubnis, einen kleinen Test machen zu dürfen. Die Erlaubnis wurde erteilt, und er ging in die Kontrollräume und unterbrach den Draht. Der Patient fuhr fort, ohne einmal aufzuhören, den Hebel zu drücken — und genoß dabei, wie er sagte, die gleichen ekstatischen Gefühle.

Im Lauf der Jahrhunderte hat die menschliche Art viele Möglichkeiten entwickelt, um Empfindungen zu erreichen, die (wie alle Empfindungen) durch Tätigkeit des Gehirns entstehen. Vielleicht kann alles, was ein Stromstoß auslösen kann, sogar noch besser durch das, was wir als „erzieherische Tätigkeit" definiert haben, erreicht werden.

Es ist dann auch leicht, sich Schreckensszenen auszumalen, wenn man sich die elektrische Gehirnbeeinflussung in einem totalitären System angewandt vorstellt: ein „brave new" Generalissimus des Jahres 1984 stellt eine elektronisch kontrollierte Armee auf. Jeder Soldat hat unten am Kopf einen kleinen Transistorenempfänger, von dem Elektroden zu verschiedenen Kontrollpunkten innerhalb des Gehirns führen. Ein Gewaltmarsch soll angetreten werden? Der Generalissimus braucht nur den „Unermüdlich-Marschieren-Knopf" an seinem Sendegerät zu drücken. Zeit für Rast und Erholung? „Tiefschlaf" heißt der Knopf, der gedrückt werden muß. Der Feind nähert sich.

„Furchtlos-Kämpfen" macht es. Den Satirikern der Zukunft können wir (falls die Satire die Wissenschaften überleben sollte) den Gebrauch des „Plünder-Knopfes" überlassen oder endlich den, auf dem „Vergewaltigung, Raub und Zerstörung" steht.

Optimistischere Leute haben sich die elektrische Invasion in den Schädel im Dienst von Wissen und Freude vorgestellt. Was, wenn es den Wissenschaftlern gelänge, das *ganze* Gehirn elektronisch zu erfassen? Würde es dann nicht möglich sein, Wissen elektronisch zu übermitteln? Und wenn man das Lustzentrum nutzte? Ergäbe es nicht eine wunderbare Belohnung, um das gewünschte Verhalten hervorzurufen? (Der richtig gedrahtete Schüler erhielte dann vielleicht einen Stoß Lust an Stelle einer 1.)

Wieviel Glauben sollen wir diesen Phantasien schenken? Seit der Geburt der modernen Wissenschaften ist die Geschichte höchst unfreundlich mit den meisten Spöttern verfahren. Ein Schriftsteller enthüllt auch die wildesten wissenschaftlichen Spekulationen nur auf eigene Gefahr. Es muß jedoch gesagt werden, daß die meisten Darsteller elektrischer Stimulation naiv und schlecht informiert waren. Gegenüber der wunderbaren Feinheit des menschlichen Gehirns erscheint die gegenwärtige Art elektrischer Reize tatsächlich als ein zu grobes Instrument. Bis jetzt war es schwer zu handhaben, unberechenbar und unzuverlässig.

Dabei hat man einen weit grundlegenderen Einwand gegen die elektrische Stimulation weitgehend übersehen. H. W. Magoun von der University of California hat mir erklärt: „Das Einführen von elektrischem Strom ruft künstlich hervor, was sich natürlich abspielt. Es ist eine ziemlich plumpe Prothese. Aber wir haben zum Herumlaufen keine Krücke nötig, wenn wir unsere Beine haben. Mit unseren Sinnesorganen — Augen, Ohren usw. — besitzen wir die bestkontrollierten, feinsten und wirksamsten Zugänge zum Gehirn. Wenn wir ein Gehirn verändern wollen, können wir das am besten über unsere natürlichen Sinne tun. Und das tun wir jeden Tag, hat die Gesellschaft immer getan. Das Problem für die Zukunft ist, wie man es besser machen kann."

Wieder begegnen wir der Umwelt, dem Material der Erziehung, als dem mächtigsten Instrument zur Erreichung eines besseren Gebrauchs unserer Fähigkeiten. Aber ehe wir die neuen „natürlichen" Methoden zur besseren Nutzung menschlicher Möglichkeiten betrachten, wollen wir einen kurzen Blick auf eine weitere „künstliche" Methode werfen: den Gebrauch von Drogen.

Die Chemie kontrolliert vielleicht noch entscheidender als die Elektrizität, was im Gehirn vorgeht. Bereits vor Beginn der Zivilisation haben Gesellschaftsgruppen massive und im allgemeinen ganz wirkungsvolle chemische Experimente mit Enthemmern (Alkohol), Stimulantien (Koffein), Rauschgiften (Marihuana), Beruhigungsmitteln (Opium) und vielen anderen gehirnverändernden Substanzen durchgeführt.

Die Suche nach chemischen Erziehungsmitteln wird weitergehen. Schon jetzt verordnen die Forscher älteren Leuten Drogen mit einem hohen RNS-Anteil, um herauszufinden, ob man ihr Gedächtnis verbessern kann. Experimente in den Abbott Laboratorien haben ein Mittel entwickelt und auf den Markt gebracht, das die RNS des Gehirns vermehrt. Eine andere Gehirnfunktion, die vielleicht durch Medikamente verbessert werden kann, ist die Fähigkeit zur Konzentration, zur Ausschaltung von Reizen, die von der Erfahrung als unwichtig erkannt worden sind. Man glaubt, daß der Konzentrationsmechanismus in einem tiefen Teil des Stammhirns sitzt, der Reticularformation genannt wird. Vielleicht wirken die Anregungsmittel direkt auf diesen Teil des Gehirns. Eine weltweite Suche nach einer besonderen und wirksamen „Konzentrationspille" ist zur Zeit im Gange, einer Droge, die spürbar und zuverlässig die Fähigkeit vermehren soll, sich, wenn gewünscht, lange und intensiv zu konzentrieren.

Die verschiedenen Halluzinogene oder Psychodelica — vor allem LSD — sind dazu benutzt worden, ungewöhnliche Veränderungen in den Bedingungen des Bewußtseins selbst zu schaffen. Diese Chemikalien sind seit kurzem vielen Angriffen ausgesetzt wegen ihrer möglicherweise gefährlichen Nebenwirkungen und wegen der sich von der Gesellschaft abspaltenden Jugendlichen-Gruppen, die diese Mittel nehmen. Aber was sie auch immer für Nebenwirkungen haben mögen, wie sehr sie vielleicht auch von den Jugendlichen mißbraucht werden, die Tatsache bleibt bestehen, daß Hunderttausende von ernsthaften, reifen Menschen aller Altersgruppen diese Drogen benutzt haben, und zwar weder als modische Masche noch zur Therapie, sondern um den Schimmer einer neuen und reicheren Bewußtseinswelt zu gewinnen. Wie wir später sehen werden, wird in Zeiten schneller technologischer und kultureller Veränderungen besonders wichtig, fähig zu sein, sich außerhalb des festgelegten Bewußtseins und der Vorstellungen über die unmittelbare Vergangenheit zu stellen. Die Psychodelica gestatten schnelle Reisen in andere Länder des Geistes, sie haben vielen Menschen ihre Vorstellung des Möglichen erweitert. Aber selbst hier wird erkennbar, daß die Art psychischer Beweglichkeit, die die Psychodelica in so heftiger Weise hervorrufen, auch ganz ohne Drogen gelernt werden kann.

Tatsächlich können, genauso wie Chemikalien die Handlungen der Menschen verändern — ihre Beziehungen zur Umwelt, ihre Bildung —, die Handlungen der Menschen die Chemie des Gehirns verändern. Wie das geschieht, zeigen Experimente der University of California in Berkeley. Dort ziehen seit einigen Jahren der Psychologe David Krech und seine Mitarbeiter zwei gleiche Gruppen von Ratten in einer vollkommen gegensätzlichen Umwelt heran. Die eine Rattengruppe lebt in einem verschlossenen Raum. Jedes Tier ist in einem Einzelkäfig, in Dunkelheit und Schweigen, isoliert. Jedem sind die Beziehungen zu anderen Ratten oder zu Menschen ganz entzogen. Die zweite Gruppe von Ratten, aus dem selben Wurf stammend, wird in einer üppigen und abwechslungsreichen Umgebung gehalten. Sie leben in großen Käfigen zusammen und besitzen Spielzeug. Sie lernen, Irrgärten zu erforschen. Man nimmt sie jeden Tag heraus und beschäftigt sich mit ihnen.

Krech und seine Mitarbeiter haben dabei folgendes entdeckt: Obwohl von Geburt gleich, entwickeln die im Wohlleben gehaltenen Ratten einen weit höheren Prozentsatz eines wichtigen Gehirnenzyms als die frustrierten Ratten. Und nicht nur das, die Größe und das Gewicht ihrer Großhirnrinde (die äußere, mit fortgeschrittenerem Lernen zusammenhängende Rinde) nehmen durch das Leben, das sie führen, zu. Diese intensiv „erzogenen" Ratten überragen ihre Wurfgenossen, was ihre Lernfähigkeit angeht, weit. Die frustrierten Ratten sind geistig verkrüppelt. Ich muß oft an meinen Eindruck von dem verdunkelten Raum mit den isolierten und stummen Ratten denken, wenn ich von „kultureller Frustration" sprechen höre, ein Mietshaus im Ghetto einer Großstadt besichtige oder in eine Klasse komme, in der Kinder unterdrückt, zum Schweigen gebracht, in roher seelischer Isolierung gehalten werden. Beraubt man diese Kinder der eigentlichen Fähigkeiten ihres Gehirns? Und wenn, gibt es ein schlimmeres Verbrechen?

Aber wenn die Umwelt arm machen kann, dann kann sie auch bereichern. Schon jetzt vollbringen gewöhnliche Menschen Leistungen, die man, gemessen an den Erwartungen der Vergangenheit, als erstaunlich ansehen muß. Allerweltstechniker sind zu Höhen von abstraktem Denken fähig, die einen Pythagoras hätten in Bewunderung ausbrechen lassen. Und welcher junge Wagehals hätte zu Beginn des 20. Jahrhunderts jemandem geglaubt, der ihm erzählt hätte, daß noch zu seinen Lebzeiten Scharen von Hausfrauen in superstarken Fahrzeugen — eines eng hinter dem anderen — auf vierbahnigen Autobahnen fahren würden, schneller als eine Meile in der Minute? Damals dachte man, daß nur Supermänner je zu solchen Leistungen fähig sein könnten. Aus unserer überlegenen Sicht heraus können wir sagen, daß sie „unrecht" hatten. Aber in bezug auf welche wohlbegründeten, allgemein anerkannten Grenzen für den Menschen werden wir morgen „unrecht" haben? In gewissem Sinne könnten wir wirklich sagen, daß diese autobahnfahrenden Hausfrauen wirklich ein Wunder sind.

Die Forscher in Gehirnforschungsinstituten haben die Muster der Gehirnwellen von Personen, die die Autostraßen von Los Angeles entlangfuhren, mit denen von Düsenflugzeugpiloten verglichen, die Abfang-Jagdflüge üben mußten. Die Autofahrer wiesen komplexere Muster auf, die von mehr Gehirnaktivität zeugten. Und von ihnen gibt es Millionen. Die allgemeine Reaktion der Menschheit auf das Auto ist in der Tat ein gutes Beispiel für das Potential des Menschen und für seine beste Entfaltung. Das Auto wird zum perfekten Lehrer. Es schafft eine in hohem Maße in Wechselwirkung mit dem Schüler stehende Lern-Umwelt und gibt auf jede Handlung des Fahrschülers schnelle Rückkoppelungen. Alles, was von einem Lehrer über diesen Prozeß in Worte gefaßt werden kann, ist nichtssagend in Vergleich mit dem, was das fahrende Auto dem Lernenden „sagt". Das Zusammenspiel zwischen Umwelt (dem fahrenden Auto) und dem Lernenden ist ununterbrochen, intensiv und neu. Das Verhalten des Schülers ändert sich während dieses Prozesses. Und im besten Fall ist Fahrenlernen ein rauschhaftes Erleben. (Fragen Sie mal einen Sechzehnjährigen.) Es ist dann also kaum verwunderlich, daß praktisch jedes menschliche Wesen auf diesem Planeten in dieser Hinsicht — wenn wir das Wunder als das sehen, was es ist — ein Supermann werden kann.

Nicht jede Umwelt ist von echtem Einfluß. Das gewöhnliche Klassenzimmer im Beispiel übt einen äußerst geringen Einfluß aus. Man kann nicht erwarten, daß dort ein größeres Maß an menschlichen Fähigkeiten gefördert wird, und es fällt auf, daß man manchmal unter den Collegelehrern die Leute findet, die die menschliche Begrenztheit betonen. In den zwanziger und dreißiger Jahren kam es zu einer der bemerkenswertesten Fehleinschätzungen der Umwelt als Wandlungsfaktor in unserer Geschichte. Das geschah, als Reformer davon überzeugt waren, daß man nur die Armen mit sauberen Häusern und ordentlichen Löhnen versorgen müsse, um dann in Ruhe auf das Aufblühen von Literatur und Künsten zu warten. Was aufblühte war jedoch Enttäuschung, und die Zyniker sind seitdem mit guten Argumenten versorgt, wenn sie auf die Modellstädte in England zu sprechen kommen, wo arme Bergleute ihre neuen Badewannen zum Aufbewahren von Kohle benutzten. Das soll angeblich einige alte Weisheiten über die „menschliche Natur" veranschaulichen. Was es allerdings zeigt, ist, daß Leute in neue Behausungen zu setzen und ihnen mehr Geld zu geben, noch lange nicht die neue Umwelt erzeugt, die sie erziehen, das heißt *verändern* wird. Diese Gesellschaft ist immer noch in der unbewiesenen Vorstellung befangen, daß, wenn man einen Organismus und eine Umwelt in körperliche Nähe zueinander bringt, der Organismus irgendwie verändert (und die Umwelt wahrscheinlich *nicht* verändert) wird. Wie viele „kulturell benachteiligte" Kinder sind nicht schon im Schlepptau wohlmeinender Erzieher oder Klubdamen in Museen oder Symphoniekonzerte geführt worden? Haben Sie gesehen, wie diese Kinder sich bewegen, wie sie umherstreifen, sich zuflüstern und anstoßen, sei es in einer expressionistischen Ausstellung oder vor Silberarbeiten aus der Kolonialzeit? Es gibt immer noch Leute, die annehmen, daß man Kinder aus den Slums nur auf diese Art mit genug „Kultur konfrontieren" müsse, um aus ihnen höfliche, wohlgekleidete Wesen zu machen, die nicht mehr von den Schulen abgehen müssen und aufhören, uns durch ihr Verhalten zu belästigen. Unnötig darauf hinzuweisen, daß hinter der Annahme, „Kultur", wie sie sicher in unseren Museen aufbewahrt wird, sei *besser* als das Leben auf der Straße, eine ungeheure Arroganz steckt. Es mag genügen zu betonen, daß solche Nebeneinanderstellung allein keine Erziehung bewirkt.

Eine Person kann von einer Umwelt nur dann stark beeinflußt werden, wenn diese eine starke Wechselwirkung ausübt. Um eine solche Wechselwirkung zu erzielen, muß die Umwelt „antworten", d. h. sie muß eine relevante Rückkoppelung mit dem Lernenden haben. Damit diese Rückkoppelung wirklich hergestellt wird, muß sie den Lernenden dort treffen, *wo er ist*, und dann in dem Maße programmieren (d. h. eine Veränderung in angemessenen Schritten zur angemessenen Zeit vornehmen), in dem der Lernende sich verändert. Der Lernende verändert sich (d. h. wird erzogen), indem er auf die Umwelt reagiert.

Innerhalb dieser Zwänge ist der menschliche Organismus unglaublich flexibel. Wenn es für die menschliche Fähigkeit, auf eine Lernumwelt anzusprechen, Grenzen gibt, dann sind wir von diesen Grenzen heute so weit entfernt, daß sie unwichtig erscheinen. Von Beginn menschlicher Geschichte bis heute ist die Umwelt, nicht der Mensch, auf Begrenzungen gestoßen. Jetzt zum ersten Mal hat die Menschheit die physische und technische Fähigkeit, sich fast jede Art von Umwelt, die sie sich vorstellen kann, selbst zu schaffen. Diese Situation mag schwer zu verstehen sein, wir müssen trotzdem mit ihr fertig werden. Wir sind jetzt imstande – und das ohne Gehirnmaschinen, ohne Drogen, ohne eugenische Maßnahmen –, die Menschen so zu erziehen, daß nicht etwa wenige, sondern die Mehrheit nach unseren jetzigen Maßstäben in ihrem Denken, Auffassen, Fühlen und Sein uns genial erscheinen würden.

Bei dieser Aufgabe, die neuen Umwelten zu kombinieren, die das verborgene Genie des Menschen ans Licht bringen können, sind wir jetzt etwa auf der Stufe der Erfindung des Rades angekommen. Dabei häufen sich weiter Beweise für die Tatsache eines fast unbegrenzten menschlichen Potentials. Das Beweismaterial zeigt uns als Antwort auf eine der Fragen, mit denen wir dieses Kapitel eröffnet haben, daß sogar geringe Anstrengungen, richtig gelenkt, zu großen Erfolgen führen können. Die im Augenblick vielversprechendsten Ansätze finden sich an zwei Hauptfronten, die zur Zeit voneinander getrennt sind und oft feindlich zueinander stehen, zu gegebener Zeit aber in eine zusammenfließen könnten. Die erste ist streng wissenschaftlich; die zweite scheint den wissenschaftlich-rationalistischen Gesichtspunkt zu bedrohen.

Der Mann, der die nachdrücklichsten Argumente für die Anwendung der Wissenschaft auf die menschlichen Angelegenheiten ins Feld führt, ist der umstrittene Psychologe der Harvard Universität, Professor B. F. Skinner. In den vergangenen Jahren haben viele, die über die Aussichten des Menschen in einer technologischen Zukunft geschrieben haben, Skinner als den teuflischsten Baumeister einer entmenschlichten Welt angegriffen. Und doch sind es Skinner und seine Anhänger, die — in einem der Paradoxe, die oft große Wendepunkte der Geschichte begleiten — gerade jetzt rechtzeitig klare Beweise dafür erbringen, daß das menschliche Potential alle unsere früheren Erwartungen übersteigt.

Die große Öffentlichkeit kennt Skinner vor allem als den Mann, der die Lernmaschine erfand, der Tauben beibrachte, Ping-Pong zu spielen und eine Rakete zu lenken, der eine klimatisierte Box baute, in der er sein Baby großzog, und der „Walden Two" schrieb, einen Roman über ein ziemlich langweiliges Utopia, wo Verhaltenstechniken benutzt werden, um zu idyllischen, dem neunzehnten Jahrhundert entsprechenden Vorstellungen von Glück und Gemeinschaft zu gelangen. Aus nichts von all dem kann man die Bedeutung seines Werkes ablesen.

Vielleicht findet Professor Skinner selbst es manchmal paradox, daß man seine Techniken und Entdeckungen dazu benutzen kann, weit vielfältigere und ehrgeizigere Ziele zu erreichen, als er selbst sie in „Walden Two" darstellte. Auf alle Fälle könnte die klare und präzise Auffassung Skinners von der Beziehung zwischen Organismus und Umwelt sich für jeden, der sich für eine durchgreifende Erziehungsreform interessiert, als außerordentlich nützlich erweisen, wie auch immer diese Reform im einzelnen aussehen mag. Er hat vor allem das Verhalten alles Lebendigen bis auf die Knochen bloßgelegt, ist hindurchgestoßen durch den ganzen Wortschwall, die engen Theorien, die „erklärenden Fiktionen" — um seine Bezeichnung zu gebrauchen —, die zeitweilig aus der Psychologie eher eine literarische Metapher oder ein geheimnisvolles Gesellschaftsspiel als eine Wissenschaft gemacht haben und die manchmal den Weg menschlicher Fortentwicklung blockiert haben. In den dreißiger Jahren fand er in einer Reihe von Experimenten mit Ratten (seitdem durch Versuche mit anderen Lebewesen, einschließlich des Menschen, bestätigt) eine Methode, die Handlungen von Lebewesen vorauszusagen, zu messen und zu kontrollieren, die in einigen Fällen fast die Präzision der die Materie und Energie untersuchenden Physik erreichte. In „Behavior of Organismus", einem Buch, das man mehr als fünfzehn Jahre lang höflich übersah, hat er 1938 über diese Experimente berichtet. Während dieser Zeit setzte Skinner seine Experimente fort, dehnte sie auch auf menschliches Verhalten aus, stritt sich überall mit jedermann über seine Arbeit und wurde nie auch nur für einen Augenblick in seiner Überzeugung schwankend, daß alles Verhalten letzten Endes voraussagbar, kontrollierbar und deshalb verbesserungsfähig ist.

1954 entwickelte er seine Idee von der modernen Lernmaschine oder dem programmierten Lernen, eine Anwendung seiner Tierversuche auf Menschen. Bald zeigten menschliche Wesen das gleiche sprunghafte Anwachsen ihrer Lernrate, das man vorher bei Skinners Ratten und Tauben gesehen hatte. Seither sind das Interesse an und die Angriffe auf Skinners Psychologie enorm gestiegen, und heute bilden die Männer und Frauen, die seine Methoden anwenden und erweitern, eine wachsende Gruppe auf dem Gebiet der Psychologie.

Im Zwielicht des Freudschen Zeitalters, wo man jede Hausfrau davon überzeugt hat, daß menschliches Verhalten unendlich komplexer ist, als es aussieht, klingen Skinners Ideen überraschend einfach und allgemeinverständlich. Im Gegensatz zu Freud glaubt Skinner nicht, daß die Menschen von geheimnisvollen inneren Kräften getrieben werden, die in Konflikt mit der Gesellschaft stehen. Im Gegensatz zu Pawlow glaubt Skinner nicht, daß die Menschen Sklaven der Dinge sind, die unmittelbar um sie herum geschehen. Im Gegensatz zu vielen modernen Psychologen befaßt er sich nicht mit Hypothesen und komplexen Statistiken, sondern mit direkter Beobachtung, Voraussage und Kontrolle des Verhaltens.

Laut Skinner wird Ihre Neigung zu irgendeiner Haltung — Ihr „Charakter", Ihre „Persönlichkeit", Ihre „Motivierung" — vor allem durch die *Folgen* früherer Handlungen gestaltet. Weiterhin wird Ihr zukünftiges Handeln durch das gestaltet werden, was Ihnen *nach* irgendeiner Ihrer gegenwärtigen oder künftigen Handlungen *geschieht*, d. h. durch Ihre Wechselwirkung mit Ihrer Umwelt. Die Fähigkeit und Neigung eines Babys, „Mama" zu sagen, wird nicht so sehr dadurch entwickelt, daß seine Eltern ihm *sagen*: „Sag Mama", als vielmehr durch das Lächeln oder die Aufmerksamkeit, die es erzielt — also durch das, *was geschieht*, wenn es ihm gelingt, das Wort zu formen. Wenn das Kind niemals irgendeine Art von *Antwort* auf sein Mama-Sagen bekommt, würde es sehr schnell damit aufhören. (Skinner nennt das „extinction" — Auslöschung.) Das Baby würde auch aufhören,

„Mama" zu sagen, wenn man es dafür bestrafte, aber dann würde es Angst entwickeln und dem, der es gestraft hat, ausweichen.

Skinner hat herausgefunden, daß nicht Strafe, sondern Belohnung oder mit seinen Worten „positive Unterstützung" (reinforcement) die wirksamste Kraft beim Bilden oder Lehren ist. Positive Unterstützung kann Nahrung sein, Geld, ein Lob, ein Kuß, ein Lächeln, ein flüchtiges anerkennendes Nicken. Im besten Falle besteht sie einfach darin, die richtige Antwort zu bekommen und zu wissen, daß sie richtig ist, ein Puzzle zu lösen, eine Handfertigkeit zu entwickeln, in Worten, Tönen, Farben eine neue Schönheit und Ordnung zu entdecken. Jede Kultur und Subkultur, jede Schule, jede Familie hat ihre eigene — anerkannte oder nicht anerkannte — Art, Lohn und Strafe zu verteilen. Nach Skinner verlassen sich zu viele Leute auf Strafen oder die Androhung von Strafen, um andere Menschen zu beeinflussen. Oder sie wenden grobe und beleidigende Arten von positiver Unterstützung an, wie z. B. die wenig feinfühlige Verteilung von Geld nach einem rohen Stücklohn-System.

Skinners wissenschaftliche und menschliche Impulse treffen in dem Wunsch zusammen, Strafe durch Belohnung zu ersetzen, sich mehr und mehr auf behutsamere und „schönere" Formen von „reinforcement" zu stützen.

Um dies zu erreichen, haben er und seine Anhänger systematische Programme der Verhaltensänderung entwickelt. Laut Skinner wandelt sich das Verhalten eines Menschen oder sein Lernen im allgemeinen schrittweise. Wie und in welcher Intensität er darin bestärkt wird, diese Schritte zu tun, bestimmt in hohem Maße, wie gut und wie schnell er lernt. Es gibt viele Aspekte menschlichen Verhaltens, für die man noch kein wirksames Unterstützungsprogramm ausgearbeitet hat. Aber in den Fällen, wo man die Technik angewandt hat, sind die Ergebnisse oft aufsehenerregend gewesen, besonders bei der Behandlung „hoffnungsloser" Schizophrenie, geistiger Zurückgebliebenheit, Stottern, jugendlicher Kriminalität und ähnlichem.

Als man die Methode Skinners auf die Erziehung anwandte, hörte die Öffentlichkeit plötzlich von guten Schülern, die die Arbeit eines Semesters zum Beispiel in Geometrie, in vier oder fünf Tagen bewältigten, und von schwachen Schülern, die zum erstenmal eine Materie verstehen konnten, die ihnen vorher absolut unfaßbar erschienen war. Das programmierte Lernen war so wirksam — und möglicherweise rentabel —, daß schnell gebildete kommerzielle Gruppen den Markt mit verschiedenen Spielarten der neuen Erziehungsinstrumente von meist geringer Qualität überschwemmten. Mit der Zeit wurde jedoch eine auffallende Tatsache immer deutlicher: Sogar schäbige und langweilige Programme führten manchmal immerhin noch zu denselben Resultaten wie der konventionelle Schulunterricht.

Was würde da erst bei wirklich erstklassigem programmierten Lernen herauskommen? Vor einiger Zeit hat Skinner vorausgesagt, daß die Schüler doppelt soviel in der Hälfte der Zeit lernen würden. Es stellt sich heraus, daß er nicht ganz recht hatte. Sie lernen oft noch besser. Fast immer hat es sich erwiesen, daß gutes Programmieren imstande ist, den Lernprozeß für eine große Anzahl von Schülern zu beschleunigen und reibungslos zu machen, und daß dadurch Lehrer mehr als je zuvor Freiheit gewinnen, über das Notwendige, über das Gruppenlehren hinauszugehen. Vielleicht kann man am besten am Lesenlernen, dem Kernpunkt in unseren Schulen, ermessen, mit wieviel größerem Nutzen man die neue Methode zur Entwicklung der menschlichen Fähigkeiten anwenden kann. Ein programmierter Lesekurs, den M. W. Sullivan und seine Kollegen entwickelt haben, hat schon mehrere hunderttausend Schulkinder durchschnittlich doppelt so schnell wie gewöhnlich lesen gelehrt. Manche Leser kommen so auffallend schnell voran, daß die besorgten Lehrer sich Taktiken ausgedacht haben, um sie langsamer lernen zu lassen. Erzieher, die bereit sind, die Kinder nach ihrem eigenen Kopf lernen zu lassen, haben beobachtet, daß einige von ihnen am Ende des ersten Schuljahres so gut lesen, wie man es von der 5. oder 6. Klasse gewöhnt ist. Die Programme ließen, wenn sie nicht falsch angewendet wurden, kaum ein Kind leseunfähig zurück — eine besonders interessante Beobachtung, wenn man an die Klagen mancher „Leseexperten" denkt, daß bis zu 30 Prozent aller Kinder mit geheimnisvollen Leseneurosen behaftet seien. Diese Neurosen sind nach Dr. Sullivan keineswegs angeboren oder unvermeidlich, sondern entstehen durch eine verwirrende Lernumwelt — z. B. das übliche Klassenzimmer. In der neuen, von Dr. Sullivan geschaffenen Situation lernen die Kinder aus individuellen Fachbüchern, machen die ihnen individuell entsprechenden Fortschritte, geben auf jeder Stufe schriftliche Antworten und kontrollieren ihre Antworten schnell anhand der im Programm vorgesehenen „Antworten". Man hat jedes Programm mehrfach ausprobiert und neu geschrieben, um sicherzugehen, daß es den Kindern, die es benutzen sollen, angepaßt ist. Abschnitte, die während der Versuchssitzungen nicht funktionierten, werden so lange umgeschrieben, bis sie passen. Auf diese Art kann sich die große Mehrheit der Kinder, die das Programm benutzen, darauf verlassen, daß 95 Prozent ihrer Antworten richtig sind.

Zweifellos wird solch eine Lernhilfe bald als primitiv betrachtet werden. Sie ist dadurch begrenzt, daß sie „richtige Antworten" lehrt und immer nur eine Serie Antworten zur gleichen Zeit. „Das ist nur der Anfang", sagte mir Dr. Sullivan, „wir haben einfach damit begonnen, ein kleines Stück unserer Umwelt neu zu gestalten — jenen Teil, der uns befähigt, Lesen zu lernen. Wie immer übertrifft auch hier das menschliche Potential unsere Erwartungen. Wir haben noch keinerlei Vorstellung davon, was das menschliche Lebewesen in einer richtig gestalteten Umwelt tun kann."

Die bisher beschriebene Art gibt eine hoffnungsvolle Prognose für die Fähigkeit des Menschen, sich in einer vertrauten Umwelt erfolgreicher und glücklicher zu entfalten, versucht aber nicht, eine radikal *neue* Umwelt zu schaffen. Weiterreichende Vorschläge und Experimente werden von Psychologen, Philosophen und Erziehern gemacht, die auf den ersten Blick das radikale Gegenteil der Skinner-Schule zu sein scheinen. Viele dieser Männer arbeiten auf dem Gebiet der Humanpsychologie. Sie haben eine sehr optimistische Auffassung vom Menschen und benutzen oft den Begriff des „menschlichen Potentials". Es liegt ihnen vielleicht mehr an persönlichem als an objektivem Wissen, und sie zitieren häufig Michael Polanyis Credo, daß „wir mehr wissen, als wir sagen können". Sie überlassen sich mehr der Phantasie als strenger Wissenschaftlichkeit und glauben, daß der erste große Schritt zur Verbesserung der menschlichen Fähigkeiten und zum Glück des Menschen einfach darin bestehen sollte, die künstlichen gesellschaftlichen Fesseln, die uns jetzt gefangen halten, abzustreifen.

Die Männer und Frauen an dieser Front sind durch die Schriften von Abraham Maslow und Carl Rogers beeinflußt. Dr. Maslow, Professor für Psychologie an der Brandeis-Universität und Präsident der American Psychological Association, stieß auf eine so äußerst einfache und zugleich brillante Idee, daß sie die Psychologie auf den Kopf gestellt hat. Anstatt neurotische oder psychotische Menschen zu studieren, studierte er Leute, die ganz besonders *glücklich* und *erfolgreich* waren. Anstatt die Tiefpunkte von Geisteskranken zu untersuchen, erforschte er die Höhepunkte menschlicher Lebensfreude. Das bei diesen Studien gewonnene Bild des Menschen stand in scharfem Gegensatz zu dem von der herkömmlichen Psychologie gezeichneten. Bei „sich selbst verwirklichenden" Menschen (Maslows Begriff für glückliche Leute) existieren Persönlichkeitsspaltungen und innere Konflikte der „menschlichen Natur" einfach nicht. Am Anfang war es schwer für Maslow, seine eigenen Ergebnisse zu akzeptieren. „Das hat für mich bedeutet", schreibt er, „daß ich unablässig geliebte Axiome zerstören, mich ununterbrochen mit scheinbaren Paradoxen, Widersprüchen und Unklarheiten abfinden mußte und daß vor meinen Augen gelegentlich langerprobte, fest geglaubte und anscheinend unerschütterliche Gesetze der Psychologie umfielen. Oft stellt sich heraus, daß es überhaupt keine Gesetze waren, sondern nur Richtlinien für ein Leben im Zustand sanfter und chronischer Psychopathologie und

Angst, in Verkrüppelung, Verkümmerung und Unreife, was wir alles nicht bemerken, weil die meisten anderen dieselben Krankheiten wie wir haben."

Maslow konnte den Konsequenzen seiner Entdeckungen nicht ausweichen. Man mußte die alten Gesetze über Bord werfen. Theorien, die auf den Bedürfnissen und dem Streben verbogener Menschen basierten, können vielleicht in einer verbogenen Welt richtig sein. Aber sie kennzeichnen nicht die „Natur" des Menschen und entsprechen den menschlichen Möglichkeiten nicht. Sich selbst verwirklichende Menschen sind nicht theoretisch. Überall um uns herum gibt es sie. Wenn wir unsere Aufmerksamkeit und unsere Erwartungen auf sie richten, überschreiten wir leicht Barrieren, die man einmal als fest und endgültig angesehen hat. Und Maslow versorgt uns, wenn er die sich selbst verwirklichenden Menschen beschreibt, mit Anhaltspunkten für unsere Suche nach einer Erweiterung der menschlichen Fähigkeiten. Er sucht nach Wörtern, macht Listen von „Charakteristika des gesunden menschlichen Lebewesens" (mehr Offenheit gegenüber Erfahrungen, stärkere Integration, stärkere Spontaneität etc.), aber er kommt immer auf ein Thema zurück: Die sich selbst verwirklichenden Menschen sind irgendwie gleichzeitig reif und kindlich. Sie zeigen, was er „glückliche Kindlichkeit" und „eine zweite Naivität" nennt.

Ebenso wie Maslow ist Dr. Carl Rogers, jetzt ein Senior Fellow des Western Behavioral Sciences Instituts, von einem sicheren Glauben an die menschlichen Möglichkeiten erfüllt. Diesen Glauben überträgt er auf die Entwicklung seiner auf den Klienten konzentrierten Therapie (Client-Centered Therapy). Dabei sucht und findet der Klient (nicht „Patient") seine eigenen Ziele; der Therapeut dient ihm nur als „Wegbereiter" dazu. Die auf den Klienten konzentrierte Therapie unterliegt leicht der Gefahr der Parodie: der Therapeut scheint immer nur die Worte des Klienten zu wiederholen, oder er sagt einfach „m-hm". Aber sogar die Parodie scheint Rogers' unerschütterlichen Grundsatz zu bestätigen, den er in verschiedenen Versionen über lange Jahre hin wiederholt hat: „Meine Erfahrung hat mich gelehrt, daß Menschen im Grunde positiv ausgerichtet sind."

Maslow wie Rogers arbeiten jetzt an Intensiv-Experimenten mit „Klein-Gruppen". Bei diesen Experimenten finden sich Leute in Gruppen von etwa sieben bis fünfzehn Personen zusammen. Sie verwenden ein ganzes Bündel von Techniken, um alte Formen der Kommunikation zu durchbrechen, um ihre sinnliche und emotionale Reichweite zu vergrößern, um ein Gefühl der Freude zu erlangen. Es gibt viele Arten solcher Gruppen und viele Namen für sie, unter anderem die „T-Gruppen" (entstanden aus der frühen Arbeit des National Training Laboratory in Bethel, Maine), die „sensitivity-training groups" und „encounter groups". Bei der einfachsten Art von Begegnungsgruppen (encounter groups) lernen die Leute in überraschend kurzer Zeit, ihre gewohnte Erzähl- und Ausdrucksweise zu ändern. Dazu sind nur wenige formale, verbale Anweisungen nötig: „Seien Sie absolut offen und aufrichtig, erzählen Sie mehr das, was Sie empfinden, als die Überlegungen dazu, und bleiben Sie in der Gegenwart, statt an Vergangenheit oder Zukunft zu denken." Wenn sie so anfangen und sich noch von einer Reihe von erprobten Technikern leiten lassen, gelingt es den meisten Leuten, ihre alten Masken fallen zu lassen, sich ihrer Abwehrstellung, ihrer Irrtümer zu entledigen, die sie von ihren eigenen Gefühlen und der Fähigkeit, sie auszudrücken, abgeschnitten hatten. (Manche vergießen Tränen der Trauer über die tiefe Einsamkeit in ihrem Leben, andere weinen vor Erleichterung und Freude darüber, lang unterdrückte Feindseligkeit oder Ängste jetzt loszuwerden. Hartgesottene leitende Angestellte kommen oft schließlich dahin, daß sie den Mitgliedern ihrer Gruppe mehr von ihren tiefsten, sorgfältig gehüteten Geheimnissen enthüllen, als sie je ihren Frauen, Freunden oder Brüdern zeigten.) Die meisten entdecken, daß diese neue Offenheit ihnen letzten Endes erlaubt, bei ihrer Arbeit, in ihrer Familie und bei ihren Freunden erfolgreich zu sein. Es ist bezeichnend, daß die Geschäftswelt und die Industrie — besonders die Raumfahrtindustrie — einen großen Teil dieser Gruppenexperimente unterstützen. Viele Wirtschaftstheoretiker glauben, daß die üblichen Anstrengungen, die wahren eigenen Gefühle zu formen, zu manipulieren und zu verschleiern, mehr als fünfzig Prozent der Energie und Zeit der leitenden Angestellten verbrauchen. Außerdem erfordert die schwierige Aufgabe, ein Raumschiff zu bauen, weit mehr Vertrauen, Offenheit und Feinfühligket als die alte Fließbandproduktion. Die Großunternehmungen müssen an einer Erweiterung der menschlichen Fähigkeit, Gefühle auszudrücken und mit anderen Kontakt zu halten, interessiert sein — nicht aus Altruismus, sondern um höhere Gewinne zu erzielen.

Es sollte hier angemerkt werden, daß nichts von all dem „Therapie" ist und nur Verwirrung die Folge sein kann, wenn es so aufgefaßt wird. Es handelt sich um praktische Vorbereitung auf das Leben in einer Welt von noch nie dagewesener Dynamik. In seinem kürzlich erschienenen Buch „Joy" stellt Dr. William Schutz vom Esalen Institute vierzig der neuen Techniken für verbesserte Entwicklung des menschlichen Potentials vor. Diese Techniken reichen von Ausdrucksbewegungen des Körpers über die Einbildungskraft bis zur verbalen Konfrontation. Die meisten von ihnen beginnen in der Basis-Begegnungsgruppe und können meist ohne Hilfe eines geschulten Therapeuten ausgeübt werden. Der Erfolg, den Dr. Schutz, andere Pioniere auf diesem Gebiet und Laien mit einem immer reicheren Spektrum von Techniken erreichen, läßt vermuten, daß diese neue Domäne des Lernens bereits Erziehern jeden Grades zugänglich ist.

All dies wird uns zweifellos bald zu vorsichtig vorkommen. Es ist wahrscheinlich, daß die menschlichen Fähigkeiten in neuen, vom Menschen geschaffenen Umwelten und mit neuen Unterstützungs-Systemen, die wir uns noch schwer vorstellen können, in höchst beachtlicher Weise erweitert werden. Will man diese Entwicklung beschleunigen, so muß man sich frei machen von „Doktrinen", „Bewegungen" und „Denkschulen" – den alten Feinden menschlichen Fortschritts. Eine neue Generation von Forschern (einige von ihnen werden in späteren Kapiteln diskutiert werden) ist bereit, sowohl aus der Arbeit Dr. Skinners wie der Humanpsychologen und anderer Konsequenzen zu ziehen: programmierte Unterstützungs-Systeme zusammen mit Begegnungsgruppen einzusetzen und den menschlichen Fähigkeiten, wohin immer sie führen mögen, zu folgen, selbst wenn sie zu etwas führen sollten, was man jetzt „übersinnlich" oder „mystisch" nennt – sogar wenn es „phantastisch" genannt würde. Ein paar Schritte in dieser Richtung wurden bereits gemacht.

Dr. Joe Kamiya von der Langley Porter Klinik für Neuropsychiatrie in San Francisco, der die einfachsten Reinforcement-Techniken anwendet, gehört z. B. zu denen, welche lehren, sogar solche „inneren" Vorgänge wie das eigene Grund-Gehirnwellen-Muster zu beherrschen. Bei seinen Gehirnwellen-Experimenten läßt Dr. Kamiya seine Versuchspersonen in einem ruhigen Raum mit geschlossenen Augen liegen und befestigt Elektroden an ihrer Kopfhaut. Er sagt ihnen, daß nur dann ein Ton erklingen wird, wenn sie „richtig" reagieren. Der Apparat ist so angebracht, daß auf die Bitte Dr. Kamiyas an die Versuchspersonen, eine bestimmte Gehirnwelle zu verstärken, das Erscheinen dieser Welle automatisch den Ton anschaltet. (Durch eine ähnliche Technik werden Gehirnwellen oder der Blutdruck vermindert.)

Zuerst erklingt der Ton nur, wenn, mehr oder weniger zufällig, die gewünschte Wellenform erscheint. Allein durch die Reaktion auf die Ermunterung durch den Ton lernen die Versuchspersonen allmählich, den Ton öfter erklingen zu lassen und so die gewünschte Gehirnwelle zu verstärken. Wenn die Versuchspersonen lernen, das Alpha-Wellenmuster zu steigern, so erreichen sie nach ihrer eigenen Aussage einen Zustand erhöhter Bewußtheit. Sie werden entspannt, aber nicht schläfrig. Schließlich erreichen sie einen Zustand, den sie selbst als „gelöst" bezeichnen. Dr. J. T. Hart von der University of California in Irvine – ein anderer Forscher, der auf dem Gebiet der Gehirnwellen-Kontrolle arbeitet – hat vorausgesagt, daß diese Technik eines Tages dazu verwandt werden kann, Angst auf diese Art zu beseitigen.

Aber diese Forschungen berechtigen zu noch schöneren Hoffnungen. Nach neueren japanischen Untersuchungen gelangen Personen, die an Gehirnwellenexperimenten teilnehmen, wenigstens zu einem Teil zu der Selbstbeherrschung, die Yogis und Zen-Meister erst nach vielen Jahren harter und unerbittlicher Disziplin erreichen. Viele von Dr. Kamiyas Versuchspersonen brauchen hierfür ungefähr zwölf einstündige Sitzungen. „Diese Experimente", sagt Dr. Kamiya, „lassen vermuten, daß wir schließlich Wege finden werden, um fast jeden Aspekt des menschlichen Lebens zum Besseren hin zu beeinflussen."

Jede Umwelt hat die Fähigkeit, zu erziehen. Wir werden sehr bald fähig sein, die gesamte wahrnehmbare Umwelt zu kontrollieren. Es kann sich vielleicht eines Tages herausstellen, daß das, was wir *sein* können, seine Grenzen nur noch durch das erfährt, was wir *wahrnehmen* können. Sich das Phantastische vorzustellen ist oft leichter, als das Offensichtliche und alles Durchdringende wahrzunehmen. Wir leben in einem Zeitalter der Prophezeiungen; glutäugige Wahrsagerinnen werden von geachteten Wissenschaftlern und Organisatoren, Meistern der Extrapolation, abgelöst. Es wird wohl noch geraume Zeit dauern, bis es Teleportation geben wird. Durch Teleportation kann, nach Dr. John Lyman, der ganze genetische Code eines Menschen einem Computer eingefüttert, zu einem Empfangscomputer auf dem Mond oder einem Planeten gesendet, und der Person, die nur wenige Sekunden früher auf der Erde stand, augenblicklich zurückgesendet werden. „Teleportation ist noch eine unausgegorene Idee", wird Dr. Lyman zitiert, „aber die Grundkonzeption verletzt kein bekanntes physikalisches Gesetz." Extrapolation, wie kühn auch immer, ist jedoch nur *ein* Weg zum Messen und Melden gegenwärtiger Wahrnehmungen. Wenn wir uns mit der Zukunft auseinandersetzen wollen, müssen wir das Unfaßliche fassen, die Umwelt selbst. Marschall McLuhan hat gesagt, daß er niemanden nennen könne, der das Wasser entdeckt habe, er sei aber sicher, daß es nicht die Fische waren. Und dabei ist das Wasser der Hauptlehrmeister der Fische, es bestimmt ihre Bewegungen, ihre Gestalt, ihre kalte, nasse Lebensfreude. Wie können wir *die* Wasser entdecken, die den Menschen umgeben, die unsichtbaren Lehrer, die unser Sein formen? Wir müssen das Fraglose in Frage stellen und dann fragen, wieviel von der Umwelt schließlich so verändert werden kann, daß es der Erziehung der Menschheit förderlich ist.

Schon vor der Geburt werden alle Menschen durch die Anziehung der Materie, diese den Raum durchwaltende Kraft, die wir als Schwerkraft kennen, zugleich beschützt und bedroht. Die Verhaltensforscher sagen, das neugeborene Baby fürchte nur zwei Dinge: ein plötzliches Geräusch oder das plötzliche Losgelassenwerden aus der Umarmung, die die Schwerkraft zwischen ihm und dem es tragenden Gegenstand herstellt, d. h. das Erlebnis des Fallens. Das ganze Leben lang ist die Schwerkraft im Zusammenspiel mit der Trägheit der Masse und der Bewegung ein mächtiger und überzeugender Lehrmeister, der uns innerhalb eines großen Lernbereichs eine subtile, fein abgestufte Rückkoppelung in einem großen Lerngebiet bietet. Sie lehrt uns durch positive und negative Bestätigung, und das Verhältnis zwischen beiden (wobei das Positive unter den gewöhnlichen irdischen Bedingungen stark gegenüber dem Negativen überwiegt) könnte als ideales Modell für viele weniger einflußreiche, stärker spezialisierte Erzieher, z. B. für Schullehrer, dienen.

Erst wenn wir den Schritt über die Schwerkraft hinaus tun, bemerken wir, wie groß ihre erzieherische Macht über uns ist. Die ersten sich frei im Raum bewegenden Astronauten entdeckten, daß sie ohne die gewohnte Anleitung ihres ständigen Lehrmeisters unfähig waren, die einfachsten körperlichen Aufgaben zu bewältigen. Aber erlerntes Verhalten ist umkehrbar. Als dann Rauchtechniker sich damit befaßten, ein systematisches Lernprogramm zu entwickeln, durch das man anhand von neuen Tricks auch ohne Schwerkraft zurechtkommen kann, vollbrachten die Astronauten ihrer neuen Umwelt adäquate Leistungen. Die reine Umwelt lehrt, formt und hilft uns überall. Aber sie setzt uns auch Grenzen. Die einfachen Eigenschaften des Phänomens, das wir Licht nennen, dienen als eine Art von Lineal, an dem wir unsere Pläne für Wahrnehmungen und Handlung messen können. Das Licht mit seiner großen Geschwindigkeit und seiner Fülle von informationstragenden Eigenschaften ist uns oft als die Königin im Energiespektrum erschienen. Erst durch die Erfindung der Laserstrahlen war es uns möglich, die Grenzen der vorwärtsjagenden, unzusammenhängenden, streng linearen, zurückprallenden Photonen zu untersuchen, mit denen wir es bis dahin zu tun hatten. Offenbar können uns Laserstrahlen und andere Vorrichtungen helfen, neue, raffiniertere Formen von Licht zu schaffen, die weit mehr Informationen transportieren können als bisher und uns dadurch mit einer ganz erheblich gesteigerten Rückkoppelung versorgen. Wenn solche neuen Licht-„Umwelten" sich in ausreichendem Maße verbreitet haben, werden wir uns selbst ändern.

Was hat das alles mit Erziehung zu tun? Mehr als wir uns vielleicht vorstellen. Wenn wir das Faktum „Umwelt" einfach voraussetzen, versäumen wir, uns klarzumachen, daß Sehen selbst zum Teil ein erlerntes Verhalten ist. Wenn ein von Geburt an blinder Mensch plötzlich Zugang zum Licht gewinnt, dann *sieht* er wohl kaum etwas. Im allgemeinen lernt er das aber sehr schnell, da er das ganze Arsenal von Hinweisen, die ihm die anderen Sinne und die gesprochene Umwelt bieten, zu Hilfe holen kann. Aber obwohl er den Unterschied zwischen einem Quadrat und einem Dreieck ganz genau „kennt", wird er noch viel Zeit brauchen, ehe er das eine vom anderen unterscheiden kann, ohne vorher die Seiten zu zählen.

Beobachten wir, wie das Neugeborene sehen lernt. Besser gesagt: „*sehen und handeln*", denn man kann nichts lernen, was nicht irgendwie, auf irgendeine Art, Folgen hat. Das Baby liegt auf seinem

Rücken, ein glänzendes Spielzeug wird ihm vor die Augen gehalten. Wenn die zufälligen Bewegungen der Augen das Objekt in sein Gesichtsfeld bringen, *geschieht etwas*. In einer Reihe von Gesichtsnerven verschiebt sich schnell das chemische Gleichgewicht, erfolgen elektrische Entladungen. Elektrochemische Kräfte pulsieren und erregen ein großes Gebiet der Hinterhaupt-Hirnlappen des Babys. Das ganze Gehirn reagiert bis zu einem gewissen Grade, und es tritt sogar eine Strömung der ganzen in Bewegung befindlichen Gehirnwellen-Muster ein. All das, *was da geschieht*, bedeutet eine wichtige Bestätigung, und wenn die Augen des Babys von dem Gegenstand wegwandern, hört die Bestätigung auf. Langsam, durch stufenweise Annäherung lernt das Baby, die äußeren Augenmuskeln so zu beherrschen, daß es das aufregende Objekt in seinem Gesichtsfeld festhalten kann.

Aber das ist nur ein Anfang. Das Baby kann seine visuelle Stimulation fördern, indem es seine Linsen scharf einstellt, mit beiden Augen in der richtigen Konvergenz das Objekt fixiert und die Größe der Pupille so einstellt, daß der Kontrast zwischen dem Objekt und seinem Hintergrund dem Sensitivitätsgrad der Netzhaut entsprechend möglichst groß ist. Und dann fängt das Baby natürlich an, das Sehen mit den Bewegungen von Hand und Arm zu koordinieren (unterstützt von Schwerkraft, Trägheit der Masse und Bewegungsempfindung, ebenso wie vom Licht), es greift zu und hält das Spielzeug fest. Solche „natürlichen" Entwicklungen erfordern eine Wechselwirkung zwischen dem Organismus (des Babys) und der Umwelt. Wenn die Eigenschaften der Umgebung anders wären, wenn Schwerkraft, Licht, Trägheit der Masse, Luft, Ton und so weiter nicht so wären, wie sie sind, dann sähe auch das Lernen anders aus, und die entstehenden Organismen würden, wenn auch in menschliche Körper gekleidet, tatsächlich andere sein.

Alle Verhaltensentwicklung ist eine Funktion des Lernens. Einige Psychologen und Physiologen haben etwas definiert, was man das „optimale" Alter für bestimmte Stufen des Lernens nennen könnte, als ob diese Perioden unabhängig von der Art der Umwelt existieren. Sie existieren tatsächlich in jeder gegebenen Umwelt. Aber sie entstehen nicht einfach aus dem Organismus selbst.

Ein menschliches Wesen lernt am besten im Alter von zwei Jahren sprechen, weil es dann das nötige Vorwissen besitzt und noch nicht unter dem Einfluß anderer Lernübungen steht (wie z. B. sportliche Betätigung), die mit dem Sprechenlernen konkurrieren würden. In diesem Alter ist in den meisten menschlichen Kulturen das Baby von einer für genau diese Art von Lernen idealen Umgebung umgeben. Es ist schwierig, einem Fünfzehnjährigen Sprechen beizubringen, aber wahrscheinlich nicht deshalb, weil sein Nervensystem in mysteriöser Weise über einen optimalen Punkt hinaus „gewachsen" ist. Was den Fünfzehnjährigen daran hindern würde, sprechen zu lernen, stünde auch dem Erwerb notwendigen Vorwissens im Wege. Mit Fünfzehn ist er höchstwahrscheinlich unter den Einfluß miteinander konkurrierender Befriedigungsarten geraten. Und die Lernumwelt, die wir ihm verschaffen würden, würde ihm aller Wahrscheinlichkeit nach in hohem Grade inadäquat sein, auch wenn wir sogar versuchen würden, ihm etwas „beizubringen", anstatt begeistert auf sein freies Lernen zu reagieren.

Sehen, sprechen, lieben lernen, das alles findet in dem kleinen runden Schulhaus statt, das wir Erde nennen und das voll ist von audiovisuellen Hilfen, von denen wir gerade erst entdecken, daß wir sie manipulieren können. „Natürliche Feinde" haben uns viel beigebracht, haben unsere Art geprägt. Wir sind jetzt schnell bei der Hand, diese alten nützlichen Lehrmeister zu entlassen und sie durch selbstgeschaffene „Lehrer" zu ersetzen.

Und doch sind viele der alten Lehrer noch um uns, gerade jene, von denen wir nie wußten, daß sie uns „unterrichten". Der menschliche Organismus zum Beispiel wird erzogen – und in seine Grenzen gewiesen – durch den unerbittlichen Tag-und-Nacht-Zyklus eines sich drehenden Planeten. Neue Untersuchungen darüber, was mit den Menschen geschieht, die nach Osten oder Westen über mehrere Zeitzonen hinwegfliegen, bestätigen, was viele Reisende schon seit dem Einsatz von Düsenflugzeugen vermuteten: daß nämlich die Wechselwirkung mit dem Vierundzwanzigstunden-Zyklus der Erde viele Aspekte unseres Lebens in entsprechenden Zyklen bestimmt. Von der Verdauung bis zu den Träumen, von den Sexualfunktionen bis zum Schwitzen müssen sich viele unserer Funktionen nach einem schnellen Sprung von New York nach Teheran auf einen neuen Zyklus einstellen. Wir müssen die Struktur der Tag-und-Nacht-Funktionen unseres Hormonhaushalts und anderer Systeme in unserem Organismus noch genau kennenlernen. Der Bruch mit den Reisebedingungen von früher wird uns vielleicht helfen, den menschlichen Mechanismus besser zu verstehen.

Die unsichtbaren Lehrer umgeben uns. Auch wenn wir ihre Gegenwart bestreiten, wir tun, was sie uns heißen. Worte, zum Beispiel, bevölkern unsere Erde, formen uns, blockieren unsere Sicht auf Freuden des Schweigens. Aldous Huxley schätzte einmal, daß siebzig Prozent der menschlichen Existenz vom Wort beherrscht werden. Wir haben erfahren, wie auffallend sich Vorstellungen und Wahrnehmungen verändern, wenn sie durch verschiedene Sprachen gefiltert werden, besonders bei Völkern wie z. B. den Hopi-Indianern. Aber was geschieht, wenn wir der Sprache selbst – und sei es nur für kurze Zeit – entrinnen? Die Experimente in Huxleys „nicht verbaler menschlicher Kultur" enthüllen die Existenzfülle, die hinter der Schranke der Wörter auf uns wartet.

Oft ist es ein grausames Erwachen, das uns die technologischen Veränderungen der Welt bescheren. Vielleicht bereitet uns nichts so gut wie Science Fiction auf den Schock vor, unsere Umwelt „an sich" zu erkennen. Robert Heinleins „Stranger in a Strange Land" zählt in dieser Hinsicht zu den besten Büchern. Der Fremde ist Michael Smith, ein Erdenabkömmling der Zukunft, der von Geburt an in der sehr anderen und in vieler Hinsicht höher entwickelten Umwelt des Mars aufgezogen wird. Das Faszinierende an dem Buch ist, daß vom Leser nicht verlangt wird, einen Menschen wie sich selbst dabei zu beobachten, wie er sich einer imaginären fremden Kultur anpaßt. Statt dessen sieht er einen Erdbewohner, der frei von den Begrenzungen unserer Umwelt versucht, sich Lebensbedingungen anzupassen, die man gemeinhin für selbstverständlich hält. Durch diesen Einfall erscheinen solch gewöhnliche Dinge wie bipolare Sexualität, unflexibler Zeitsinn, Altern und Tod als etwas ganz Außergewöhnliches, was sie ja wohl auch sind.

Über Sexualität schrieb Heinlein: „Marsbewohner und Menschen waren beide Repräsentanten selbstbewußten Lebens, aber sie hatten sich in vollkommen verschiedene Richtungen entwickelt. Alles menschliche Verhalten, alle menschlichen Motive, alle Hoffnungen und Ängste des Menschen waren gefärbt und beherrscht durch die tragische und seltsam herrliche Form der menschlichen Fortpflanzung." Heinleins Marsbewohner kannten, wie wir glauben sollen, keine herkömmliche bipolare Sexualität, sondern sie hatten eine großartige und zeremonielle Weise, „sich nah zu kommen". Wie Michael Smith versucht, menschliche Sexualität zu verstehen, wie er durch alle Kulturen hindurch neue sexuelle Verhaltensformen zu entwickeln versucht, das alles macht dem Leser sehr bewußt, wie gezwungen die Form unserer „natürlichen" Sexualität ist und wie sehr sie uns einschränkt.

Das mag ein Roman sein, aber der Roman nährt sich von der Wirklichkeit. Gerade hier auf der Erde wird die Sexualität jetzt von der Zeugung getrennt. Gerade so wie die Pille zur Geburtenregelung den Sexualakt von der Fortpflanzung befreit, befreien Samenbanken und künstliche Befruchtung die Fortpflanzung vom Sexualakt. Gegen diese neuen Umweltbedingungen entwickeln die jungen Leute neue sexuelle Verhaltensmuster, die den Alten manchmal ebenso fremd und bedrohlich erscheinen wie eine Invasion der Marsbewohner.

Auf dem Mars von Heinlein sind die Zeit ebenso wie der Vorgang des Alterns und der physische Tod unter die Kontrolle des Bewußtseins gelangt. Hier auf der Erde haben wir Bewohner des Westens im allgemeinen die Zeit als konstantes, stets dahinfließendes Maß aller Ereignisse und des Lebens selbst angesehen. Aber jetzt ist die Unveränderlichkeit der Zeit auch in unserer Kultur Angriffen ausgesetzt – begrifflich in der Relativitätsphysik, künstlerisch in Filmen, Romanen, Gedichten, Schauspielen, und als persönliche Erfahrung in weitverbreiteten, zeitverändernden Experimenten mit psychedelischen Drogen und anderen Methoden. Vielleicht ist die Zeit das letzte Wasser, in dem wir schwimmen, und wir werden niemals wirklich wissen, was es bedeutet, Mensch zu sein, ehe wir nicht fähig sind, uns selbst ans Ufer der Zeitlosigkeit zu ziehen und das, was jenseits liegt, zu betrachten. Dies ist ein zentrales Thema der religiösen Mystiker gewesen, obgleich sie uns bei ihrer Rückkehr aus dem Zeitlosen oft ganz verschiedene Anweisungen darüber geben, wie wir unser Leben in der Zeit gestalten sollen. Es scheint jetzt, als ob sogar der Prozeß des Alterns bis zu einem gewissen Grad manipuliert werden kann, und die Gerontologen fangen an, die Tatsache in Frage zu stellen, daß es irgendeine unausweichliche physiologische Notwendigkeit für die Vernachlässigung innerhalb der Zellen gibt, die zu Auflösung und Tod führt. Wir müßten aber tatsächlich naiv sein, wenn wir annehmen würden, solch entscheidende Umwälzungen grundlegender Bedingungen menschlichen Lebens könnten stattfinden, ohne die Grundlagen der Erziehung der Menschheit zu berühren und schließlich eine neue Art von Menschen zu schaffen.

Wie können wir die Umwelt „an sich" entdecken, die „bekannte Größe" in der Erziehungssituation? Es kann darauf keine endgültige Antwort geben, nur eine Reihe von neuen Fragen, die an das Äußerste unserer Wahrnehmungen und darüber hinaus reichen. Wir wollen mit dem Einfachsten anfangen: daß wir von unseren festgelegten Bedürfnissen nach Nahrung, Wasser und Salz getrieben, geformt, gebildet werden; daß der Stoff, den wir zu uns nehmen, so verschiedene Formen hat, so einfallsreich entdeckt, so brutal gewonnen wird (wir verschlingen Wurzeln, Stämme, Blätter, Samen, Früchte, Rinde, Schale; wir essen Kalbsleber, nehmen die Nahrung der Bienen fort); daß wir uns regelmäßig des Abfalls all dieses Verschlungenen entledigen müssen (man könnte ein Buch schreiben über all die erzieherischen Spielarten der Dinge, „über die man nicht spricht"; die Geschichte der Zivilisation könnte als die Geschichte des Abwassersystems aufgezeichnet werden); daß wir auf dem Grunde eines Luftozeans leben, in dem andere Kreaturen fliegen, wo Wolken treiben, Düfte schweben, Hitze brütet, Geräusche sich mischen; daß wir diese Luft unserem Körper dauernd – im Schlafen und im Wachen, in jeder Minute – zuführen müssen, wenn wir nicht sterben wollen; daß Regen fällt, Flüsse dahinfließen, daß unser Körper im Wasser zwischen Sinken und Schwimmen im Gleichgewicht gehalten wird, während Steine untergehen und

Holz nach oben kommt (man muß sich nur vorstellen, wie die Geschichte der Menschheit verlaufen wäre, wäre das spezifische Gewicht des Holzes nur ein wenig größer); daß die letzte Quelle all unserer Energie einzig ein Ball glühenden Gases ist, dreiundneunzig Millionen Meilen von uns entfernt.

Etwas anderes, das unser Denken und Streben entscheidend beeinflußt, ist die Tatsache, daß die Umwelt die Fähigkeit hat, Formen von Energie zu liefern, die unsere Sinne jetzt noch nicht ohne Hilfe wahrnehmen können. Wenn es überhaupt nichts gäbe, was wir *nicht* sinnlich wahrnehmen können, wären unsere Lebensweise und unsere Erwartungen radikal anders. Wir wären nicht dabei, die große Wendung zur Technologie mitzumachen, eine Wendung, die darin besteht, daß elektromagnetische Energie für Radio, Fernsehen, Radar, Röntgen, Radiotelescopie, Computer und alle elektronischen Apparate eingesetzt wird.

Die Existenz unbeachteter und ungenutzter Formen von Energie gibt dem menschlichen System mehr Weite. Sie eröffnet uns nicht nur den Weg in eine in steigendem Maß von Technologie beherrschte Existenz, sondern auch in das riesige, unbekannte Reich, das wir (bis wir lernen, alle seine Besonderheiten zu manipulieren) „mystisch" und „geheimnisvoll" nennen.

Hier taucht die neue Frage auf: Was ist das Potential der Umwelt? Wird es eines Tages keine ungenutzten Quellen der Umwelten mehr für uns geben? Das ist unwahrscheinlich. Es werden immer noch neue subatomare Partikel, neue Energiequanten entdeckt. Zum Beispiel ist das Neutrino schwer faßbar, ein Partikel, das besonders schwer zu Reaktionen zu bringen ist. Zehn Milliarden dieser winzigen Energieteile aus dem Raum können die ganze Rinde der Erde durchdringen und auf der anderen Erdseite wieder herauskommen, ehe ein einzelnes auch nur irgendwie auf irgend etwas auf seinem Wege reagiert. Aber das Neutrino steht für uns bereit, wir können es benutzen, wenn wir soweit sind. Was wird seine Rolle in der Erziehung der Zukunft sein?

Wir wollen die bloße Umwelt noch genauer — anders als sonst — betrachten. Vielleicht kann man den menschlichen Körper selbst, wie Michael Murphy vom Esalen Institut vorgeschlagen hat, als Umwelt ansehen. Vielleicht setzen wir uns zu enge Grenzen, wenn wir unsere Haut als die entscheidende Trennschicht zwischen Ich und Welt betrachten. Der Körper ist von der Umwelt geformt worden, produziert aber selbst in jedem Moment auf wunderbare Weise eigene Reize, ganz abgesehen von den Reizen, die er von der Welt jenseits seiner Haut erhält. Die Muskeln haben eigene Wege, ihre Lage, Bewegung, Spannung und Tonus zu signalisieren. Botschaften kommen vom Verdauungs-, Kreislauf- und Sexual-System, von dem fein ausbalancierten

Hormonhaushalt. Wenn wir Menschen des Westens diese Vorgänge als „unbewußt" einstufen, unterliegen wir einem Irrtum. Denn es gibt in anderen Kulturen seit langem Methoden, diese „unbewußten" Körperfunktionen unter Willenskontrolle zu bringen und damit eine ganz „neue" Umwelt zum Vorteil des Selbst zu eröffnen.

Es ist wahr, die Vernachlässigung des Körpers durch die westlichen Zivilisationen ist ein Skandal, denn sie hat ein ganzes Universum an Energie, Tatkraft und Information praktisch unsichtbar werden lassen. Man kann den Körper auch als eine Erweiterung der äußeren Umwelt denken, denn er verarbeitet, filtert und verwandelt Reize von außen, ehe sie das Bewußtsein erreichen. Innere und äußere Welt sind gleichermaßen aus Stoff, Energie und Möglichkeiten zusammengesetzt. Wenn man die eine als Erweiterung der anderen ansieht, dann hilft uns das, dort eine wesentliche Einheit zu entdecken, wo eine Unzahl von Theoretikern nutzlose Debatten über die Arten ihrer Trennung geführt haben. Der Körper kann in zweifacher Weise wirken: als Organismus für die äußere Umwelt ebenso wie als Umwelt für das Zentrum des Bewußtseins. Und er verfügt tatsächlich über beträchtliche Bildungsmöglichkeiten. Betrachten wir es anders. Theoretisch könnte ein vielfältiges und intensives Leben der Sinne überhaupt ohne den Körper existieren. Wie der Wissenschaftsjournalist Arthur C. Clarke dargelegt hat, sind alle Sinneswahrnehmungen einfach elektro-chemische Vorgänge im Gehirn. Wenn es also einen Weg geben würde, das vom Körper gelöste Gehirn mit genügend künstlichen Sinnen zu verbinden (Ersatz-Sinne für den Körper eingeschlossen), dann könnte dieses Gehirn alle Sinneswahrnehmungen des normalen Lebens und noch weitergehende genießen. Könnte man die Sinne an ein weltweites Netz anschließen, dann könnte das Gehirn in einem Augenblick überall auf der Erde „sein", „fühlen" und „sehen" und an fast unbegrenzten sinnlichen Eindrücken teilhaben. In diesem Lichte erscheint jede Verbindung mit dem Körper als eine Begrenzung. Es erscheint tatsächlich als plump und schwerfällig, wenn man den altmodischen Körper in physische Nähe zu einem anderen fühlenden Wesen bringen muß, um mit ihm zu sprechen oder es zu lieben.

Einige Aspekte dieser weltweiten Beweglichkeit der Sinne stehen uns jetzt schon mit Hilfe der Fernsehsatelliten zur Verfügung, und die persönlichen gesellschaftlichen Auswirkungen dieses unmittelbaren Sehens und Hörens über den ganzen Erdball hinweg muß man sich erst noch zu Bewußtsein bringen.

Die Sinne brauchen sich vom Körper auch nicht zu trennen, um zu erleben, wie sich ein Meer in eine reiche und fremde Welt verwandelt. Als Jacques-Jves Cousteau das Sauerstofftauchgerät erfand, war er nicht so sehr ein Pionier auf dem Weg in eine Welt des Schweigens als vielmehr ein Alchimist des Wahrnehmungsvermögens. Denn der Eintritt in das Reich des Dämmerns und der Träume, wo die Farben lebhafter werden und alle Dinge uns unheimlich nah erscheinen, hat zur Folge, daß wir unsere Sinne für Zeit, Ort und Bewegung hinter uns lassen. Kühl, schweigend, eingeschlossen — in diesem Sichhingeben kann ein Wesen aus dem vertrauten Gefängnis des Körpers ausbrechen. Das ist eine wirkliche Metamorphose, die Erfüllung des uralten magischen Mythos: Der Mensch wird zum Fisch, von der Atmosphäre unabhängiger als der Delphin oder der Wal.

Noch größer ist der Triumph der Freiheit für den, der in den Himmel „taucht". Unsichtbare, hundert Meilen pro Stunde durchjagende Luft trägt ihn empor, und er schlägt Schwerkraft und uralten Ängsten ein Schnippchen. Die Erde scheint weit unten zu bleiben. Der Emporsteigende scheint im Raum zu hängen. Die Zeit verändert sich in diesem langen, himmelgetragenen Augenblick, bis eine halbe Minute so lang wie ein halbes Leben erscheint.

Nur der Erdgebundene kann den Himmel einfach blau oder die Wolken einfach grau und weiß nennen. Wenn man durch eines jener glitzernden, wolkenumkränzten Länder der oberen Atmosphäre fliegt, muß man die Begriffe von Licht und Farbe ganz neu definieren. Die durchsichtigste, sich am schnellsten wandelnde Färbung ist irgendwie auch die lebhafteste. Gegen Sonnenuntergang vertiefen sich die Farben, und das ist die Stunde, in der der Himmelstaucher göttergleich hoch hinaufsteigen und die Sonne mit sich hinunterbringen kann, indem er hinabsinkt in einen riesigen Teich aus blauer und purpurner Dämmerung. Für all das zahlt er nur den geringen Tribut an die Sterblichkeit, die ihm in Gestalt der erforderlichen Flugdisziplin und des richtigen Umgangs mit dem Steuerknüppel auferlegt ist.

Zu schade, daß es unter den Himmelstauchern keine Dichter gibt und daß kein Literat die Erde umkreist hat. Denn eine der Aufgaben von Dichtung und Literatur ist es, uns wenn schon nicht auf die Zukunft vorzubereiten, so doch wenigstens zu helfen, die Gegenwart zu verstehen. Der Dichter könnte verkünden, daß die Phantasien seiner Vorgänger jetzt Wirklichkeit geworden sind, und es könnte uns noch weiter helfen, neue, unseres Zeitalters würdige Phantasien zu finden. Der Schriftsteller würde uns erzählen, daß das *Verstehen* und *Verändern* von Umwelten Freiheit schafft, während Umwelten nur begrenzen. Er könnte sogar darauf hinweisen, daß die wertvollsten Nebenprodukte der Raumforschung nicht neue Konsumprodukte sein werden, sondern etwas unendlich viel Wertvolleres: neue Wahrnehmungen. Und einer von ihnen könnte so kühn sein, in Anführungszeichen, die uns daran erinnern sollen, daß Sprache immer nur unvollständig, ungenau und metaphorisch ist, zu sagen: „Alle Dinge sind möglich."

Lernen als Prozeß

Jedes Lebewesen — Pantoffeltierchen, Pflanze ebenso wie Mensch — lernt durch Wechselwirkung mit seiner Umwelt. Alles Verhalten, oft auch das „instinktiv" oder „artgebunden" genannte, ist erlernt. Bei den niedrigeren Organismen wird es nicht während der Lebenszeit irgendeines Individuums der Art erlernt, sondern während der Lebensspanne der Art selbst. Wenn wir den Lernprozeß an der Lebenszeit einer Art messen, wird uns wieder die Einheit alles Lebens deutlich.

Lernen impliziert Gedächtnis, d. h. das Speichern von Informationen. Das große, komplexe und doch einheitliche Zentralnervensystem des Menschen kann während der Lebenszeit eines Individuums große Mengen neuer Informationen speichern und schon gespeicherte Informationen umarbeiten. Jede Gehirnzelle, wie auch das Material zwischen den Zellen kann auf jeweils eigene Weise auf jedes beliebige Ereignis reagieren. Diese Reaktionsweisen können, wie wir gesehen haben, auf die dünnen, spiralig gewundenen Moleküle der RNS oder DNS zurückgeführt werden, die als winzige „Nachschlagbibliotheken" dienen und eine unglaublich große Menge verschlüsselter Informationen enthalten. Die uns von unseren Vorfahren überkommene DNS enthält Informationen über Grundstruktur und Zusammensetzung der Gehirnzellen (wie aller übrigen Körperzellen). Die RNS dient als Bote der DNS und als Schablone für den Bau des Zell-Proteins. Während des Lernprozesses trägt die RNS auch dazu bei, die Zusammensetzung der Gehirnzellen zu modifizieren und damit ihre Verhaltensweise zu *verändern*. Man kann sagen, daß ein „Protokoll" über den unser ganzes Leben hindurchgehenden Lernprozeß in diesen winzigen, spiralig gewundenen Molekülen aufbewahrt wird.

Ein niedrigerer Organismus mit seinem kleinen, verhältnismäßig unentwickelten Zentralnervensystem hat nur eine begrenzte Fähigkeit, während seiner individuellen Lebensspanne zu lernen (d. h. sein Verhalten zu ändern). Und doch verändert sich auf lange Sicht die Art mit der Veränderung ihrer Umwelt. Sie kann sich entweder nur in ihrem Verhalten oder aber genauso gut auch in ihrer physischen Gestalt ändern. Von einem höheren Gesichtspunkt aus ist dieser Unterschied unwesentlich. Das Rotkehlchen ist ein Rotkehlchen, weil es einen zwei Zentimeter langen gelben Schnabel hat. Es ist genauso gut deshalb ein Rotkehlchen, weil es auf eine immer gleiche Art Würmer fängt und eine bestimmte Art von Nest an einer bestimmten Art von Platz zu einer bestimmten Zeit baut. In diesem Sinne sind physische Veränderungen und Verhaltensänderung dasselbe. Jede bedeutende Abweichung von der Norm, entweder was die Länge des Schnabels oder was die Gewohnheiten des Fütterns und Nestbauens angeht, würde sich in bezug auf das „Rotkehlchensein" – und aufs Überleben – als gefährlich erweisen.

Wir nennen dieses Lernen einer Art „Anpassung", oder, wenn sich die Art in ihrer physischen Form verändert, so daß *wir* sie als etwas Neues erkennen, „Entwicklung". Eine Aufzeichnung dieser Veränderungen, dieser Erziehung, ist in der DNS enthalten, der Mikrobibliothek des Lernens, die von Generation zu Generation weitergegeben wird. Die Sprache der Moleküle, ihr chemisches Schema, ist immer gleich, sei es im Wurm, im Rotkehlchen oder im Menschen. Aber die Wörter und der Umfang der Botschaft sind verschieden. Sie erzählen die Geschichte der siegreichen Auseinandersetzung von Art und Umwelt. Jeder Samen ist eine Chronik des Erfolges.

Die Aufzeichnung allen Lernens ist für alles Leben auf dieselben Täfelchen geschrieben. Lernen vollzieht sich nicht nur während des Lebens eines einzelnen Organismus, sondern ebenso in den Lebensspannen ganzer Arten, in der Dimension ganzer Erdzeitalter. Dieser lange Lernprozeß einer Art zeigt (ohne daß wir Anleihen bei Lamarck zu machen brauchen) alle Charakteristika von Lernen, die wir bisher beschrieben haben.

Die Veränderung einer Art resultiert immer aus der Wechselwirkung mit der Umwelt. Die steht in Relation zu der Häufigkeit, Verschiedenheit und Intensität dieser Wechselwirkung. Genau wie das Baby zum Sprechenlernen eine Vielzahl von Lauten braucht, aus denen sich die besonderen, in einer bestimmten Kultur nützlichen herausfinden lassen, so brauchte eine Art, um sich anpassen oder entwickeln zu können, Variationen in ihrer Nachkommenschaft, damit die für eine gegebene Umwelt passenden Verhaltensweisen und physischen Eigenschaften durch natürliche Auswahl gefunden und verstärkt werden. Genetische Unterschiede, von geringen Varianten bis zu großen Mutationen, bilden das Auslese-Reservoir.

Und die Faszination, das Außer-Sich-Sein? Die entscheidenden Lernvorgänge beim Bildungsprozeß einer Art sind die ekstatischen Augenblicke: Empfängnis und Tod. Das schlecht angepaßte Individuum, das stirbt, ehe es sich fortpflanzt, trägt ebenso zur Weiterbildung der Art bei wie das Individuum, das empfängt und neues Leben schafft. Man könnte sagen, daß die Art durch Sterben, d. h. durch den Tod bestimmter ihrer Individuen, lernt. Die, die leben, leben total. So wie jeder Samen eine Chronik des Erfolgs ist, so ist jedes Tier, nach den Worten von André Gide, ein Bündel von Lebenslust.

Die Wechselwirkung zwischen Art und Umwelt muß immer ein zweigleisiger Vorgang sein. Ob die Art blüht oder im Abstieg begriffen ist, beides beeinflußt das ökologische Gleichgewicht, verändert die Lebensbedingungen für viele andere Arten — und die eigenen. Die Arten mußten (durch Anpassung, Entwicklung oder Aussterben) auf die wiederholten geologischen Veränderungen reagieren, die neue Klimata, neue Gebirge, neue Ebenen, neue Meere geschaffen haben. Und doch erklären die geologischen Veränderungen allein keineswegs ausreichend das völlige Erlöschen ganzer Gattungen in bestimmten Krisenzeiten der langen Erdgeschichte. Nur ungefähr ein Drittel der 2500 Tierfamilien, die fossile Spuren hinterlassen haben, existieren noch heute (obgleich sich später weit mehr Familien neu entwickelt haben). Einige verschwanden, indem sie sich zu neuen Familien entwickelten, aber die Mehrheit erlosch, ohne Nachkommen zu hinterlassen. Einige der großen Massenauslöschungen fanden zu Zeiten statt, in denen es gerade keine geologischen Umwälzungen gab. Tatsächlich können, wie der Paläontologe Norman D. Newell dargelegt hat, sogar relativ geringe geologische Veränderungen das Schicksal bestimmter Arten beeinflussen. Die auf diese Veränderungen folgende Einwirkung auf das ökologische Gleichgewicht kann umwälzender sein als Erdbeben oder Lawinen.

Die Art des *homo sapiens* hat sich in bezug auf das ökologische Gleichgewicht als eine Katastrophe für alle möglichen Lebewesen erwiesen. In Nordamerika hat man das Aussterben großer Säugetiere wie des Mammuts, des Riesenfaultiers, des Kamels und des Mastodons vor ungefähr 11 000 bis 6000 Jahren meist auf einen plötzlichen Klimawechsel zurückgeführt. Neueste Erkenntnisse beweisen jedoch, daß die wirkliche Ursache das Auftreten gut bewaffneter Jägerscharen aus Asien gewesen ist. Genauso aber wie der Mensch die Umwelt beeinflußte, beeinflußten die Konsequenzen seiner Handlungen — die Vernichtung so vieler Säugetiere z. B. — in der Folge entscheidend seine eigenen Lebensbedingungen. Die Interdependenz des Lebens ist total, die Kette des Lernens endlos.

Warum gelingt es manchen Arten, von ihrer Umwelt zu lernen, während andere dabei versagen? Aus den gleichen Gründen, aus denen Ihr Kind in der Schule mitkommt oder nicht. Wir wollen uns hier die Terminologie des programmierten Lernens ausleihen. Wenn die Schritte im Lernprozeß zu groß sind, wenn die Umwelt sich zu rasch verändert, dann kann kein Lernen (weder Anpassung noch Entwicklung) stattfinden, und die Art geht unter. Andererseits können die Arten in einer besonders stabilen Umwelt überleben, sich aber fast überhaupt nicht verändern. Verschiedene Arten haben sogar in einer sich wandelnden Umwelt Wege gefunden, sich in kritischen Perioden dem Lernen zu entziehen und damit ihre Überlebenschancen zu erhöhen. Betrachten wir einige sehr alte Arten, Tiere, die viele Krisen der Entwicklungsgeschichte überstanden haben: das Krokodil, die Schildkröte, das Opossum. Sie zeichnen sich durch eine periodische Trägheit aus. Wie widerspenstige Schüler, die auf der letzten Bank sitzen, können sie sich immer, wenn ihnen echtes Lernen droht, in eine stumpfe Unbeweglichkeit zurückziehen. Die meisten langsam Lernenden haben jedoch auf dem Schauplatz der Entwicklung keine solchen Verteidigungsmittel. Sie treten einfach weg, wenn der Lehrer unerwartet das Tempo des Lernens steigert. Da braucht man keine dunklen und unbewiesenen Hypothesen über die „Erschöpfung des Keimplasmas", um ihr Verschwinden zu erklären.

Andererseits scheinen manche Lernleistungen der allereinfachsten Geschöpfe unglaublich. Das Arbeitsprinzip des programmierten Lernens kann uns vielleicht helfen, sie zu verstehen. Die grüne Schildkröte in manchen südatlantischen Kolonien kann zum Beispiel 1400 Meilen ohne irgendeine Orientierungshilfe von Brasilien bis zu den Ascension Islands, einem winzigen Fleck mitten im offenen Atlantik, schwimmen. Diese Tatsache spricht dafür (was aber keineswegs bewiesen ist), daß die Ascension Islands der letzte vorhandene Rest einer einst riesigen Landmasse sind. Vielleicht war zu der Frühzeit, als die grüne Schildkröte sich entwickelte, der Große Atlantische Grat ein tausend Meilen langer, aus der See ragender Landrücken und damit eine nicht zu verfehlende Leitlinie. Als dieser Kamm dann langsam unter der Wasseroberfläche verschwand, haben Generationen von grünen Schildkröten allmählich gelernt, sich an immer feineren Anhaltspunkten zu orientieren.

Was für Sinne haben sie dabei benutzt? *Nicht das ist hier die wichtigste Frage*, da ihnen so viele Sinne zur Verfügung standen: die Fähigkeit des Auges, die genaue Höhe des Sonnenstandes jeden Tag zur Mittagsstunde festzustellen, magnetische Fähigkeiten, überempfindlicher Geruchssinn, durch den sich jede Meeresströmung so leicht lesen ließ wie eine Straßenkarte, oder vielleicht irgendeine Fähigkeit, eine uns unbekannte Energiequelle zu erspüren — wir wissen nichts darüber. Eine wichtigere Frage ist der Lernplan, das Tempo, mit dem die Landmassen sinken, im Verhältnis zur Geschwindigkeit, mit der eine Art durch evolutionäre Auslese lernt.

Dieser allmähliche, nach einem festen Programm erfolgende Rückzug von Anhaltspunkten für das Verhalten ist in der Tat eine beliebte und förderliche Taktik, die man „Schwund" nennt. Wenn ein Schüler z. B. ein Gedicht auswendiglernen will, liest er es zuerst ganz durch. Dann löscht er bei jedem weiteren Lesen ein paar Wörter aus, bis er schließlich nur noch die Worte des Titels braucht, um in der Lage zu sein, das Verhalten, das ganze Gedicht aufzusagen, auszulösen. Mit dieser Technik kann ein unbehinderter Schüler in wenigen Minuten ein ganzes Sonett auswendig lernen. Dagegen mag eine Schildkrötenart eine Million Generationen benötigen, um vom allmählichen Versinken eines tausend Meilen langen Landstrichs zu lernen, eine Insel von nur fünf Meilen Durchmesser anzusteuern. In beiden Fällen darf das programmierte „Schwinden" nicht zu schnell vor sich gehen. Der Schüler würde auch nicht recht daran tun, damit zu beginnen, daß er gerade die letzten sechs Zeilen des Gedichts auslöscht. Und in beiden Fällen kommen uns die Resultate — seien sie vermittelt durch Schildkröten-DNS oder durch Gehirn-RNS — nur deshalb erstaunlich vor, weil wir die Macht optimaler Erziehung für *jeden* beliebigen Organismus und *jede* Art noch nicht voll erkannt haben.

Die niedrigeren Tierarten zeigen unflexible, stereotype Reaktionen. Und das ist in der Tat für sie sehr nützlich. Solche Reaktionen erlauben Lebewesen mit extrem gering ausgebildetem Nervensystem Millionen von Jahren lang einfach bei einem Lernprogramm zu bleiben. Und man muß zugeben, daß der Mensch hier einen Verlust erlitten hat, indem er von artspezifischen oder instinktiven Verhaltensregeln sich löste, besonders von solchen, die das Bevölkerungswachstum regeln und das Töten innerhalb der eigenen Art verhindern. Neuere Veröffentlichungen über Ortsverbundenheit (ein Hauptmittel der Bevölkerungskontrolle der Arten) und Aggressivität sind weitgehend dahin interpretiert worden, daß sie auf dem Gebiet des Instinkts eine Verbindung zwischen dem Menschen und dem Tierreich herzustellen suchen. Tatsächlich bringen diese Bücher schlagende Beweise dafür, wie sich der Mensch hier in seinem Verhalten von allen anderen Lebewesen *unterscheidet.*

Es braucht nicht gesagt zu werden, daß der Mensch überhaupt keine Instinkte hat. Er ist offensichtlich in gewissem Maß durch die Erfahrungen begrenzt, die eine lange Vorfahrenreihe in Wechselwirkung mit der Umwelt, der Erde, gewonnen hat. Schon die Gestalt seines Körpers (keine Flügel, keine Flossen), die Art seines Verdauungssystems, legen ihn in gewisser Richtung fest. Aber, um ein Beispiel zu nennen, selbst in dem so bedrängenden Sexualtrieb kann der Mensch eine bemerkenswerte Vielzahl von Varianten hervorbringen. Instinkte, wenn man so will, sind da, aber im Vergleich mit denen anderer Tiere sind sie wirklich kaum erwähnenswert.

Das von alters her Gelernte der Spezies, die man Mensch nennt, wird im sinnvoll verschlüsselten Code der DNS-Moleküle weitergegeben. Die Schlüsselbotschaft des Codes für diese Spezies könnte man folgendermaßen zusammenfassen: „Ein Organismus ist zu konstruieren, der den Hauptteil seines Lernprozesses während eines individuellen Lebens durchmacht." Von daher bezieht der Organismus seine Substanz. Alle anderen Eigenheiten, die man aufgezählt hat, um den Menschen vom Tier zu unterscheiden — aufrechter Gang, der der Hand gegenüberstehende Daumen, großes Gehirn –, kann man als *Mittel* zu diesem Zweck ansehen. Um ihn zu erreichen, hat der Mensch fast alle stereotypen biologischen Reaktionen geopfert, die das Leben der niedrigeren Organismen bestimmen. Auch der Mensch ist nicht ohne ihm eigene automatische Verhaltensweisen; das Leben wäre unerträglich schwierig, wenn wir jede Erfahrung als etwas machen müßten, das zum allererstenmal geschieht, und jedesmal ganz neu reagieren sollten. Jedoch werden unsere gegenwärtigen automatischen Reaktionen weniger durch die DNS weitergeleitet als durch einen Vermittler, der ebenso starr repetitiv auftritt: die Gesellschaft.

Soziale Gebilde setzen sich ihrerseits mit ihrer Umwelt in einem Wandlungsprozeß, den wir Erziehung genannt haben, auseinander. In diesem Prozeß zeigen auch sie die Lerncharakteristika, die wir oben skizziert haben. Gesellschaften lernen viel schneller als Arten. Ihre Wandlungen sind zahlreich und gehen über die einfache Überlebens- oder-Sterben-Alternative der Arten hinaus, wobei sie allerdings das Überleben (der Gesellschaft, nicht ihrer einzelnen Glieder) als letztes Kriterium beibehalten. Gesellschaftliche Informationsspeicher-Vorrichtungen übertreffen die DNS bei weitem. Viele von ihnen – mündliche Epen, Rituale, Sittenregelung – sind schriftlichen Berichten vorausgegangen. Während vorliterarischer Zeiten haben die Menschen zweifellos gewohnheitsmäßige Gedächtnisleistungen vollbracht, die heutige Gedächtnisexperten in Staunen versetzen würden. Sokrates sah sogar in der Einführung des geschriebenen Alphabetes eine Bedrohung für das Gedächtnis, das ihm und seinen Zeitgenossen als Garant des Überlebens erschienen sein mag. Aber ganz gleich, ob nun der gesellschaftliche Lernprozeß in Volksliedern oder auf Regalen gespeichert wird, jedes menschliche Wesen greift auf ein Lernprogramm zurück, das viele Jahrhunderte alt ist. In diesen Programmen kann man vielleicht die „Natur" des Menschen finden. Alle Schriftsteller, die die „menschliche Natur" beschrieben haben (und dabei ist es bemerkenswert, daß der Ausdruck selbst einen pessimistischen, einschränkenden Beiklang hat), haben in Wirklichkeit die Natur menschlicher Gesellschaften beschrieben. Genauer gesagt, haben sie sich im allgemeinen auf die Gesellschaften seit der Ackerbau-Revolution bezogen. Dieses dramatische Ereignis fand vor ungefähr 10 000 Jahren statt, als in bestimmten Gebieten der Erde das Paleolithikum dem Neolithikum wich. Als, ganz einfach gesagt, der Mensch aufhörte, Nomade und Jäger zu sein und die Lebensweise eines Bauern annahm.

Wie können wir die enorme Bedeutung dieses Ereignisses voll verstehen? Vor der landwirtschaftlichen Epoche verbrachten die Menschen ein Leben der totalen Integration. Als Jäger lernte der Mensch das Nötige vom Gedächtnisvorrat des Stammes – die Handfertigkeiten, die Gebräuche, die wenigen, immer gleichen Reaktionen –, aber damit hörte sein Lernen nicht auf. Der freischweifende Jäger, der in direkter Wechselwirkung mit seiner Umwelt lebte, lernte weiter, veränderte sich sein Leben lang. Außer dieser Art von Fortbildung gab es keinen „Beruf" für ihn, wie Thoreau feststellte, als er darauf hinwies, daß der amerikanische Indianer ein ausgezeichneter, lebenslang Lernender ist. Der Jäger blieb fest einem Schema positiver Erfahrungsbestätigung verhaftet – das kunstvoll genau und spezifisch war. Er plante und handelte im Einklang mit seinen Stammesmitgliedern und nutzte alle seine Sinne. Mit dem Alter wurde er weiser. Die Folgen seiner Handlungen waren verständlich und klar. Es gab nur wenig Konflikte zwischen seinen persönlichen Antrieben und dem Wohl der Allgemeinheit. Damit war auch kein verwickeltes Strafsystem nötig, das von der Gesellschaft künstlich auferlegt wird. Vielleicht kann uns dieser „edle Wilde" von der romantischen Sehnsucht nach verlorener Unschuld (was immer das sein mag) befreien, bei unserer Suche nach Erziehungsformen eines Tages behilflich sein. Denn als Jäger wurde der Mensch zum Menschen. Das großartige Zentralnervensystem des Menschen entwickelte sich nicht so bei Bauern, Schreibern, Königen, Schustern, Buchhaltern oder Kernphysikern, denn diese Spezialisten haben immer als Glieder eines größeren Ganzen gedient, ein Dienst, der kaum die ganze Breite der menschlichen Fähigkeiten erforderte, die ein einziger Tag im Leben eines Jägers ins Spiel brachte.

Die modernen Methoden der Archäologie machen es jetzt möglich, vorhistorische Jagden zu rekonstruieren, und zwar bis hin zu solchen Details wie dem Monat, in dem sie stattfanden, der Windrichtung und den benutzten Waffen. Neuere Ausgrabungen in der Nähe des Dorfes Torralba in Spanien zeigen, daß Jäger schon vor Tausenden von Jahrhunderten Feuer benutzt haben, um Elefanten und Nashörner in Panik zu versetzen und in die Sümpfe zu treiben.

Der Mensch als Jäger, der in großartiger Weise seine natürliche Umwelt auskundschaftete, der die vollständig ineinander verflochtene, sich immer wieder selbst regenerierende Wildnis beherrschte – es fehlte ihm nur das, was ihn schließlich bezwang und seine Nachkommen weniger „ganz" sein ließ, als er selbst es war: vom Menschen geschaffene Umwelten.

Als dann die Nachkommen der Jäger Ackerbau-Gesellschaften bildeten, mußte der Mensch zwei neue Erfahrungen machen: die der Spezialisierung und die der verzögerten Ernte. Zunächst war die Spezialisierung noch nicht extrem. Die Menschen arbeiteten zusammen, um in Pflanzenzüchtung und Viehzucht zu erreichen, was uns noch heute wie ein Wunder erscheint. Es muß jedoch von Anfang an nicht leicht gewesen sein, sich im Frühling großen Anstrengungen zu unterwerfen (Pflügen und Pflanzen), um dann mehrere Monate lang auf die lohnenden Folgen zu warten.

Wie setzte sich diese radikal neue Lebensweise durch? Wir wissen heute, daß es einfach durch Ermutigung und ohne jede Strafe möglich ist, lebende Organismen einem Plan der verzögerten Belohnungen zu unterwerfen. Wissenschaftler des Instituts for Behavioral Research in Silver Spring, Maryland, haben diesen Versuch an Affen gemacht: sie haben langsam den Zeitraum zwischen Handlung und Belohnung verlängert, bis die Affen einen vollen Achtstundentag „arbeiteten", um ihre „Bezahlung" in Gestalt von Futterkügelchen erst 24 Stunden später zu erhalten. Aber es ist nicht wahrscheinlich, daß der Mensch des Neolithikums an die verzögerte Belohnung ohne kräftigen Zwang gewöhnt wurde. Es scheint, daß in dieser Zeit der Vorgeschichte die verschiedenen religiösen Sanktionen, die als Verhaltensregeln dienten, bedeutend vielfältiger und mächtiger wurden. Die Idee der Strafe als Haupterziehungsmittel hat sich wahrscheinlich zugleich mit der Ackerbau-Revolution entwickelt. Fest steht, daß zu der Zeit, in der die alten Städte von Mesopotamien und Ägypten entlang dem Fruchtbaren Halbmond entstanden, Spezialisierung und verzögerte Ernte sich ausweiteten. Lewis Mumford hat den Gedanken aufgebracht, daß die Könige dieser Städte, indem sie den Eingriff der Götter erflehten, genau jene strengstens gegliederten, starren und geregelten Utopien schufen, über die dann Plato und spätere Utopisten schrieben. Nach Mumfords Theorie machten die Könige dadurch aus ihrem Volk reine Schachfiguren und schufen sich tatsächlich aus ihnen die erste große Maschine: „eine Maschine, die Energie in großen Menschenansammlungen konzentrierte, wobei jeder einzelne geformt, eingestuft, trainiert, beherrscht und ausgebildet war, um seine spezielle Funktion in einem Arbeitsganzen zu erfüllen . . ." Arbeitsteilung und Spezialisierung, denen Adam Smith so großen Anteil am Erfolg der sogenannten industriellen Revolution zuschreibt, traten zusammen mit einer hierarchischen Bürokratie, die den ganzen Prozeß überwachte, tatsächlich schon im Zeitalter der Pyramidenbauer in Erscheinung. „Dieses Machtsystem", bemerkt Mumford, „wurde weit eher durch Drohungen und Strafen in Gang gehalten als durch Belohnungen. Nicht umsonst repräsentierte ein Szepter die Autorität des Königs, denn dies war nur ein schöner Ersatz für die Keule, mit der der König durch einen Schlag auf den Kopf jeden töten könnte, der sich seinem Willen entgegenstellte."

Die gebräuchlichste „Lernmaschine" im Zeitalter der Landwirtschaft war tatsächlich die Keule oder auch ihr nicht ganz so tödliches Pendant, die Peitsche. Und ihren „Unterricht" kann man in der oft durch Androhung der Todesstrafe bekräftigten Forderung zusammenfassen, jedes Individuum solle nur einen Bruchteil seiner potentiellen Fähigkeiten entwickeln. Daß der Mensch selbst sogar auf diese negative Erziehung reagierte, stellt seiner Anpassungsfähigkeit als Lernendem ein gutes Zeugnis aus. Aber die unglücklichen Nebenwirkungen der Erziehung durch Strafe — zu ihnen gehören Ausweichreaktionen, gesteigerte Neigung zu Aggressivität, Magengeschwüre, Ticks, Hysterie und die verschiedenen und subtilen Arten von Neurosen und Psychosen — sind wohl schon überzeugend genug dargestellt worden. Diese Nebenwirkungen waren nur ein Teil des Preises, den der Mensch für die ersten großen zivilisierten Städte zu zahlen hatte. Einige weitere Kosten waren nach Lewis Mumford „absolute Unterwerfung unter eine Zentralgewalt, Zwangsarbeit, lebenslange Spezialisierung, unbeugsame Reglementierung, beschränkte Kommunikation nur in einer Richtung und Kriegsbereitschaft".

Dieser Preis wird noch immer gezahlt. Die oben genannten Bedingungen haben einen vertrauten Klang, denn sie sind inzwischen nur verbessert und rationalisiert, nicht grundsätzlich geändert worden.

Die Erfindung der „Vernunft" zum Beispiel war ein genialer Weg, die Peitsche zu „verinnerlichen", denn der Begriff selbst kommt nur getrennt von Gefühlen, Emotionen, Impulsen — und nur im Gegensatz zu ihnen — zustande. Zu oft haben solche Begriffe wie „Gewissen", „Würde", „Stoizismus", „Heroismus", „Ehre" und sogar „Ruhm" nur letzten Endes undefinierbare Varianten eines einzigen Themas gebildet: des menschlichen Bemühens, auf eine ihm spontan widerstrebende Weise zu handeln und zu sprechen, *ohne* durch äußere Strafen dazu angetrieben zu sein. Während der ganzen Zivilisationsperiode bestand ein großer, vielleicht der größte Teil der Erziehung eines Individuums darin, es zu lehren, weniger zu sein, als es hätte sein können, und dieses Kunststück ohne irgendwelche Hilfe eines äußeren Zuchtmeisters zu vollbringen.

Die Verinnerlichung der Peitsche machte Gesellschaften mit angenehmeren Fassaden als die der alten Städte möglich. Und gleichzeitig konnten gerade die — von Mumford zitierten — Bedingungen, wie Zentralgewalt, Zwangsarbeit, lebenslängliche Spezialisierung, unerbittliche Reglementierung, beschränkte Kommunikation und Kriegsbereitschaft, noch viel mehr ausgebaut werden, als es vor der Erfindung von Vernunft, Gewissen, Ehre und dergleichen möglich war. Verbissen ertrug der „freie" Bürger des britischen Königreichs unter Viktoria Lebensbedingungen, die am alten Mesopotamien Scharen von Zuchtmeistern erforderlich gemacht hätten. Und der amerikanische Beamte, der auf einer riesigen Pyramide von Vorschriften sitzt, kann für fast alles, was er eigentlich nicht tun möchte, *Vernunftsgründe* finden.

Bei all dem war die letzte Antriebskraft eine negative. Hinter jedem

„fortschrittlichen" Lehrer stand der unnachgiebige Direktor, der triumphierende Beamte, der Polizist. Im Zentrum jedes akademischen Ehrenkodexes herrscht die Ausstoßung, die Schande.

Seit ihrem Beginn in der landwirtschaftlichen Revolution ist die Epoche, die wir die „Zivilisation" nennen, unbarmherzig, wenn auch nicht gleichmäßig, auf immer feinere und raffiniertere Mittel verinnerlichter negativer Kontrolle, auf das Ziel „freiwilliger" individueller Unterwerfung unter das Funktionieren der Gruppe zugeschritten. Die ganze Zivilisationsepoche hindurch hat der einzelne gelernt, seine Pflicht zu tun: menschliche Bestandteile für ein größeres arbeitendes Ganzes zu liefern, dafür aber auf seine eigene Ganzheit zu verzichten. „Mißtraut den Trieben. Verleugnet eure Gefühle." Die Peitsche im Innern — von Gesetzbuch, Ethik, *Worten* geschwungen — schlägt unaufhörlich zu. In der Literatur schrie der Mensch seine Klage zum Himmel. Die bemerkenswertesten Meister des Wortes — die Kirchenväter, Sophokles, Dostojewski, Freud — haben von der gleichen großen Tragödie der Zerstückelung und Verschwendung von menschlichen Kräften gesungen. Freud, der (als Mitteleuropäer und Jude der oberen Mittelklasse im viktorianischen Zeitalter) auf dem äußersten Höhepunkt der Zivilisation stand, hat wohl die traurigste Metapher gefunden, indem er sah, daß der Mensch begrenzt, geschlagen, zerbrochen und zum ewigen Krieg mit sich selbst verdammt sei. Er machte dabei aber zwei Hauptfehler: Er sah sich selbst als Naturwissenschaftler statt als Schriftsteller und glaubte, daß er über das Wesen des Menschen schriebe statt über die unmittelbare Not des zivilisierten Menschen *in der äußersten Situation.*

Eines Tages (in hundert oder in tausend Jahren oder auch schon morgen) werden die Menschen vielleicht auf diese letzten 150 Jahrhunderte als auf eine dunkle, tragische, wenn auch notwendige Durchgangsperiode zurückblicken. Man wird dann Tränen vergießen über das, was Menschen einst ertragen haben, und erstaunt sein, daß sie es tatsächlich ertrugen, daß es für sie im Bereich des Möglichen lag, sich selbst zu opfern, um die von Menschen geschaffene Umwelt zu bauen, eine Umwelt, die den Erdkreis zur Kommunikation und aktiven Einheit verband und endlich das lange dunkle Zeitalter, das „Zivilisation" genannt wird, beendete.

Während der Zivilisationsperiode haben die *Gesellschaften* gelernt. Die Bedingungen, unter denen sie lernten, zwangen dazu, die volle Entwicklung des *individuellen* Lernens ständig hinauszuschieben. Wenn es auch (wie wir im nächsten Kapitel sehen werden) immer Ausnahmen gegeben hat, wurde von der überwiegenden Mehrheit der Menschen doch nur verlangt, daß sie sich außer den nötigen Grundlagen für ihren Beruf nur ein Minimum an Allgemeinwissen und Kenntnissen ihrer jeweiligen Gesellschaft aneignen sollten, *und nichts darüber hinaus.* Unsere heutigen Intelligenztests sind das beste Beispiel für den Erkenntnis-„Stacheldrahtzaun", der uns umgibt. Es ist interessant festzustellen, daß nur sechzehn Jahre nötig sind, um die Grundregeln, die im wohlbehüteten Umkreis unserer Gesellschaft gelten, zu beherrschen. Nach dem sechzehnten Lebensjahr, so hat sich herausgestellt, nehmen „Intelligenz", „Denkfähigkeit", „Urteilskraft" oder dergleichen kaum noch zu, und wie könnte es auch anders sein, da doch unser gesamter Erziehungsprozeß der Aufgabe des Zivilisierens gewidmet ist. Wenn das Kind sechs Jahre alt ist, verlangsamt man deutlich sein frei suchendes Lernen, mit sechzehn ist es durch den Prozeß hindurch. Die Gefängnistore werden verschlossen, die Schlüssel weggeworfen. Innerhalb der Gitter beherrschen manche das Spiel besser als andere und werden entsprechend belohnt.

Für diejenigen, die den Stacheldrahtzaun zu durchbrechen versuchen, hat jede Gesellschaft eine Unzahl kleiner Todesarten erfunden – Statusverlust, höfliche Verachtung, Ächtung, die Couch des Analytikers, die Irrenanstalt. Und auch der physische Tod ist in der Epoche der Zivilisation offenbar nicht als zu hartes Abschreckungsmittel gegen wirklich individuelles Lernen empfunden worden; viele der großen Märtyrer sind kaum bis an die Grenzen ihrer Zeit vorgestoßen.

Mit Hilfe der gut angepaßten Teil-Menschen haben die Gesellschaften dann ihre Aufgabe des Lernens, des Veränderns der Lebensbedingungen auf diesem Planeten fortgesetzt. Sie haben gelernt, immer größere soziale Einheiten zu organisieren und den Kreis um das glühende Lagerfeuer über den halben Erdball auszudehnen. Diese besondere Art von Lernen muß mit großem Nachdruck durchgesetzt worden sein, denn jede Gesellschaft hatte eine starke Tendenz, ihre Macht weit über den Punkt hinaus zu vergrößern, an dem die Belohnungen schon aufhörten. Die Niedergangskurve eines Reiches ist lang, grausam und destruktiv. Nach der Vernichtung erhebt sich das Reich von neuem. Und bei all diesem Aufsammeln, Vereinen, Zusammenfegen, in Fesseln Schlagen haben die Gesellschaften weiter an jener von Menschen gemachten erdumspannenden Umwelt gebaut, die schließlich die Zivilisationsepoche selbst beenden wird. Die Gesellschaften arbeiteten emsig, in immer neuen Anstößen und unter unberechenbar hohen menschlichen Kosten. Sie bauten die Sphinx von Gizeh, die Akropolis, die Chinesische Mauer. Sie schufen Armeen und Flotten und koloniale Verwaltungssysteme. Sie bauten Straßen und Fahrzeuge, sich darauf fortzubewegen, sie legten Wasserleitungen an, richteten Märkte ein und erdachten Tauschformen. Sie bauten London:

> Die feilen Straßen gehe ich
> wo fließt der feile Themsefluß

in jedem Antlitz sehe ich
Spuren von Gram und von Verdruß.
In jedem Schrei von jedermann
in Kindesjammern, Stimmenwirrn
in jedem Fluch ich hören kann
vom Geist geschmiedet Fesseln klirrn.*

Von der Freistatt seines poetischen Mystizismus aus konnte William Blake „die vom Geist geschmiedeten Fesseln" hören. Unsere Zivilisation hätte Blake für verrückt erklären müssen oder, da er einen Freibrief besaß, für exzentrisch. Aber es hat noch viele andere hellsichtige Mystiker und Visionäre gegeben, sogar in der „höchsten" aller Kulturen (der differenziertest gegliederten und am stärksten technisierten), in der griechisch-römisch-westlichen. Andererseits hat fast jeder utopische Autor dieser Art — von Plato über Morus, Bacon, Andreae, Campanella bis zu den modernen Antiutopisten — einen Traum geschaffen, der schlimmer war als die Wirklichkeit. Fast unvermeidlich karikiert die Utopie die Zivilisationsbedingungen, indem sie noch deutlicher gegliedert ist, noch strengeren Ordnungen unterworfen, noch mehr auf eine unveränderliche, mechanistische Technologie bezogen. Wir haben erst jetzt angefangen, die Wahrheit zu sehen, daß nämlich die meisten Utopien Grundrisse nicht der Hoffnung, sondern der Verzweiflung und der Unterwerfung entworfen haben.

Während der gesamten Zivilisationsepoche war *Ordnung*, um welchen Preis auch immer, das verläßlichste Bollwerk gegen jede Art von Bedrohung gewesen. Aber es war eine besondere Art von Ordnung — nicht die großzügige, wohlgefügte, reaktionsfähige und sich selbst erneuernde Ordnung eines ökologischen Systems, sondern eine Art künstlicher, zerrissener, hochempfindlicher Ordnung, ständig in Gefahr, von innen oder außen her zusammenzubrechen, gestützt nur durch massive menschliche Anstrengung, die auf stereotype Weise angewandt wurde. Kein Wunder, daß Mensch und Natur so lange gegensätzlich und unversöhnlich erschienen.

Jetzt aber ist die Zivilisation so, wie sie 10 000 Jahre existiert hat, am Ende, und eine neue Art von Ordnung, eine neue Art von Erziehung liegen vor uns. Die alte Lebensweise endet nicht in Anmut oder Frieden. Die größten Kriege, Gewalttaten, Katastrophen, die man je gekannt hat, begleiten ihren Todeskampf. Sie endet nicht gleichzeitig überall in der Welt; während junge afrikanische Völker leidenschaftlich nach der Ausrüstung von Industrienationen streben, sehen sich die USA — oder wenigstens deren führende Minderheit — gerade über diese Zwänge hinausgehoben.

* W. Blake (dtsch. von Walter Wilhelm), Berlin 1958.

70

McLuhan meint, daß die afrikanischen Völker sich wahrscheinlich den „nachliterarischen, wieder von Stammessystemen bestimmten" Lebensbedingungen leichter werden anpassen können als die weiter entwickelten westlichen Völker, weil sie keine industrielle Revolution durchgemacht haben. Vielleicht. Auf alle Fälle kann das Netz weltumfassender Kommunikation den Abstand von Wahrnehmungen und Ansprüchen unter den Völkern schneller verringern, als wir zu erwarten geneigt sind.

Was passiert ist, ist tatsächlich einfacher, als es von unserem gegenwärtigen Standpunkt auf dem Schlachtfeld zwischen Vergangenheit und Zukunft aus scheinen mag. Bis jetzt haben Aufbau und Erhaltung der vom Menschen geschaffenen Umwelten — der Bauernhöfe, Städte, Pyramiden, Produktionsprogramme, Kolonialreiche, Wasserstoffbomben — großen, ja verzweifelten Aufwand an menschlicher Energie gefordert. Es war dazu die Art von Spezialisierung erforderlich, die die Ausbildung des menschlichen Potentials als Gesamtes einschränkt. Aber, so hat man argumentiert, die Zivilisation hat die Muße möglich gemacht, die die Voraussetzung für das Blühen der Künste, der humanistischen Bildung, der Naturwissenschaften war, Voraussetzung für die „schönere Seite" des menschlichen Lebens. Das ist wahr. Sie hat eine winzige Elite von Spezialisten ermöglicht, die gewisse Bruchteile ihrer Person dieser schöneren Seite zuwenden konnten. Die meisten von ihnen arbeiteten innerhalb sorgfältig gezogener Grenzen. Fast alle waren Männer. Den Künstlern unter ihnen erlaubte man, sich mit der seltsam paradoxen Arbeit zu befassen, „Schönheit" aus der Wüste und dem Schrecken ihrer Zeit zu erschaffen. Die Kunst ist das Beschönigungsmittel der Zivilisation, ein starkes Betäubungsmittel in einem Gefängnis. Matthew Arnold konnte deshalb schreiben, daß die Welt „weder echte Freude, noch Liebe habe, kein Licht, keine Sicherheit, keinen Frieden, keine Hilfe gegen Schmerzen, und wir sind hier auf einer sich verdunkelnden Ebene", und widersprach sich doch beim Niederschreiben dieser Worte selbst. Denn, so fragen wir, kann eine Welt, in der solche Schönheit (wie die seiner Worte) existiert, tatsächlich eine sich verdunkelnde Ebene sein?

Fast bei jeder Form von Leben oder Lernen ist der Todeskampf von grotesken, extremen Begleiterscheinungen gekennzeichnet, wie zum Beispiel Riesenwuchs, Überspezialisierung, übergroße Kompliziertheit und andere, über das Normale hinausschießende Momente. Ganz gleich, ob es sich dabei um Dinosaurier, Armfüßler, um Macht- oder Kunst-Perioden handelt. Es ist noch nicht lange her, daß die Zivilisation an ihre äußersten Grenzen stieß: Sie focht ihren Todeskampf im Zeitalter der Massenproduktion aus. Damals wurden die Menschen buchstäblich als Glieder des Sozialapparats behandelt, als austauschbare und zum Verbrauch bestimmte Ware. Spezialisierung und Normierung liefen Amok und machten die Menschen innerhalb eines Spezialgebiets einander so ähnlich, daß scharfer Wettbewerb zum einzigen Mittel wurde, die Leute voneinander zu unterscheiden. Konkurrenzkampf wurde die vorgebliche Hauptantriebskraft in der westlichen Massenerziehung, vorgeblich insofern, als sie mehr und mehr die Richtlinien der Produktion zu imitieren schien; akademische Grade, Preise und Tests aller Art fingen an, sich eine Macht und einen Glanz anzumaßen, die in gar keinem Verhältnis zu ihrer ganz begrenzten Funktion als Hilfsmittel des Lernens stehen.

Das alles läßt sich verständlicherweise schnell erkennen. Etwas schwieriger ist es schon, sich klarzumachen, wie sehr das alles im Verschwinden begriffen ist. Die Epoche der Zivilisation, die vor 10 000 Jahren begann, ist zu Ende gegangen, auch wenn ihre Nachwirkungen noch auf lange Zeit hin spürbar sein werden. Sie ging zu Ende, als die vom Menschen geschaffene Umwelt die Eigenschaften einer natürlichen Ökologie anzunehmen begann, d. h. als sie begann, Momente des Ineinandergreifens, der Reaktion und der Selbstregeneration zu zeigen. All das ist, wenn auch nur in rohen Anfängen, in den letzten paar Jahrzehnten geschehen. Der naturwissenschaftliche Schriftsteller Arthur C. Clarke glaubt, daß die weltweiten Nachrichtensatelliten die Welt mehr verwandeln werden als die interkontinentalen Raketen. Zur gleichen Zeit geht die Tendenz der industriellen Produktion mehr und mehr dahin, elektronische Kontrollen und von Computern gesteuerte Pläne zu verwenden, nach denen eine Vielzahl von Dingen aus demselben Material produziert werden kann. Schon jetzt werden in gewisser Weise alle amerikanischen Autos von hochdifferenzierten Maschinen fertiggestellt. Ein Computerexperte kam zum Beispiel bei dem Versuch, alle möglichen Kombinationen von Stil, Kundenwünschen und Farben für einen neuen Thunderbird zu errechnen, zu 25 Millionen verschiedenen Möglichkeiten für den Käufer. Wenn die automatisierte, elektronische Produktionsweise noch besser entwickelt ist, wird es fast genauso billig und einfach sein, eine Million verschiedener Objekte herzustellen, wie eine Million genau gleicher.

Noch wichtiger ist, daß Computer jetzt lernen, andere Computer zu bauen, mangelhafte Computer zu reparieren oder zu modernisieren, eigene Kommunikationssysteme zu entwickeln, Marktforschung zu betreiben, den Vertrieb der Waren zu übernehmen, d. h. also, sich selbst erneuernde Systeme zu schaffen und instand zu halten. Wenn Zehntausende von diesen Computern auf der ganzen Welt miteinander verbunden werden und dabei Zugang bekommen zu den prinzipiell unbegrenzten Kraftreserven, die in der Atomenergie stecken, wenn alle Menschen mehr differenziertes Wissen und Verständnis für diese

umfassende Umwelt gewonnen haben, dann werden die einschränkenden, bruchstückhafte Bedingungen des „zivilisierten" Lebens nicht
nur unnötig, sondern unmöglich werden.

Der Raumtechnologe Dr. Simon Ramo hat ein technisch bereits
mögliches Handelssystem geschildert, nach dem ein Produkt entwickelt und dem Markt angeboten werden könnte, ehe es auch nur ein
einziges Stück davon wirklich gibt. In diesem System ist es möglich,
daß ein Designer (oder ein Computer) ein neues Verbrauchsprodukt
entwirft. Computer könnten dann optimale Größe, Farbe, Preis und
andere Einzelheiten des Produkts festlegen und eine Fernsehreklame
herstellen, in der das noch nicht existente Produkt vorgestellt wird.
Zuschauer, die es bestellen möchten, müßten einen bestimmten Knopf
ihres Apparates drücken. (Andere Knöpfe würden Farbe, Art und
Menge etc. bestimmen.) Dieser Vorgang würde sofort Geld vom Konto
des Zuschauers auf das Konto der Produktionsgesellschaft überweisen.
Wenn sich auf diese Art genug Geld angesammelt hätte, würde eine
von Computern kontrollierte Fabrikation des Produkts beginnen, das
dann dem Verbraucher zugesandt würde.

Aber solche Zukunftsideen, auch wenn sie möglich sind, müssen
nicht notwendigerweise erklären, was mit der „Natur des Menschen"
vorgeht. Die Hausfrau, die wie im Traum durch das Labyrinth des
Supermarkts gleitet, ist Beispiel genug. Sie ist nicht mehr ein Produkt
calvinistischer Zivilisation, sondern gleicht eher der Polynesierin, die
beim Umherstreifen Brotfrucht abbricht. Jedoch ist diese Art von
Brotfrucht aus aller Welt zusammengetragen worden — Feigen aus
Griechenland, Bier aus Japan, Kaviar aus Rußland, Wein aus Frank-
reich. Ein solch weiter Garten Eden wäre selbst denen unvorstellbar
vorgekommen, die die glänzendsten Mythen der Zivilisation verewigen
und vergolden wollten.

Man braucht hier auch nicht zu warten. Die Belohnung folgt sofort.
(Die Reue über zuviel Nachgiebigkeit kommt vielleicht nach.) Und mit
einem Abzahlungssystem für alles, von Socken bis zu Autos (sogar für
Bargeld) ist das ganze System des hinausgezögerten Lohns auf den
Kopf gestellt. Das bedeutet auch, daß die Zivilisation selbst auf den
Kopf gestellt worden ist, denn der Hauptteil sozialer Praktiken und
Sanktionen gründet sich ursprünglich auf das Bedürfnis nach der hinausgezögerten Belohnung. 1966 ist in aller Stille die führende amerikanische Spargesellschaft aufgelöst worden, ein Ereignis, das man gut
auch als den Trompetenstoß für ein neues Zeitalter ansehen kann. Tatsächlich würde in der nachzivilisatorischen Epoche dieses Sparen im
alten Sinne absolut verderblich sein. Und diese Situation könnte nur
rückgängig gemacht werden, indem man die Technik zurückdreht —
eine zweifelhafte Möglichkeit.

Spezialisierung und Standardisierung, wie wir sie jetzt kennen, scheinen auch durch die neue, vom Menschen bestimmte Umwelt zum Untergang bestimmt zu sein, denn diese Umwelt entwickelt immer mehr Wechselwirkung, gegenseitiges Verständnis und Selbsterneuerung. Leider sind die wichtigsten Argumente zugunsten dieser Möglichkeit im allgemeinen von jenen einseitigen Prognostikern geliefert worden, die darüber klagen, daß die Kybernetik so viele Berufe überflüssig machen wird, daß Massenarbeitslosigkeit entsteht. Diese Leute können sich keine Gesellschaft ohne Arbeitsplätze vorstellen. Aber der Beruf (*job*) ist eine Erfindung der Zivilisation, ein kurzes Wort, das seine eigene lange Geschichte von der Gefangenschaft des Menschen, von seiner Eingeschlossenheit und seiner Zersplitterung enthält. Natürlich wird es keine Berufe mehr geben, wie wir sie heute kennen. Elektronische Instrumente regeln schon heute Fahrstühle, zeichnen Baupläne, analysieren Röntgenstrahlen und haben eine Unzahl anderer spezialisierter und standardisierter Berufe übernommen. Sollen die Instrumente ruhig *alle* Berufe übernehmen, dann können die Menschen die Dinge weiter betreiben, die sie vor 10 000 Jahren unterbrochen haben — aber in einer höher entwickelten, komplexeren, amüsanteren Weise.

Schon bald wird die vom Menschen geschaffene Umwelt fähig sein, für sich selbst zu sorgen, in Wechselwirkung mit sich selbst und mit den Menschen zu stehen, genau so wie es die natürliche Umwelt des Zeitalters der Jäger einst tat. Dann werden die Menschen wieder frei sein, die neue „Wildnis" zu ordnen, neue Möglichkeiten zu erforschen und zu erproben, schöpferisch tätig zu sein — in einem Wort, zu *lernen*. Die während all dieser Zeit unterbrochene Kette individuellen Lernens kann wieder aufgenommen werden. Von der neuen Umwelt herausgefordert, wird der lernende Mensch über sich selbst in Erstaunen geraten. Und hierzu wird keine neue selektive Zucht erforderlich sein, denn das menschliche Gehirn ist so entwicklungsfähig, daß es für die voraussehbare Zukunft eugenische Bemühungen irrelevant macht. Aus der neuen Situation kann eine neue Art von Ordnung hervorgehen; keine gefährdete Ordnung, die auf der schmerzhaften Zerschlagung der Menschheit in Teilstücke und ihrer nachträglichen Zusammensetzung besteht, sondern eine schöne Ordnung in einer funktionsfähigen Umwelt, die jedes Individuum ein Ganzes sein läßt, das sein Leben lang zu lernen vermag.

Unlängst haben für Schachspiel programmierte Computer Schachmeistern einige Probleme aufgegeben, ehe sie von der überlegenen menschlichen „Intelligenz" geschlagen wurden. Der Tag kann kommen, an dem die Computer anfangen zu gewinnen. Einigen, die noch nicht über den Horizont der Zivilisation hinausgesehen haben, mag das in der Tat als ein schwarzer Tag erscheinen. Andere aber werden sich freuen. Schachspiel ist nicht das Wesentliche für einen Menschen (auch wenn das Programmieren eines Computers für einen Schachwettkampf ein unterhaltsames Spiel sein mag). Es ist merkwürdig, aber charakteristisch für die Pessimisten, zu meinen, daß die Denkmaschinen „die Macht übernehmen" werden. Diese Art von Verstandesdenken wird vielleicht selbst eines Tages einmal als eine andere Form von Sklaverei angesehen werden. Der Tag, an dem ein Computer Weltschachmeister wird, könnte sehr wohl (wenn wir uns entsprechend auf die Zukunft vorbereitet haben) lediglich ein neuer Schritt in Richtung auf die höchste menschliche Freiheit sein.

Der Außenseiter als ‚Lehrer'

„Du kannst nicht wissen, was Lebendigsein heißt, ehe du nicht als Dieb in einem dunklen Raum gewesen bist, in dem jemand schläft. Ich kann dir überhaupt nicht sagen, wie *wach* du bist, wie viele Dinge du hörst – du kannst mit deiner Haut hören –, wieviel du *wahrnimmst*. Drei Block weiter fährt ein Polizeiauto. Du *weißt*, daß es da ist. Du fühlst es. Du *spürst*, wie es sich bewegt . . .“

Mein Freund ist ein erfolgreicher Romanschriftsteller, Journalist und Kritiker. Als Halbwüchsiger jedoch war er Mitglied einer Einbrecherbande. Und jetzt hat er mir erzählt, was wir alle ständig einzusehen vergessen: daß uns die Lebensbedingungen der Zivilisation, unter denen wir groß werden, der Chance berauben, all das zu werden, was wir werden könnten. Daß wir von jedem Außenseiter, jedem freiumherstreifenden Abenteurer von Odysseus bis zu Tom Jones und James Bond so fasziniert sind, enthüllt den Trieb zum Rechtsbruch in uns allen. Die Lieder, Erzählungen und Chroniken sind voll von Schurken. Vielleicht ist das mehr als nur Unterhaltung. Betrachten wir die Märchen und Geschichten für Kinder. Es gibt einen Moment in Kenneth Grahames „The Wind in the Willows“ (kurz nach 1900 geschrieben), wo der unbezwingbare Mr. Toad sich dem gegenüber sieht, das für ihn das Verbotenste ist, einem Auto: „Ich überlege“, sagte er gleich zu sich selbst, „ich überlege, ob diese Art von Auto leicht starten kann.“

Im nächsten Moment, er wußte selbst kaum, wie es geschah, hatte er die Zündungskurbel in der Hand und drehte sie. Als er den vertrauten Ton hörte, ergriff Toad die alte Leidenschaft und überwältigte ihn völlig, Körper und Seele. Wie im Traum fand er sich selbst irgendwie auf dem Fahrersitz wieder. Wie im Traum legte er den Gang ein, wendete auf dem Hof und fuhr zum Tor hinaus. Und wieder wie im Traum war für den Moment jeder Begriff von Gut und Böse, jede Angst vor den klar erkennbaren Folgen, ausgeschaltet. Er fuhr schneller, und als der Wagen die Straße verschluckte und vorwärtsdrang ins offene Land hinaus, wußte er nur noch, daß er Toad war, wieder einmal Toad, der beste und großartigste Toad, Toad, der Schreckliche, der Verkehrsbezwinger, der Herr der einsamen Pfade, vor dem alles weichen mußte oder zu Nichts wurde in ewig dauernder Nacht. Er sang, als er dahinflog, und der Wagen antwortete mit tiefem Dröhnen. Er fraß die Meilen unter sich, er beschleunigte ins Ungewisse hinein, nur seinen Instinkten gehorchend, nur der Stunde lebend, gleichgültig gegen alles, was ihm geschehen konnte.

Mr. Toad muß das volle Maß des Gesetzes für seine Tat erleiden. Er wird angeklagt, überführt, verurteilt, mit Ketten beladen und „schreiend, betend, protestierend" zu dem „entlegensten Verließ des festesten, bestbewachten Schlosses kreuz und quer durch das ganze gute alte England" gezogen. Beides, Toads Ekstase und seine Bestrafung, sprechen zu uns von den verbotenen Wünschen der Zivilisation, wie der Satan Miltons, triumphierend und reuelos, der allerletzte Zerstörer der Grenzen, bis zum jüngsten Tag Feind des „Systems".

Es ist nicht allein auf Milton zurückzuführen, daß sein Satan unser Blut in Wallung bringt oder daß sein Gott ein aufgeblasener, oberflächlicher, unerträglicher Langweiler ist. Wir sollten uns nicht darüber wundern, daß der Mann mit dem tief ins Gesicht gezogenen Hut so oft unseren Beifall herausfordert, daß die verlorene Sache uns als die beste erscheint, daß die Zuschauer Englands großen Posträubern zujubelten, als sie vor Gericht kamen. Lassen Sie uns nicht unterstellen, daß all diese Dinge eine unheilbare Perversität der Menschheit widerspiegeln oder daß sie uns irgend etwas über die „Natur" des Menschen sagen, sondern lassen Sie uns daraus etwas für das Thema Erziehung lernen. Denn ich neige dazu zu sagen, daß gerade diese Leute, die, aus welchem Grunde auch immer, außerhalb der Begrenzungen der Zivilisation handelten, die Fackel des Lernens durch die Jahrhunderte zu uns getragen haben.

Es handelt sich dabei um sehr verschiedene Leute. Sie sind die Außenseiter, die „Asozialen". Der gewöhnliche Verbrecher hat mit ihnen nichts gemein. Die meisten Verbrecher verfallen, wenn sie erst einmal den ersten Schritt gegen das Gesetz getan haben, in ein sich stets wiederholendes stereotypes Verhalten, das die Gesellschaft selbst nachäfft. Kriminologen suchen nach dem MO, dem *modus operandi*, durch den der Verbrecher sich selbst verrät. Der wahre Außenseiter hat keinen sichtbaren MO. Ob im Roman oder in der Wirklichkeit, er ist immer der Mann vieler Pläne, ständig mit dem Erforschen, Auskundschaften seiner Umwelt beschäftigt — mit Lernen.

Daß dieser Meister des Lernens, dem unsere heimliche Bewunderung gilt, so oft im Zusammenhang mit Verbrechen und Gewalt steht, zeigt vielleicht nur an, daß es unter den Bedingungen unserer Zivilisation oft schwer ist, sehr lange weiterzulernen, ohne das Gesetz zu brechen. „In Bimini gibt's kein Verbrechen", bemerkte ein Reporter, der es besuchte, „weil es nichts Verbotenes gibt." Bimini ist vielleicht keine Oase des Lernens, aber das gute alte England ist das auch nicht. Die Hauptsache ist, daß der in die Zukunft denkende Lehrer zwar nicht Gewalt und Zerstörung unterstützt, aber die vielen neuen Wege, die sich jetzt klar abzeichnen, erkennt, um lebenslanges Lernen legal zu machen, mit den Worten des Dichters Herrick, daß die Menschen „edle Wilde, nicht Wahnsinnige" sein können.

Es gibt zahlreiche Arten von „Außenseitern". Für unsere Zwecke wollen wir vier, aus der Welt der Phantasie und der Tatsachen, herausstellen und zu unseren Führern machen: 1. der große Verbrecher, der Abenteurer, der Picaro; 2. der radikale Techniker; 3. der Mystiker; 4. der Künstler.

Der erste unter ihnen wird uns nur einen Augenblick lang aufhalten. Seine Überlieferung ist gesichert, seine Faszination universal. „Die Bedingungen der Zivilisation tun viel dazu, um die Abenteuer und Risiken unseres Lebens niederzuhalten", schreibt J. Bronowski in seinem Buch „The Face of Violence". „Wir rächen uns, indem wir unseren Geist an der Gesetzlosigkeit und den Abenteuern des Verbrechers schadlos halten." Aber wir suchen uns als unsere Lehrer außergewöhnliche Verbrecher aus: Jean Laffitte, den Seeräuber, oder noch besser Sir Francis Drake und all die Schiffsführer, die unter der Legitimation der Flagge des Patriotismus Seeräuberei betrieben haben; Robin Hood, der irgendwie zum Repräsentanten eines Ein-Mann-Sozialen-Hilfswerks geworden ist; Black Bart, der Knittelverse an die Kutschen schmierte, die er beraubte.

Krieg, Eroberung und Politik kann man vielleicht als eine Art erlaubter Schurkerei betrachten. Bei diesen Bestrebungen ist der Mensch frei genug, um durch die einschränkenden Gatter des zivilisierten Lebens zu stoßen und wieder der freischweifende Jäger zu werden, der „über sich selbst hinausgeht" und Taten von Ausdauer, Geschicklichkeit und Voraussicht vollbringt, die sich kaum erwarten ließen. Die erstarrte Gesellschaft ist einfach bis jetzt unfähig gewesen, Gelegenheiten und Möglichkeiten zu bieten und zu schaffen, die es uns erlauben würden, über uns selbst hinauszugehen auf dem weit beglückenderen und viel weniger begrenzten Gebiet der Brüderlichkeit, der Liebe, der Gemeinsamkeit, der neuen Entdeckungen.

Man hat vielleicht noch nicht bemerkt, daß die „großen Außenseiter" die ganze Geschichte hindurch mit den letzten technischen Errungenschaften ihrer Zeit vertraut waren. Genau wie Odysseus ein meisterhafter Seefahrer in der Frühzeit der Seefahrt war, waren die Straßenräuber, Fallensteller und Landstreicher Europas Männer der offenen Straße zu einer Zeit, als die einengende Vorherrschaft des Hofes und der Zunft im Schwinden war. Und der Meister-Außenseiter unserer Tage, James Bond, ist (samt all seinen Nachahmern) vor allem ein Techniker. Es ist wirklich so, daß der neue Universalspion ein reines Instrument der Technik ist. Er wirft die alten Schranken von Zeit, Ort, Gewissen und Wahrscheinlichkeit über den Haufen. Er zielt direkt auf unseren alten sicheren Glauben an das Unmögliche. Seine Sendung ist vom persönlichen Leben der Hauptakteure in seinem Drama weit entfernt und unberührt. Sein Chef ist nicht der sture, gehaßte, ge-fürchtete und geliebte „Alte Mann" früherer Konflikte, sondern ein kühler Techniker wie er selbst. Sex ist ein eiskaltes Vergnügen, das am besten mundet, wenn es mit Gewalt oder durch Täuschung des Geg-ners erlangt wird.

Und vor allem ist die Technik stets überlegen. In den James-Bond-Filmen ist unser Lachen über die mechanischen, elektronischen und chemischen Exzesse ein wiedererkennendes Lachen, kein Spott. Bond ist der tüchtigste freischweifende Jäger im neuen umgreifenden Dschungel alles durchdringender Technik. Seine 007-Chiffre weist ihn als einen aus, dem es erlaubt ist, zu töten. So sanktioniert das Gesetz den Gesetzlosen. Aber was dieser Außenseiter uns vielleicht lehren kann — durch einen absurden Triumph des Unpersönlichen (und wahrscheinlich dessen Ende) — ist, daß das letzte Opfer tatsächlich die Gesellschaft ist, die wir kennen, die Zivilisation selbst.

Der zweite unserer Außenseiter, der radikale Techniker, kommt in einigen immer wieder auftauchenden Mythen der Zivilisation vor. Die-se Mythen — Warn-Erzählungen in großem Maßstab — zeigen, wie der Bringer oder Sucher neuer Techniken eine Zeitlang Erfolg hat, dann aber ein gräßliches Ende nimmt. Der Archetyp ist Prometheus, und man kann sagen, daß das Feuer stellvertretend für alle neuen Techni-ken steht. Die Leiden des Feuerbringers dienen all jenen zur Warnung, die mit der technischen Grundausrüstung einer Gesellschaft irgendwie herumexperimentieren, und sie unterstreichen eine wesentliche Wahr-heit: *Jede radikale Veränderung der Technik innerhalb einer etablier-ten Ordnung wird mit Sicherheit diese Ordnung umstürzen.* So haben tatsächlich diejenigen, die ein gesellschaftliches Gefüge konservieren und dauerhaft machen wollen, recht, wenn sie neue Erkenntnisse fürchten und sich allen Neuerungen widersetzen, die über die Grenzen hinausgehen, mit denen jede menschliche Bewegung in der Zivilisation festgelegt ist. Warnungen des Establishments gegen neue technische Erfindungen werden uns durch die Jahrhunderte hindurch überliefert. „Verfluchtes Paar", schrieb Milton von Adam und Eva, „und doch du glücklichstes von allen, wenn du nach keinem glücklicheren Zustand suchst und strebst, nicht mehr zu wissen." Dädalus warnte Ikarus, we-der zu hoch noch zu tief zu fliegen. Der Turm von Babel war, nach der archäologischen Forschung, einfach ein Tempel in Form eines Zik-kurats* und war von den Babyloniern nicht zur Bedrohung Gottes, sondern zu seiner Verehrung gedacht. Aber für die Juden, die die Ge-

---

* Turmartiger Tempelbau in der sumerischen und babylonischen Baukunst.
  (Anm. d. Übers.)

schichte niederschrieben, war er eine Bedrohung. Die Babylonier waren für ihre Zeit auf einer hohen Stufe der Technik angekommen und errichteten eindrucksvolle Bauten. Mit einer solchen Technik hätte die hebräische Gesellschaft zerstört werden können, es war besser, diese Technik nicht zu verstehen.

Während des Mittelalters erreichte die Furcht vor allem Neuen einen Höhepunkt und spiegelte sich sogar in der Sprache wider. Das arabische Wort *bid'a* bedeutet „Neuheit", es bedeutet aber auch „Häresie". Das spanische Wort *novedad* enthält ähnliche Untertöne.

Die Meinung der Renaissance darüber, wer nun eigentlich der Teufel war, kommt klar in der Geschichte von Faust zum Ausdruck: Der Teufel, so zeigt sich's, war niemand anderes als der Meistertechniker selbst, genau derselbe, der Adam und Eva aus ihrer glücklichen Unwissenheit herausgeführt hatte. Seinem verbotenen Wissen zu folgen, wie Faust es tat, hieß, die eigene Seele zu verlieren. Diese Warnung erhob sich zu einer Zeit, als in ganz Europa die althergebrachten Formen der Existenz durch eine neue Technik erschüttert wurden. In der Faust-Legende ist die bedrohliche Technik als altmodische, mittelalterliche Magie verkleidet. Daran ist nichts Überraschendes. Wie McLuhan wiederholt hervorgehoben hat, ist der Inhalt jeder neuen Umwelt unweigerlich die alte Umwelt selbst. Der Mensch fährt in die Zukunft mit fest auf den Rückspiegel gerichteten Augen.

1588 stellte Christopher Marlowe die Faust-Geschichte als Drama dar, und sein Doktor Faustus wurde sofort ungeheuer populär. Wanderschauspieltruppen brachten das Stück sogar in die kleinen Dörfer überall in Europa. In verschiedenen Versionen, Puppenspiele eingeschlossen, behielt die überlieferte Geschichte des Faust ihre Volkstümlichkeit weit in das neunzehnte Jahrhundert hinein, lange nachdem Goethe es behandelt hatte.

Die Frage ist hier, ob sich die Leute zu dem Faust-Spiel versammelten, um sich vor den Gefahren neuer teuflischer Kenntnisse warnen zu lassen, oder einfach, weil sie von einem faszinierenden Außenseiter gefesselt waren. Denn Faust überschreitet ohne Unterlaß die strengsten Grenzen der Zivilisation, offenbar von nichts anderem getrieben als von Neugier. „Besessen von allmächtiger Magie", hat Richard G. Moulton geschrieben, „benutzt Faust seine Macht nicht zu tiefgründigen Spekulationen oder zur Selbstverherrlichung, sondern wie eine Biene fliegt er von Blume zu Blume bei jedem zufälligen, neuen Anreiz; er ist bereit, um einer neuen Erfahrung willen in die Hölle zu gehen."

Kurz gesagt, er ist ein „Lerner".

Ein neunzehnjähriges Mädchen namens Mary Wollstonecraft schrieb — gleich nach ihrer Heirat mit dem Dichter Shelley — die archetypische moderne Geschichte von dem Schurken-Techniker. Sie nannte ihr Werk „Frankenstein oder Der moderne Prometheus". „Frankenstein" wurde 1818 in London veröffentlicht und wurde schnell ein Bestseller. Als Drama kam es 1823 in London auf die Bühne. Auf einem Handzettel wurde das Stück so beschrieben: „Die ins Auge fallende Moral, die in dieser Geschichte dargestellt wird, ist die verhängnisvolle Rolle der Anmaßung, über die Tiefen hinaus in die Geheimnisse der Natur einzudringen zu versuchen." Der kreative Frankenstein ist immer noch unter uns und muß wieder und wieder die verhängnisvollen Konsequenzen seiner Anmaßung erdulden. Immer leidet er Übermenschliches, und für gewöhnlich stirbt er auch den gewaltsamen Tod, den das von ihm geschaffene Monstrum erleidet. In verschiedenen Bühnenfassungen wird das Monstrum von einer Lawine verschlungen, vom Blitz getroffen, es fällt in den Ätna, ertrinkt in einem arktischen Strom und stürzt von einer hohen Klippe. Das Kino hat noch den Tod in einer brennenden Mühle hinzugefügt – bei einer Explosion und in einem Kessel mit kochendem Schwefel.

Was uns hier interessiert, ist nicht die literarische Qualität von Frankenstein und die endlose Nachkommenschaft verrückter Wissenschaftler, die uns durch dicke Gläser hinter all dem in Comic Strips und Horrorfilmen Verpackten hervor anstarren, sondern die universelle Verhexung, die uns hier angeboten wird. Diese Schurken haben etwas Wichtiges weiterzugeben: radikale Veränderung der Technik wird das menschliche Leben in einer Weise verändern, von der sich Marx nichts hätte träumen lassen. Dieser Veränderungsprozeß geht vom Bekannten ins Unbekannte. Indem wir das fürchten, fürchten wir den Techniker. Und mit Grund: die H-Bombe ist das letzte Werkzeug des Doktor Faust.

Aber vielleicht wäre die richtige Reaktion fröhliche und verständnisvolle Anteilnahme und nicht lähmende Angst oder verstockter Widerstand. Das Monstrum selbst kann beeinflußbar sein – nicht gerade die Atombombe, die als grobe Vereinfachung dienen mag, aber doch das alles durchdringende Netz der modernen Technik. Im frühen 18. Jahrhundert zogen die Maschinenstürmer durch die Landstriche Englands und zerstörten die Textilmaschinen, weil sie fürchteten, daß durch diese eine wirtschaftliche Katastrophe heraufbeschworen würde. Aber diese Katastrophe traf nicht ein, und die Aufstände hörten auf. Vor kurzem hat ein Geschichtsprofessor an der University of California mir mitgeteilt, daß die Technik die Bedingungen des menschlichen Lebens nicht verändern würde, weil, wie er sagte, „es genug Leute wie mich gibt, die hingehen werden und die Computer zusammenhauen, eh das passieren kann."

Professoren gegen Computer? Das könnte geschehen, obwohl die

Professoren wie die Maschinenstürmer entdecken werden, daß ihre schlimmsten Befürchtungen grundlos sind. Es ist jedoch sinnlos vorzugeben, daß die etablierte Ordnung unverändert überleben wird. Die technische Revolution ist viel wirkungsvoller als die durch Ideologie oder Gewalt. Bei gewaltsamen politischen Revolutionen wechselt nur der Gehenkte, der Galgen bleibt derselbe. Die technische Revolution andererseits beseitigt die ganze Struktur. Gewöhnlich sind alle Warnungen umsonst, denn die Technik kennt Wege, auf denen sie ungesehen hereinschleicht. Wenn die Revolution schließlich sichtbar wird, reagieren die Wächter bestehender Zustände wahrscheinlich mit Verwirrung und Panik. Unter diesen Wächtern finden sich konservative Politiker, überhaupt Konservative aller Richtungen, und eine überraschend große Zahl von Akademikern und Intellektuellen. Diese gelten eigentlich als liberal, aufgeschlossen und Neuerungen zugänglich, aber nicht über eine gewisse Grenze hinaus. Tatsächlich wird viel akademische und intellektuelle Energie darauf verwandt, die festgelegten Grenzen, innerhalb derer nach Ansicht arrivierter Spezialisten die Wissenschaft funktionieren sollte, zu konstruieren und zu reparieren. Genau diese Grenzen sind es, über die der Außenseiter-Techniker hinwegspringen möchte.

Der Dritte Außenseiter, der Mystiker, kann der gefährlichste von allen sein, denn er ist der Techniker des Innenlebens. Seine Tätigkeit bringt nicht immer die Tradition in Harnisch. Offenbarung wurde mit der strengsten Hierarchie untermauert, wie man sie sich nur in irgendeiner Zivilisation vorstellen kann. Mystische Praktiken haben — wie in Indien — dazu beigetragen, den Fortbestand feststrukturierter Gesellschaften zu sichern. *Aber Vorsicht*. Jeden Moment kann der mystische Impuls diese Struktur zerbrechen. Denn Mystizismus duldet überhaupt keine Einschränkungen, nicht einmal die schmale Grenze zwischen dem Ich und den anderen. Logik, Wille, Sinn für Dimensionen, alles dies kann zurückgelassen werden. Die Upanischaden bestehen darauf, daß Aufklärung *jenseits* des Goldenen Bogens liegt und damit jenseit der besten aller überlieferten Weisheit.

Für uns westliche Menschen gibt es kein besseres Beispiel für den rechtsbrechenden Mystiker als Jesus. Er folgte ohne Aufblicken seiner Vision, obwohl die Veränderungen, die er predigte, die ganze überlieferte Struktur der Zivilisation aus den Angeln gehoben hätten, indem er Liebe anstelle des Gesetzes setzte. Und er formulierte die vielleicht revolutionärste Erziehungsvorschrift, die es je gab: „Wenn ihr nicht werdet wie die Kindlein, so sollt ihr nicht in das Himmelreich kommen." Jeder respektable Bürger hätte sich in Zeit und Ort weit vom Kalvarienberg entfernen müssen, um in Jesus etwas anderes zu sehen, als einen „Außenseiter". Es spricht vielleicht gegen unsere Zeit, daß wir ihn nicht länger so sehen.

Der Künstler, der letzte der hier behandelten „Schurken", ist uns ein noch deutlicherer Lehrmeister als die übrigen. Anders als der Bösewicht, der radikale Techniker und der Mystiker ist er oft in den Genuß des Segens der Gesellschaft für sein Außenseitertum gekommen. Wie der Agent 007 besitzt er die Erlaubnis zu töten. Darüber kann es keinen Irrtum geben: Der große Künstler muß die Formen und Vorstellungen seiner Zeit zerstören. Er muß eine Ordnung suchen, die die bestehende Ordnung umstürzt. Er muß über das Gewissen seiner Mitmenschen hinausgehen.

Je höher spezialisiert und je repressiver eine Gesellschaft ist, desto mehr braucht sie die Kunst als ein Gebiet für sich, als einen Ort, in dem das Ganze noch geborgen ist, einen Platz für die Gefühle, für das Lernen. Für den primitiven Menschen sind Leben und Kunst nicht voneinander getrennt. Er scheint gegen seine Höhlenzeichnungen oder Skulpturen gleichgültig gewesen zu sein, wenn sie einmal vollendet waren. Wir finden dieselbe Höhlenwand wieder und wieder neu bemalt. Wichtig war nicht das vollendete Werk selbst, sondern der Akt des Herstellens. Sogar noch in der Renaissance muß man sich die Künstler mehr oder weniger wie Handwerker vorstellen. Und Bach hat uns gezeigt, was er von der Dauer seines Werkes hielt, wenn er manchmal seine Manuskripte zum Einwickeln seines Frühstücksbrotes benutzte.

Mit fortschreitender Aufspaltung und Spezialisierung fand sich der Künstler jedoch auf sein eigenes Feld verwiesen, in eine eigene Nische, wo man ihm oft nur zögernd einen Freiplatz für seine „Exzentrizitäten" zugestand. Die starrsten und am stärksten unterdrückten Gesellschaften (zum Beispiel das Viktorianische England), Gesellschaften, die ihren männlichen Mitgliedern nach außen hin keine Gefühlsäußerung zugestanden, erlaubten ihren Künstlern ein Bohème-Leben, Überschwenglichkeit, Melancholie oder sogar Tränen. Und dann benutzten diese Gesellschaften die fertigen Kunstwerke als Sicherheitsventile für ihre eigenen unterdrückten Gefühle. Sie versuchten, sie in schweren festen Gebäuden gefangenzusetzen, die sie „Kunstmuseen" nannten, oder in anderen Museen, die sie „Konzertsäle" oder „Opernhäuser" nannten. Aber der Künstler ist ein Außenseiter und kann im Grunde weder gefangengesetzt noch klassifiziert werden. Dem Techniker immer einen Sprung voraus, hat der Künstler in früheren Zeiten versucht, alle Schranken der Gesellschaft zu durchbrechen. Heute können wir vielleicht in den Happenings und den die ganze Umwelt mit einbeziehenden Veranstaltungen der jungen Leute beobachten, wie die letzte Schranke — die zwischen Künstler und Auditorium — fällt, Stück um Stück heruntergerissen wird. Vielleicht zeigt es sich schließlich, daß der zeitgenössische Künstler damit beschäftigt ist, die Aufgabe der Kunst zu beenden und uns dadurch zu helfen, eine neue Umwelt zu schaffen, in der jedes einzelne Leben als Kunstwerk gelebt werden kann.

In der Zwischenzeit gibt uns der Künstler-Außenseiter eines der besten Lernprogramme, die man im ganzen baufälligen Schulhaus der Zivilisation finden kann. Er zeigt uns die Wechselwirkung zwischen Freiheit und Disziplin, wenn er mit den ihm durch das Material gegebenen Grenzen ringt, aber — wenn er ein echter Künstler ist — letzten Endes immer herausfindet, daß das Material ihn weniger einschränkt, als er vorher gedacht hatte. Er entdeckt uns durch seine Arbeitsweise, was der indische Mystiker Sri Aurobindo das Mißtrauen der Seele gegenüber allem Absoluten genannt hat. Er ist gezwungen, sich dem einzelnen zuzuwenden, dem Ort, dem Augenblick. „Kunst verallgemeinert nicht und klassifiziert nicht", schreibt Suzanne Langer, „Kunst zielt auf eine Individualität der Formen, welche die Unterhaltung, die im wesentlichen allgemein ist, unterdrücken muß. Der Sinn des Lebens ist immer neu, unendlich komplex und deshalb unendlich vielfältig in seinen möglichen Ausdrucksformen."

Der Künstler belebt in uns die Sinne und Gefühle und jene Aspekte des Seins, die die westliche Zivilisation in ihrem wirren Streben nach rein verbal-symbolischer Begriffsbildung im Erziehungsprozeß vollständig vernachlässigte. Der Künstler zeigt uns, wie man die sinnliche Welt erforschen kann. Er zeichnet für uns die Landkarte der vielen Straßen zum Entzücken.

Spielen, Herumtändeln, Kapriolen machen — das sind die echten Spielarten schöpferischer Tätigkeit. Die Geschichte ruft uns diese Lektion zu, wir weigern uns, sie zu hören.

Wir vergessen, daß, mit den Worten Eric Hoffers, „die unermüdlichsten und großartigsten Anstrengungen des Menschen nicht auf der Suche nach Notwendigkeiten, sondern auf der Suche nach dem Überflüssigen gemacht worden sind ... Die utilitaristische Idee ist, auch wenn sie einen Bestandteil unseres täglichen Lebens bildet, höchstwahrscheinlich aus dem nicht-utilitaristischen Streben hervorgegangen. Tempel und Palast sind dem nützlichen Haus vorausgegangen. Schmuck gab es vor der Kleidung. Arbeit, vor allem Arbeit in der Gruppe, ging aus dem Spiel hervor. Man sagt, daß der Bogen ein Musikinstrument war, ehe er eine Waffe wurde, und einige Fachleute glauben, daß das schwierige Handwerk des Fischens aus einer Zeit stammt, die vom Spiel bestimmt war — daß es also nicht aus bitterer Notwendigkeit entstand, sondern aus Neugier, Phantasie und Verspieltheit. Wir wissen, daß die Dichtung der Vorläufer der Prosa ist, und vielleicht hat man eher gesungen, als gesprochen ... Im ganzen scheint es zu stimmen, daß die schöpferischen Perioden in der Geschichte heiter, sogar frivol waren ... Man möchte vermuten, daß das Lob der Ernsthaftigkeit von Leuten stammt, die ein ausgesprochenes Interesse an einer Fassade von Strenge und Würde haben. La Rochefoucauld sagte über die Feierlichkeit, daß sie ,ein Geheimnis des Körpers sei, erfunden, um die Defekte des Geistes zu verbergen'".

Wie alle Außenseiter machte sich der Künstler über Feierlichkeiten lustig. Und er zeigt uns, wie wir auf edle Art „außer uns", aber nicht verrückt sein können. Der Psychologe Frank Barron von der University of California und seine Kollegen haben intensive Untersuchungen über hochschöpferische – auf ihrem Gebiet anerkannte – Persönlichkeiten angestellt: Schriftsteller, Maler, Bildhauer, Komponisten, Architekten. Es ist besonders interessant festzustellen, daß bei dem am weitesten verbreiteten Persönlichkeitstest (dem „Minnesota Multiphasic Personality Inventory") auf dem Meßblatt für Schizophrenie die schöpferischen Menschen mit den hospitalisierten Schizophrenen gleich abschneiden. Die Werte auf der Ich-Stärke-Skala jedoch sind für die schöpferischen Menschen hoch, für die Schizophrenen niedrig.

Wir können diese Ergebnisse dahin interpretieren, daß sie die Nützlichkeit einer kontrollierten Verrücktheit bezeugen. Außergewöhnliche Phantasie, erhöhte Wachsamkeit der Sinne und außerordentliche Visionen, die den Geistesgestörten kennzeichnen, existieren vielleicht auch in einem gewissen Ausmaß in jedem genialen Menschen, der die Schranken seiner Zeit versetzen möchte. Der „erfolgreiche" schöpferische Mensch unterscheidet sich von dem hospitalisierten Unglücklichen darin, daß er seinen Visionen Form verleihen kann – und außerdem darin, daß er es versteht, sich der nötigen Masken und Täuschungen zu bedienen, die von der Welt, wie sie nun einmal ist, gefordert werden. Einige der noch verbliebenen Schamanen-Gesellschaften (die südafrikanischen Bantu, die madegassischen Tanala, die Mohave aus dem Südwesten der USA z. B.) haben es erreicht, aus schwerer „Schizophrenie" sozialen Wert zu ziehen. Und tatsächlich beginnt eine wachsende Anzahl heutiger Psychologen und Psychiater es für möglich zu halten, daß man eine Welt schaffen kann, die für die abweichenden Impulse des Menschen mehr Sicherheit bietet, eine Welt, die uns mehr Farbigkeit, Reichtum und Ekstase läßt, *ohne* uns mit Unterdrückung, Gewalt und Krieg zu begegnen.

Der Außenseiter als „edler Wilder" bringt uns die Elementarlektion über ein Leben bei, in dem man sich nicht gegen Gesetz und Sitte vergehen muß, um zu vollem Leben zu erwachsen; er zeigt uns ein Leben, in dem die moderne Technik – ob nun außerhalb oder innerhalb des menschlichen Organismus — uns nicht mit Furcht und Widerstand erfüllt, sondern humanen Zwecken dient, ein Leben, in dem jede etablierte Ordnung sich zuerst daran macht, sich selbst als veraltet zu betrachten, ein Leben, in dem es die Hauptfunktion der Gesellschaft ist, sich innerhalb der sich immer neu entwickelnden Gesellschaft zu entwickeln.

Solch eine Lektion mag radikal erscheinen. Aber es kann sich herausstellen, daß sie nur ein einfacher Drill in Tagesereignissen ist. Die Fesseln der Vergangenheit lockern sich. Und die Welt ist, wie zu allen Zeiten, voll von Außenseitern. Wahrscheinlich gibt es jetzt Hunderte von Millionen von ihnen. Sie sind Schurken, radikale Techniker, Mystiker und Künstler. Sie sind originell, aufgeschlossen, sie sehen ihre Visionen klar vor sich, sie sind anpassungsfähig, empfindsam, begeisterungsfähig, fröhlich und anmutig. Sie sind alles andere als Bruchstücke, und ihr Hauptvergnügen im Leben ist das Lernen. Was in den kommenden Jahren diesen Außenseitern, unseren Kindern geschieht, damit beschäftigt sich das nächste Kapitel.

Jeder lernt lesen und schreiben . . .

... aber man fragt sich mitunter: wozu? Eine Untersuchung, wer was wann läse, ergab, daß 39 Prozent aller erwachsenen Bundesbürger nie und weitere 36 Prozent höchst selten ein Buch lesen. Schulbücher waren die letzten gewesen, die sie regelmäßig in die Hand genommen hatten, und auch das nicht aus freien Stücken. Nichts mehr seitdem außer Telefonbüchern und – natürlich! – ab und zu einem Blick ins Sparbuch. Denn: Auch wer nicht liest, der rechnet doch wenigstens, und wenn schon nicht mit Zahlen, dann eben mit dem Pfennig.

Pfandbrief und Kommunalobligation

Meistgekaufte deutsche Wertpapiere - hoher Zinsertrag - schon ab 100 DM bei allen Banken und Sparkassen

Verbriefte Sicherheit

Lernen ohne Schule

Die empfindlichste Schranke zwischen unseren Kindern und der Erziehungsweise, die ihre enormen potentiellen Kräfte freisetzen könnte, ist unser Erziehungssystem selbst: ein riesiges, erstickendes Netz von Leuten, Praktiken und Vorstellungen, freundlich von der Absicht her, schwerfällig in seinen Reaktionen. Jetzt, wo sich echte erzieherische Alternativen endlich deutlich abzeichnen, können wir die einfachste davon ins Auge fassen: keine Schule.

Das bedeutet genau, was es sagt: die Abschaffung von Erziehungseinrichtungen, die in besonderen Gebäuden mit Klassenzimmern und Lehrern beherbergt werden. Zumindest bedeutet es das Ende aller gesetzlichen Schulpflicht. Dieser Gedanke mag zunächst völlig undurchführbar erscheinen. Aber die jüngste Entwicklung der Technik des individuellen Lernens hat die Lage verändert. „Keine Schule" ist ein erreichbares Ziel geworden. Ehe man sich mit anderen Alternativen beschäftigt, sollte man diese erst einmal genau betrachten. Man könnte den Fall vielleicht folgendermaßen darstellen: Praktisch alles, was *heute* in den Schulen erreicht wird, läßt sich wirkungsvoller und unter weniger Qualen zu Hause und auf den Spielplätzen in der Nähe für das Durchschnittskind erreichen.

Der Mann, der meine Aufmerksamkeit zuerst auf diesen Vorschlag richtete, war Dr. M. W. Sullivan, der sich mit der Aufstellung von Erziehungsprogrammen beschäftigt und dessen Arbeit kurz in dem Kapitel über die menschlichen Möglichkeiten besprochen wurde. Sullivan ist ein offener und engagierter Mann, und er argumentiert aus der Kenntnis dessen heraus, der die Wirksamkeit von gut entworfenem Material zum Selbstunterricht kennengelernt hat. Ich glaube, daß uns niemand den Fall besser darlegen kann.

Sullivan fing zuerst an, über die „Keine-Schule-Idee" nachzugrübeln, als er in den späten fünfziger Jahren mit einigen anderen am Hollins College in Virginia die ersten programmierten Lehrstoffe entwickelte. Warum müssen wir unsere Kinder durch verstopfte Straßen in überfüllte Schulen verfrachten, dachte er, wenn es viel einfacher wäre, das Lehrmaterial zu ihnen nach Hause zu schaffen?

In der ganzen psychologischen Literatur (sagt Sullivan) findet sich kein Beweis dafür, daß der Lehrer *an sich* zum Lernen beiträgt. Man kann aber viele Anzeichen dafür finden, daß der Lehrer dem Lernprozeß schadet. Die Durchschnittsschule ist in Wirklichkeit kein geeigneter Ort zum Lernen. Sie ist in erster Linie ein Gefängnis. Ihre Grundbedingungen schaffen eine lernfeindliche Stimmung. Physisch wird das Kind überanstrengt durch das lange Sitzen in einer bestimmten Haltung. Geistig ist es durch die Eintönigkeit seiner Umgebung und der Reize benommen, mit denen es bombardiert wird. Können Sie sich das Maß an Energie vorstellen, das man dazu braucht, um einfach — gegen jede Regung — still zu sitzen und darauf zu warten, daß man drankommt?

Wenn Sie Denkarbeit leisten, möchten Sie aufstehen, sich bewegen, auf- und abgehen. Aber die meisten Schulräume sind so gemacht, daß sie Denken, Lernen, Kreativität *verhindern*. Es würde Sie überraschen, wie vielen jungen Lehrern gesagt wird: „Disziplin im Klassenzimmer ist das allerwichtigste. Das Entscheidende, was ein Kind lernen muß, ist Befehlen zu folgen. Wenn man also die ersten zwei Monate darauf verwendet, den Kindern das Gehorchen beizubringen, wird es eine Weile gut gehen."

Das Durchschnittskind bekommt während eines Schulmorgens wenig Gelegenheit, mitzuarbeiten. Und wenn ihm wirklich eine Gelegenheit gegeben wird, soll es meist eine automatische Antwort geben. Es sagt dem Lehrer, was er zu hören wünscht. Und dabei kommt schließlich ein Wesen heraus, dem Ganzheit völlig fehlt. Zu oft, wenn die Natur dieses Wesen durchbricht und reagieren möchte, wird es niedergehalten. Es lernt, still zu sitzen, sich in einer Reihe aufzustellen, Anweisungen entgegenzunehmen, sich seiner natürlichen Impulse zu schämen — und vielleicht auch ein paar einfache Dinge, die es in einem Fünfzigstel — ja, einem *Fünfzigstel* — der jetzt benötigten Zeit lernen könnte.

Was würde denn nun geschehen, wenn das Lehrmaterial zu dem Kind gebracht, anstatt daß das Kind ins Gefängnis verfrachtet würde? Wir wollen einmal keine technischen Fortschritte annehmen — keine Computer oder elektronischen Geräte. Alles, was man dazu nötig haben würde, wäre die gegenwärtige Form programmierter Lehrbücher plus leichterwerbbarer Tonbänder, die man auf japanischen Tonbandgeräten mit Fußpedalen abspielen kann. Es gibt schon Programme zum Erlernen von Sprachen und ähnliches. Das Kind arbeitet ein geschriebenes Programm durch, wobei es immer, wenn im Text ein Stern auftaucht, das Pedal des Tonbandgerätes in Gang setzt. Auf diese Weise werden alle nötigen schriftlichen, visuellen und hörbaren Reize miteinander verbunden. Alles Wichtige, was man heute in der Schule lehrt, kann man so vermitteln.

Ich möchte also sagen, daß selbst mit den heute noch relativ primitiven Lehrmethoden auch das schlechteste Zuhause eine bessere Lernumwelt sein kann als die meisten Schulen. Auch im elendsten Zuhause kann das Kind aufstehen und herumlaufen, wenn es will. Wenn man ihm nur die Schule ersparen könnte, würde es nicht die

Erfahrung machen, daß Lernen langweilig ist, unangenehme Arbeit. Es wird dann ganz einfach entdecken, was Lernen wirklich ist: nämlich das größte Vergnügen im menschlichen Leben. Dabei wird es weder Furcht noch Schuldgefühle haben. Das Kind wird mit seinem Lernmaterial spielen, wenn ihm danach zumute ist. Und wenn das nur eine halbe Stunde am Tag sein sollte, wird es doch *viel* weiter kommen — und zwar in allen Grundfächern —, als das in der Schule der Fall wäre.

Aber die sozialen Kontakte? fragte ich Sullivan. Was wird aus dem „Lernen, mit anderen in einer Gruppe Gleichaltriger auszukommen"? Sullivan antwortete:

Gibt es irgendein Anzeichen dafür, daß diese Dinge in der Schule wirklich stattfinden? Was ist das: *miteinander auskommen oder sich gegenseitig entdecken?* Warum können Kinder das nicht viel besser im Spiel mit den Nachbarkindern lernen oder sogar auf der Straße? Das alles ist viel besser als die Schule, wo die Kinder einer falschen Disziplin unterworfen werden und in ganz und gar künstliche Beziehungen zu anderen geraten.

Was mich angeht, so war ich das einzige Kind in unserer Gegend, das in den Kindergarten geschickt wurde. Man konnte das damals in Connecticut frei entscheiden. So konnte die Gruppe der Kinder meines Alters fast ein Jahr lang draußen herumspielen, lernen, sich ihre eigene aufregende Welt schaffen, während ich in der Schule geplagt wurde. Sie bauten sich ein Baumhaus. Sie bauten sich eine Hütte. Und was machte ich? Ich lernte, im Rechnen zu schummeln, beim Geschichtenerzählen zuzuhören, mich aufzustellen, stillzusitzen. Schließlich fand ich einen Fluchtweg. Ich machte meine Hosen naß, und sie schickten mich nach Hause. *Sie schickten mich nach Hause.* Das erste Mal war es ein Zufall, aber dann machte ich es jeden Tag absichtlich. Und ich war wieder frei und konnte lernen.

Mit der Schule tut man den Kindern etwas Schreckliches an. Sie ist grausam, unnatürlich, unnötig.

Viele Leute würden entgegnen, so gab ich Sullivan zu bedenken, daß die Schule ein Modell der Welt darstellt. Schließlich wird auch das Kind wahrscheinlich eines Tages sich mit unerfreulichen Arbeitssituationen auseinandersetzen müssen, im Wettbewerb seinen Mann stehen müssen. Es wird unverständliche Sackgassen für das Kind geben, hastig gegebene Anweisungen sollen verstanden und ausgeführt werden — alle Arten von Härten werden auftreten.

Ja, ich weiß. Wenn das Kind im Leben zurechtkommen sollte, so dachte man früher, müßte man es so früh wie möglich in entsprechende Situationen bringen. D. h. wenn es später in eine scheußliche Lage kommen würde, der es sich nicht gewachsen fühlte, dann versetzte man es schon jetzt in eine scheußliche Lage, der es sich jetzt nicht gewachsen fühlte. So geht es aber gerade nicht. Man hat eine sehr interessante Studie über die Marinesoldaten im Zweiten Weltkrieg gemacht, die bei den schlimmsten Feldzügen dabei waren, die Guadalcanal schlugen und das Ganze bis zum Ende durchstehen mußten — Langeweile, Dschungelkrieg, bis zur Taille in Wasserlöchern, rundherum Sterbende. Es stellte sich heraus, daß die Burschen, die das alles durchhielten, die waren, die eine besonders glückliche Kindheit gehabt hatten, die guten Jungen, denen man immer bestätigt hatte, daß sie gut wären. Und wer brach einfach zusammen? Diejenigen, die sich in ihrer Kindheit unter harten Bedingungen hatten zurechtfinden müssen, die niemals die Möglichkeit gehabt hatten, erfolgreich zu sein.

Man sieht, die ganze Argumentation, wie immer man sie betrachtet, fällt in sich zusammen, sogar im extremen Fall der Marinesoldaten im Kampf. Aber die Welt ist ja gewöhnlich nicht so extrem. Die Welt ist gar keine so verdammte Angelegenheit; die Menschen machen sie dazu. Man kann auf viele Arten seine Welt bauen. Und hier kommt die Schule ins Spiel. Sie verdreht die Erwartungen, so daß man die Welt außerhalb der Schule an der Schule mißt und dann dazu neigt, sie so zu bauen wie die Schule. Es wird einem beigebracht, daß Lernen schwer und qualvoll ist. Und dann geht man von der Schule ab, schafft eine Welt, in der diese Bedingungen herrschen. Wie man weiß, muß man jeden Organismus *lehren*, unglücklich zu sein. Und der Mensch ist der einzige Organismus, der Unglücklichsein *gelernt hat* — außer vielleicht den Hunden, die einiges von ihm übernommen haben. Ich muß darauf bestehen: Die Schule, wie sie jetzt ist, ist großartig dazu geeignet, wenig anderes als Unglück zu produzieren.

Hier fühlte ich mich gezwungen, den schwerwiegendsten Einwand ins Feld zu führen. „Was Sie auch immer sagen", sagte ich zu Sullivan, „die Mütter würden das nicht schlucken. Sie wollen die Kinder einfach nicht den ganzen Tag zu Hause, zwischen ihren Füßen haben."

Sie haben wahrscheinlich recht. Es ist ganz seltsam. Erst können sie es gar nicht erwarten, Kinder zu haben, und dann scheinen sie sie so schnell wie möglich los sein zu wollen. Wir müßten die Mütter eine andere Haltung gegenüber ihren Kindern lehren, nicht so sehr die von Göttin und Sklave, sondern die von Spielkameraden. Wir müßten sie von ihrer Nervosität wegen des ganzen Komplexes „Lernen nach Büchern" befreien. Wir müßten ihnen zeigen, wie sie den Forschersinn ihrer Kinder unterstützen könnten. Vor allem müßten sie lernen, ihre Kinder viel mehr in Ruhe zu lassen — und sich dann vielleicht an ihnen zu freuen.

Das dumme ist, daß die Eltern ja auch in die Schule gegangen sind. Wenn wir die Kinder nur für eine Generation aus der Schule herausbekommen könnten, würden wir das ganze Problem lösen.

Die Eltern, die Sullivans Ansichten als extrem zurückweisen würden, können Sie auf eine einfache Art auf die Probe stellen. Organisieren Sie einen Besuch in der Schule Ihres Kindes — aber nicht am gewöhnlichen Besuchstag der Eltern. (Gehen Sie auch dann hin — wenn Sie Lust dazu haben —, aber erwarten Sie nicht herauszufinden, was wirklich vorgeht. Der Lehrer und die Klasse haben wahrscheinlich Tage und Wochen damit verbracht, eine Scharade aufzuführen.) Kommen Sie am frühen Morgen mit Ihrem Kind. Plaudern Sie ein paar Minuten mit dem Lehrer, um ihm Unbefangenheit zu geben, und erlauben Sie ihm, Sie der Klasse vorzustellen. Versichern Sie ihm, daß Sie in keiner Weise stören wollen, sondern einfach den gewöhnlichen Schulalltag mitmachen möchten. Dann nehmen Sie sich einen Stuhl hinten in der Klasse und setzen sich so, daß Sie Ihr Kind indirekt beobachten können. Seien Sie natürlich und freundlich, und machen Sie keine Umstände. Wenn die Kinder sich umdrehen, um Sie anzusehen, zeigen Sie ein erkennendes und ermutigendes Lächeln, und Sie werden wahrscheinlich überrascht sein, wie schnell man Sie völlig vergißt. Und obwohl der Lehrer dazu neigen mag, auf der Hut zu sein, so ist doch der Grundstil seines Lehrens und Umgangs mit den Kindern im allgemeinen zu tief eingefressen, um ihm größere Abweichungen zu erlauben. Sie werden Gelegenheit bekommen, dieselben Erfahrungen zu machen, die Ihr Kind macht.

Nutzen Sie die Gelegenheit. Beobachten Sie Ihr Kind gut. Versuchen Sie, den gleichen Blickwinkel anzunehmen, zu fühlen, wie es fühlt, zu lernen, was es lernt. Beobachten Sie seine Körperhaltung mit Aufmerksamkeit, wie es gerade sitzt, wie es sich krümmt, sich windet, sich hinaussehnt. Wägen Sie die Worte des Lehrers ab gegen das Gefesseltsein an Ihren Platz. Versuchen Sie, Tagträumen auszuweichen. Denken Sie daran, daß einem Kind die Zeit langsamer vergeht als einem Erwachsenen. Möchten Sie jetzt einen kleinen Spaziergang machen? Eine Tasse Kaffee trinken? Eine Zigarette rauchen? In den Erfrischungsraum gehen? Lassen Sie den Gedanken fallen. Bleiben Sie bei Ihrem Kind. Stehen Sie nur auf, wenn es aufsteht. Gehen Sie nur aus dem Zimmer, wenn es hinausgeht. Konzentrieren Sie sich auf Ihr Kind. *Werden* Sie Ihr Kind.

Sind Sie unerträglich gelangweilt? Wir wollen es nicht hoffen. Lassen Sie uns für unsere Kinder und für alle Kinder beten, daß Sie einem jener großen Magier begegnet sind, der, jedem Hindernis zum Trotz, fähig ist, sich — voll von Leben und sprudelnd — jeden Moment wieder etwas Neues einfallen zu lassen. Wenn nicht, machen Sie es sich einen Augenblick gemütlich. Stehlen Sie sich ein paar Sekunden dieses Tages (obwohl Ihr Kind diese Möglichkeit nicht hat) zu einem bescheidenen Experiment. Legen Sie eine Uhr mit Sekundenzeiger vor sich hin. Dann zeichnen Sie auf ein Stück Heftpapier in jede Linie kleine Kreuze, von denen jedes zehn Sekunden Zeit bedeutet. Auf ein Blatt kann man gut die Zeichen für eine Stunde setzen. Suchen Sie sich einen typischen Unterrichtsabschnitt, sagen wir Rechnen, heraus. Kreuzen Sie für diese Zeit jede Sekunde an, in der Ihr Kind wirklich etwas *lernt*. Lassen Sie die anderen Intervalle frei. Für eine brauchbare Definition von Lernen lesen Sie im 1. Kapitel nach. Prägen Sie sich ein, daß wirkliches Lernen Sich-Verwandeln ist (kein sinnloses Wiederholen von etwas Bekanntem) und daß das Lernen etwas mit der Beteiligung des Kindes zu tun hat, nicht damit, wie sich der Lehrer präsentiert.

Für dieses kleine Experiment brauchen Sie Einfühlungsvermögen. Sie werden in gewisser Weise in das Gemüt Ihres Kindes schlüpfen müssen. Das wird sich sehr viel leichter in den unteren Klassen durchführen lassen als auf der Oberschule, wo das Lehrsystem es praktisch unmöglich macht, herauszufinden, ob der Lernprozeß stattfindet. Bei diesem Experiment werden Sie einiges erraten müssen, und man kann es unter keinen Umständen als „wissenschaftlich" bezeichnen. Nichtsdestoweniger wird es höchstwahrscheinlich eine Offenbarung für Sie sein. Ich habe es bei meinen eigenen Kindern und bei Scharen von anderen in allen Arten von Schulen ausprobiert. Das Ergebnis ist entmutigend. Auch wenn ich meine Zeichen mit einer Art verzweifelter Großzügigkeit setzte, gelang es mir kaum, mehr als ein Drittel der Intervalle zu füllen. Es stellte sich oft heraus, daß die „Disziplin der Klasse", das Warten auf die Antworten der anderen Kinder und solche schwerfälligen Manipulationen, die die übliche Klassenraumumwelt erfordert, weniger als zehn Prozent von der Zeit jeden Kindes für irgend etwas übrigläßt, was man auch nur entfernt als *Lernen* bezeichnen kann.

Wenn Sie von diesem Experiment genug haben, *bleiben Sie, wo Sie sind*. Kein Kaffee, keine Zigarette, kein Herumschlendern, um Ihren Körper zu entspannen und Ihre Gedanken anzuregen. Zeit zum Spielen. *Freiheit*. Nicht so schnell. Zuerst muß (wenn Sie in einer typischen Klasse sind) die ganze Klasse zur Ordnung gerufen werden. Das bedeutet Stille, Schweigen. Vielleicht werden zwei konkurrierende Reihen von Kindern aufgestellt. Die Reihe, die am besten gehorcht und stillhält, darf sich zuerst an der Tür aufstellen. So sind die Kinder schließlich doch wieder der Disziplin unterworfen worden, und wenn der Lehrer der Klasse wiederum befiehlt, die Treppe hinunter zu *gehen*, nicht zu *laufen*, wird die Tür geöffnet, die Kinder explodieren auf den Schulhof.

Gehen Sie mit. Setzen Sie sich irgendwo bei ihnen hin, so daß Sie die Welt der Kinder aus der Blickhöhe der Kinder erleben können. Echtes Lernen kann unter Spielbedingungen stattfinden. Aber sehen Sie sie *spielen*? Leider ist das nicht wahrscheinlich. Die Kinder werden wahrscheinlich nur Dampf ablassen, sie stoßen schrille Schreie aus und rennen wild herum. Meine Erfahrungen gehen dahin, daß da, wo im Klassenzimmer Unterdrückung herrscht und eine Anti-Lernhaltung sich einstellt, die Situation beim Spielen dazu in direkter Beziehung steht, überaktiv wird und ebenfalls antithetisch zum Lernen. Beim wahren Spielen ist das Kind voll Eifer, zugänglich, nicht gehetzt, ganz vertieft. Es herrscht ein faszinierender Ernst. Das Kind, das aus einer statischen, dem Lernen feindlichen Umgebung heraus explodiert, ist gehetzt, irrt herum, es zeigt fast eine Verkrampfung. Das ist nicht Entzücken, sondern Verzweiflung. Wenn Sie diese Situation beim Spielen erlebt haben, fragen Sie sich: „Ist das das soziale Zusammenspiel, um dessentwillen ich mein Kind zur Schule schicke? "

Wieder in die Klasse, dann zum Mittagessen. Und dann der Nachmittag. Erscheint das Klassenzimmer stickig? Sehen Sie sich die Augen Ihres Kindes an und die der anderen. Sind sie müde und schlaftrunken? Sind die zarten Halbmonde der feinen Haut unter den Augen bleich und geschwollen? Sehen Sie genau hin. Und Ihre eigenen Augen? Ertappen Sie sich dabei, das Gähnen zu unterdrücken? Wir wollen es nicht hoffen. Wir hoffen, daß es ein fröhlicher Tag war.

Wenn es nicht so ist, tadeln Sie lieber nicht voreilig den Lehrer. Die Umgebung, in der er arbeitet, die Erwartungen, die er erfüllen soll, die ihm im allgemeinen gebotenen Techniken, sind den menschlichen Möglichkeiten bedauerlich inadäquat. Der Lehrer, der sich über solche Bedingungen erheben kann, ist ein Künstler, ein Held unserer Zeit.

Aber lassen Sie trotzdem nicht durch das Mitleid, das Sie für den Lehrer empfinden, das Gefühl für das Drama besänftigen, das Ihnen zu Bewußtsein gekommen ist. Die Welt ist voll von Unrecht aller Art — Krieg, Krankheit, Hunger, Rassendiskriminierung und all die anderen Formen von Sklaverei, die der Mensch für seinesgleichen erfunden hat. Aber kein Unrecht ist verhängnisvoller und tiefgreifender als die systematische, unschuldige Zerstörung des menschlichen Geistes, die nur zu oft die verborgene Funktion jedes Schulunterrichts ist. Und glauben Sie ja nicht, daß Ihr Kind ungeschädigt entrinnen könne. Man hat in letzter Zeit eine Menge Überlegungen darüber angestellt, wie der ständige Gebrauch von LSD die Struktur des Gehirns verändert. Das ist eine naive Betrachtungsweise. Einmal hat das Gehirn nicht, wie im zweiten Kapitel ausgeführt, eine festgelegte „Struktur". Zweitens gibt es sehr wenig „ewig Dauerhaftes" im Verhalten des Zentralnervensystems. Erlerntes Verhalten ist für gewöhnlich umkehrbar, obwohl die Umkehrung des Verhaltens, das man in jungen Jahren erlernt, später sehr viel mehr Energie erfordert, als ursprünglich nötig war, um dies Verhalten festzulegen. Immerhin kann man vielleicht sagen, daß eine Anzahl von LSD-Trips das Gehirn verändert, und sei es nur wegen der Veränderungen, die das Verhalten während dieser Rauschzustände erleidet. Wenn das der Fall ist, muß gesagt werden, daß die typischen Erfahrungen, die Ihr Kind in der ersten Klasse macht, sein Gehirn wahrscheinlich mehr verändern, als es viele LSD-Trips tun würden, dadurch, daß seinen Fähigkeiten als eines lebenslang Lernenden hier in unerhörter Weise Gewalt angetan wird.

„Tragödie" ist ein starkes Wort, aber ich kann kein anderes finden, um zu beschreiben, was mit den meisten Kindern in den ersten Schuljahren geschieht. Als ich überall im Land Schulen besuchte, bin ich wieder und wieder hin und her gewandert vom Kindergarten zur, sagen wir, vierten Klasse. (Wenn Sie die Möglichkeit haben, sollten Sie das selbst einmal probieren.) Und ich habe mich mit Hunderten von Lehrern über die anscheinend völlig mysteriöse Diskrepanz, die sich auf diesem kurzen Weg zeigt, unterhalten. Es ist fast, als ob man den Angehörigen zweier verschiedener Spezies begegnet. Die Lehrer sind die ersten, die mir hier zustimmen. Und ich habe auch keinen einzigen entgegengesetzten Brief bekommen, als ich meine Erfahrungen in „Look" in einer Geschichte darlegte, die ich „Was Ihr Kind seinem Lehrer beibringen kann" (Dezember 1966) nannte: „Gehen Sie in einen Kindergarten. Durchweg sind die Fünfjährigen spontan, originell. Bitten Sie sie zu tanzen, und sie bewegen sich natürlich mit einer Art natürlicher Grazie. Lesen Sie ihnen eine Geschichte vor, und Sie werden in ihren Augen die Spannung, Furcht und das Lachen lesen können. Wir pflegen zu sagen, daß ihre Gesichter aufleuchten (eine besonders bezeichnende Wendung), und wenn wir in dieses Leuchten blicken, schämen wir uns nicht, wenn unsere Gesichter ebenso glänzen. All dieses, so schließen wir, ist die natürliche Wesensart der jungen Menschen. Und nun gehen Sie den Flur hinunter in eine vierte Klasse. Sofort werden Sie feststellen, daß irgend etwas verloren gegangen ist. Nicht so viele leuchtende Augen. Nicht so viele überraschende Antworten. Zu viele Körper und Seelen scheinen festgekrampft zu sein in quälender Befangenheit. Das schreiben wir wiederum der Natur der Dinge zu. Es gehört eben zum Erwachsenwerden.

Aber tut es das wirklich? Muß das menschliche Lebewesen unbedingt an Spontaneität und Phantasie verlieren, wenn es an Wissen und technischem Können zunimmt? Müssen wir den Glanz der Kindheit abwerfen, wenn wir die metallene Rüstung des Erwachsenen anlegen? "

Vielleicht ist es kein Zufall, daß die Wachstumsrate der Intelligenz gerade an dem Punkt so rapide abnimmt, wo das Kind in die Schule kommt. Ältere Vorstellungen von den Gehirnfunktionen boten physiologische Erklärungen für die auffallende Tatsache an, daß die meisten Menschen achtzig Prozent ihres Intelligenzwachstums an ihrem achten Geburtstag erreicht haben. Jede neue Tatsache, so sagte man früher, hinterläßt eine kleine Furche oder Spur in der grauen Gehirnmasse. Nach dieser Zeit meinte man, die Nervenübergangsstellen würden irgendwie „aufgefüllt" oder die Gehirnzellen „verbunden". Die besten neueren Forschungen besagen jedoch, wie im zweiten Kapitel dargestellt wurde, daß das Gehirn niemals „aufgefüllt" werden kann. Man kann es aber *lehren*, mit Lernen aufzuhören — das heißt, mit Verändern aufzuhören. Man kann es *lehren*, nicht weiter zu forschen, das Ungewöhnliche zurückzuweisen, sich auf eine begrenzte Zahl von Reizen zu beschränken, nur immer gleiche Reaktionen zu zeigen.

Man könnte tatsächlich den üblichen Erziehungsprozeß an unseren Schulen am besten mit einem Trichter vergleichen, durch den jedes Kind in einem immer enger werdenden Kreis gedreht wird. Zum Schluß ist nur noch Platz für ein einziges Muster „richtiger Antworten". Der Trichter hört mit seiner einschränkenden Wirkung auch nicht bei den letzten Klassen der Volksschule oder beim Abschluß der Oberschule auf. Der Erzieher Harold Taylor hat mir von den, wie er sagte, „vier deprimierendsten Tagen seines Lebens" erzählt, mit Schülern aus jeder der vier Klassen eines kleinen Elite-Colleges im Osten der USA — ein Tag für jede Klasse, mit der untersten beginnend. Das Experiment besaß die Qualität von Standfotos, auf denen die Wirkung von vier Collegejahren auf vier Tage zusammengedrängt war. Die unterste Klasse war, wie Dr. Taylor sagte, noch bis zu einem gewissen Grade offen und wißbegierig, neuen Ideen aufgeschlossen. In jeder folgenden Klasse war das weniger der Fall, bis schließlich die oberste Klasse sich nur noch, gelangweilt und zynisch, dafür interessierte: „Wie kann ich damit eine bessere Note ergattern", oder: „Wo liegt hier mein Vorteil? "

Professor William Arrowsmith geht noch einen Schritt weiter, wenn er schreibt, daß er die jungen Semester lieber in den Geisteswissenschaften unterrichtet als die Examenskandidaten, von denen er sagt, daß sie schon halb verdorben sind durch das auserwählte Schicksal, ein Student der höheren Semester (graduate) zu sein. Sie wollen Wissen und Information. Sie denken nur an die Prüfungen und möchten deshalb den Erwartungen ihres Professors entsprechen — das ist ihr gemeinsames Schicksal, gemeinsam gewählt und nun gemeinsam angestrebt. Das Ressentiment, das beide — Professoren und Studenten — häufig fühlen, ist das Ressentiment ihrer wechselseitigen Bestimmung. Für den fortgeschrittenen Studenten gibt es nicht mehr die fröhliche Übereinstimmung mit dem Studium wie für den jungen Studenten — oder wenn es sie noch gibt, helfe ihm Gott! Die Gegenwart ist für ihn nicht mehr das Wichtigste. Er hat sich entschlossen, zu *wissen*, statt zu *sein*. Für einen fürs Leben begabten Menschen ist dieser Verlust wie eine Kastration, die Besten gehen lieber ab, als sie zu ertragen. Andere beißen die Zähne zusammen und winden sich mit eisernem Willen hindurch.

Es ist nicht so, daß das „Produkt" unseres Erziehungssystems nicht „fähig" ist. Es kommt mit „Fertigkeiten" heraus. Es kann ein brauchbarer Teil der Sozialmaschine sein. Aber als Lernender ist es am Ende.

Nur das Versagen des gegenwärtigen Schulsystems und die Widerstandsfähigkeit einzelner Individuen sind die Ursache dafür, daß es über das Alter von fünfundzwanzig hinaus noch schöpferische Tätigkeit und Lernfähigkeit gibt. Dr. Harold G. McCurdy von der University of North Carolina hat die Kindheitsbedingungen der genialen Menschen der Geschichte studiert, über deren Kindheit wir am meisten wissen. Für die ersten Jahre im Leben der von ihm ausgewählten zwanzig genialen Männer hat Dr. McCurdy drei gemeinsame Faktoren entdeckt:

„1. Ein hoher Grad von Aufmerksamkeit, die das Kind von den Eltern und anderen Erwachsenen erfuhr und die sich in einer intensiven Erziehung und für gewöhnlich in großer Liebe äußerte.

2. Isolierung von anderen Kindern, besonders außerhalb der Familie.

3. Eine reiche, blühende Phantasie als Folge der beiden ersten Bedingungen."

McCurdy schließt daraus, daß „die Massenerziehung unseres Systems der öffentlichen Schulen auf ihre Art ein Riesenexperiment mit der Wirkung ist, alle drei obengenannten Faktoren auf ihren geringsten Wert zu reduzieren, also dazu geeignet, das Auftauchen von Genies zu unterdrücken".

Wenn McCurdy die öffentliche Erziehung als „Experiment" bezeichnet, zieht er die Erzieher unbewußt auf ein gefährliches Gebiet. Wenn wir nämlich Schulerziehung wirklich als ein Experiment mit Lebewesen auffassen würden, dann könnten Erzieher leicht wegen mindestens fünf der zehn Hauptanklagepunkte gegen Experimente mit Menschen im Nürnberger Prozeß verurteilt werden.

Stellen Sie sich dabei Ihre Kinder als Versuchsobjekte vor:

1. Die freiwillige Zustimmung des menschlichen Objekts ist absolut notwendig.

2. Das Experiment sollte so geartet sein, daß es fruchtbare Ergebnisse zum Besten der Gesellschaft schafft, die durch andere Forschungsmittel nicht zu erreichen und nicht zufälliger und überflüssiger Art sind.

3. Das Experiment sollte bestimmt sein durch und sich stützen auf die Ergebnisse von Tierversuchen und die Kenntnis des natürlichen Verlaufs der Krankheit oder der anderen Forschungsprobleme, die untersucht werden, so daß die erwarteten Ergebnisse die Durchführung des Experiments rechtfertigen.

4. Das Experiment sollte so gestaltet sein, daß alle unnötigen physischen und seelischen Leiden vermieden werden.

5. Während des Experimentsverlaufs sollte das menschliche Versuchsobjekt die Freiheit haben, das Experiment da abzubrechen, wo ihm sein physischer oder seelischer Zustand die Fortführung unmöglich erscheinen läßt.

Gegen die erste und letzte der hier angeführten Vorschriften wird wahrscheinlich im gegenwärtigen System der unter Zwang stehenden Massenerziehung am meisten verstoßen. Daß Kinder gezwungen sein sollten, bis in ihre späten Jugendjahre in der Schule zu bleiben, wird man vielleicht eines Tages empörend finden. Die laufend erscheinenden Anzeigen für den öffentlichen Dienst drängen die Jugendlichen sogar, noch länger zur Schule zu gehen, aber sie enthüllen auch das Problematische der Angelegenheit:

Ausbildung ist für die, die nach oben wollen.

Aber:

Junge, wenn du jetzt von der Schule abgehst, bleibst du dein Leben lang unten.

Hinter solchen Worten zeigt sich das nackte Gesicht der Gesellschaft — bevormundend, beleidigend und letztlich aufs äußerste zynisch.

Oder sind diese Schlagworte etwa nicht wahr? Doch! Und da liegen die Schwierigkeiten. Wer bestimmte Diplome nicht hat, bekommt die Stellung nicht. Nun dienen Diplome aber mehr der Verschleierung. Die Arbeitsvermittler interessieren sich in Wirklichkeit nicht für das, was der Arbeitsuchende in der Schule gelernt hat, sondern nur dafür, daß er, aus welchem Grunde auch immer, durchgekommen ist.

Wenn man es genau betrachtet, ist das, was man in der Oberschule selbst an einfachsten und ausgesprochenen Kunstfertigkeiten unserer

Zivilisation lernt, verschwindend wenig. Sehen Sie sich zum Beispiel die Schulbücher für englische Literatur von der siebten bis zur zwölften Klasse an. Im Grunde sind sie ganz gleich. Und der Schüler, der in der siebten Klasse gut im Mündlichen und Schriftlichen ist, wird wahrscheinlich beim Abschluß der Oberschule und auch später immer genauso gut sein. Ein Zitat des neuen Präsidenten des National Council of Teachers, Dr. Alfred H. Grammon: „In vierzig Jahren ist es dem traditionellen Englisch-Unterricht an amerikanischen Schülern unterschiedlichster Herkunft nicht gelungen, ihre Fähigkeit, Englisch zu schreiben oder zu sprechen, zu verbessern."

Vielleicht sollten wir froh sein, daß die Schulen heute ihre Aufgabe meistens verfehlen, die ja, wie ich schon früher gesagt habe und wie ich sicher noch ein paarmal sagen werde, darin besteht, ein paar Tricks zu lehren und im übrigen die Möglichkeiten zu beschränken, die Phantasie einzuengen und die Laufbahn des Individuums als eines Lernenden – d. h. als eines, der sich noch verändern kann – zu beenden. Solch eine Aufgabe war vielleicht notwendig – wenn auch unwürdig – in der gefährlich zersplitterten Gesellschaft der Vergangenheit, als die Individuen als Rädchen die große Maschine der Gesellschaft in Gang hielten.

Es ist jedoch die grundlegende Prämisse dieses Buches, daß die hochgradig wechselwirksame, sich stets wieder erneuernde technologische Gesellschaft, die sich nun herausbildet, am besten funktionieren wird, wenn sie so etwas wie Massengenialität, Massenkreativität und lebenslanges Lernen geradezu *fördert*. Wenn sich diese Prämisse bestätigt, sind die Schulen, *so wie sie jetzt sind*, bereits veraltet. Und wenn jemand wie Sullivan uns mit dem versorgen kann, was für das Lernen zu Hause nötig ist, wo wir dann leicht, schmerzlos und schnell das lernen, was die Schulen zur Zeit vergeblich und unter Qualen uns beizubringen versuchen, dann könnte man vielleicht den Jammer und die Tyrannei vergessen, die so lange Zeit Schulkind und Schulmeister gefangenhielten* – und dabei Milliarden von Dollars sparen.

Aber ich möchte ganz schnell noch einmal unterstreichen, daß das, was in den Schulen gelehrt wird, nur ein winziger Bruchteil der menschlichen Erziehung ist, sei es der gegenwärtigen, sei es der möglichen Erziehung. Und auch programmiertes Lernen ist nicht die absolute Lösung aller Probleme, es wird bald überholt sein. Aber diese Lernweise und andere – wie zum Beispiel die Schnell-Lese-Technik – geben uns Hoffnung und Vertrauen zu denen, die das Feld der Erziehung erweitern wollen und nach dem Moment der Faszination im Lernprozeß streben. Das ist der Beweis dafür, daß wir, *wenn nötig*,

---

*Eine linguistische Anmerkung: die einzigen beiden Einträge zu dem Wort *disciplinarian* (Zuchtmeister) im Verzeichnis von Roget's Wörterbuch „Thesaurus" sind „Tyrann" und „Lehrer" (*tyrant* und *teacher*).

schon jetzt die Mißstände der Erziehung, die unsere Kinder gequält und die meisten „Experten" jahrelang irregeleitet haben, beheben können. Außer den wirklich schwer geschädigten Kindern (wahrscheinlich weniger als ein Prozent der Bevölkerung) kann *jedes* Kind lesen, schreiben, buchstabieren, mit Mengen rechnen lernen, und — in weniger als einem Drittel der augenblicklich aufgewandten Zeit — überhaupt die ganze schwierige Materie zu bewältigen lernen. Wir sollten die Schulen lieber abschaffen als sie so lassen, wie sie heute sind. Gäbe es nicht rechtliche Schwierigkeiten, würde ich meine Kinder lieber zu Hause lernen lassen. Ich habe gesehen, welchen Schaden die Schule, trotz aller guten Absicht, in ihrem Leben angerichtet hat. Aber anstatt diese Alternative zu ergreifen, können wir auch das unerforschte Land der menschlichen Möglichkeiten betreten. Wir können die überflüssigen zwei Drittel der gegenwärtigen Schulzeit, die schon jetzt zu unserer Verfügung stehen, nutzen (was ein paar experimentierfreudige Schulen schon tun) und fortfahren mit dem aufregendsten Experiment in der Geschichte des Menschen: jedem Kind zu helfen, *auf seine* Art ein Künstler zu werden; jedem Kind zu helfen, *auf seine* Art ein Genie zu werden; herauszufinden, wie weit jedes menschliche Wesen auf dem Weg zu Faszination und Erfüllung gelangen kann.

Noch einmal zu dem Tag in der Klasse, zu Ihrem Besuch in der Schule: das war keine Hypothese von mir. Ich empfehle Ihnen ernsthaft, es zu tun. Die meisten Lehrer und Verwaltungsbeamten werden Sie wahrscheinlich willkommen heißen. Wenn jedoch irgendein Schulleiter gekränkt sein sollte, dann weisen Sie ihn darauf hin, daß Sie jedes erzieherische, moralische und gesetzliche Recht haben, dort zu sein. Die Art von Besuch, die ich vorhin beschrieben habe, nämlich ein Vater oder eine Mutter am Tag, bringt viel weniger Störung mit sich als die Massenbesuche an bestimmten Tagen oder Wochen. Und im übrigen, was wir immer wieder vergessen, gehören die Schulen ja uns. Wenn es ihnen nicht gelingt, gute erzieherische Arbeit zu leisten, dann letzten Endes, weil wir uns nicht genug darum kümmern.

Schule — wozu?

Die Errichtung einer neuen Universität bedeutet, das Universum neu zu betrachten. Dasselbe kann man, mit mehr Nachdruck, von einer neuen Volksschule sagen. Die Art, wie wir das Universum betrachten, ist charakteristisch für uns selbst. Wo immer wir uns mit Erziehung beschäftigen — ob, formal gesehen, in Einzelgebäuden, angefüllt mit Leuten, die man „Lehrer" nennt, oder sonstwie —, es stellt sich uns zwangsläufig die entscheidende Frage nach dem Menschen, nach der endgültigen Definition: Wer sind wir? Was sollen wir mit unserem Leben anfangen? Welche spezifischen Handlungen werden es uns ermöglichen, das zu tun? Diese Fragen beantworten wir nicht immer mit Worten. Oder, wenn wir Worte benutzen, haben sie oft mit der richtigen Antwort wenig zu tun. Aber, ob man es zugibt oder nicht, die Antworten sind da, sie sind in jeder Verwaltungsvorschrift, jedem Schulbuch, jeder Lehrerversammlung, jeder Klasse. Wenn wir nun auch in Zukunft Schulen haben müssen, wie werden sie die Frage nach der Bestimmung des Menschen beantworten?

Die Schulen und Oberschulen haben bis jetzt, um es kurz zu rekapitulieren, einer Gesellschaft gedient, die zuverlässige, gut zu steuernde menschliche Mitglieder brauchte. Es ist nur zu verständlich, daß sie einen ungeheuren Aufwand an Zeit und Energie darauf verwandten, die menschlichen Impulse und Fähigkeiten zu zerstören, die von diesem Ziel wegzuführen schienen. Da Lernen ständige Verhaltensveränderung bedeutet, war ein lebenslanger Lernprozeß die „abweichendste" und beunruhigendste aller Verhaltensweisen und konnte nicht unterstützt werden. Die Erziehungssituationen waren deshalb darauf angelegt, dem Lernprozeß ein *Ende zu setzen*. Ungefähr die Hälfte aller Lernfähigkeit wird in den untersten Klassen zerstört, wo die Kinder entdecken, daß es vorbestimmte und unwandelbare „richtige Antworten" auf alles gibt, daß es am wichtigsten ist, den Anweisungen zu folgen und, was sie am meisten überrascht, daß die ganze Lernangelegenheit vor allem langweilig und quälend ist.

Nachdem nun der größte Teil der Lernfähigkeit in früher Kindheit vernichtet worden war, konnten die Schulen ganz nach Belieben fortfahren, den Lernvorgang zu verlangsamen und schließlich das zum Stillstand zu bringen, was noch von der Fähigkeit jedes einzelnen Menschen, sich zu verwandeln, übriggeblieben war. Dieser Vorgang sah für die verschiedenen Typen von menschlichen Gesellschaftsmitgliedern jeweils verschieden aus. Mit den einfacheren unter ihnen (ungelernte Arbeiter zum Beispiel) war man schon nach ein paar Jahren Schule fertig. Auf einen Grundkonformismus zurechtgeschnitten, den sie ihr ganzes Leben lang beibehalten sollten, wurden sie in die Gesellschaftsmaschine gesteckt. Für die differenzierteren Individuen mußte man sich mehr Zeit lassen. Das großartigste Schulungsmanöver bestand darin, die Lernfähigkeit so dosiert zu zerstören, daß sie aller Wahrscheinlichkeit nach den Nullpunkt gerade beim Abschlußexamen erreicht haben würden.

Es gab auch Ausnahmen. Die Kunst konnte, wie wir schon früher dargestellt haben, beiseite gelassen werden und eine Freistatt für einen lebenslangen Lernprozeß bilden. Eine andere Tätigkeit, die man gewöhnlich „geistige Tätigkeit" nannte, sah man im allgemeinen als harmlos und unwichtig an, sie erhielt also ebenfalls den Segen der Gesellschaft, sogar nach dem Examen. Auf diese Art konnte die Illusion eines lebenslangen Lernens aufrechterhalten werden, während sich der Organismus doch kaum über die Fähigkeit hinaus veränderte, „Konzeptionen" in Worte zu fassen.

Den Prozeß der formalen Erziehung selbst hielt man durch Strafen oder die Androhung von Strafen in Gang, dazu kamen vor allem noch zwei Antriebskräfte, scharfer Wettbewerb und intensives Erwerbsstreben. Diese Antriebskräfte wurden selbst zu Antworten auf die letzten Fragen nach dem Sinn des Lebens. Der scharfe Konkurrenzkampf zum Beispiel diente Zwecken, die weit über seine Motivation hinausgingen. Er glich die beteiligten Individuen einander weitgehend an. (Wettbewerb braucht Spezialisten, die sich voneinander vor allem dadurch unterscheiden, daß sie *dasselbe* ein wenig besser oder schneller tun.) Ebenso wie andere Faktoren schuf er die Gleichschaltung, die für hochstrukturierte Gesellschaften der Zivilisationsepoche so wesentlich ist. Individuen, die originell handeln oder leben, neigen dazu, scharfen Konkurrenzkampf unmöglich zu machen und dadurch die traditionelle Gesellschaftsstruktur aus dem Gleichgewicht zu bringen.

Auch das Erwerbsstreben diente nicht nur als Antriebskraft, sondern zugleich auch als Lebenszweck. In unserer Gesellschaft hat Erwerbsstreben seinen vollsten Ausdruck in der Anhäufung von Reichtümern gefunden. Die Studenten wurden darauf durch Symbole vorbereitet — goldene Sterne, Ranglisten, Preise. Das Anhäufen von Ehrungen, ob materiell oder nicht, hatte den Erfolg, daß man den Studenten von seinen eigenen Gefühlen, seinem eigenen Ich trennte. Der Wert eines Mannes, so schien man sagen zu wollen, mißt sich an Dingen *außerhalb* seiner Person. Diese Dinge lassen sich am besten durch Symbole, Worte, Zahlen messen, und das ist mit die Ursache für den Vorrang von Symbolen über persönliche Gefühle in der Zivilisation des Westens.

Bei einer Gesellschaft, die Wettbewerb und Erwerbsstreben fördert, kann man fast sicher sein, daß sie auch Aggressivität fördert. Dies kann man, was unsere Nation betrifft, in Zusammenhang bringen mit dem Trieb, Land, Reichtum oder einen bestimmten Sozialstatus zu erlangen – und das insbesondere durch Krieg oder Kolonisation. Junge Männer auf das Verhalten vorzubereiten, das man für solche Aktivitäten braucht, hat vielleicht die Erziehung – und den Sinn des Lebens – am stärksten bestimmt. In den meisten literarischen Utopien wird dieser Vorrang bestätigt. Jüngere Erziehungstheoretiker erkennen ihn nicht an, aber der Konflikt existiert trotzdem, er wurzelt tief in den Erziehungspraktiken und sogar in unserer Sprache. Tatsächlich sind einige besonders gängige Metaphern, in denen wir die Wirklichkeit fassen, von dieser Sprache bestimmt. Wir setzen uns ein für einen „Krieg gegen die Armut", für die „Schlacht gegen Diskriminierung", für die „Mobilmachung für den Frieden". Ich habe einmal versucht, eine größere journalistische Arbeit ohne den Gebrauch einer einzigen dieser Konflikt-Metaphern zu verfassen. Es war nicht einfach. Die Geschichte der Menschheit und der Erziehung ist eine Geschichte von *Männern* gewesen. Deshalb ist sie, wie Charles W. Ferguson in „The Male Attitude" („Die männliche Haltung") ausführte, eine Chronik von Kriegen, Eroberungen, Politik, heißem Wettkampf und abstrakter Beweisführung gewesen. „Was bei einem großen Überblick über die Zeit vor der Moderne bleibt", schreibt Ferguson, „ist das Bild einer Menschheit voller Feindseligkeit und unüberwindlichem Haß."

Die Neigung, das Männliche bei der Erziehung zum Maßstab zu setzen, erklärt vieles. Damit junge Männer die Anforderungen des Krieges oder der Kolonialisierung ertragen konnten, mußten sie ihre Einbildungskraft und ihr Selbstbewußtsein auf ein Minimum reduzieren. Es ließ sich am besten in einem fremden Land leben und ein fremdes Volk beherrschen oder einen anonymen Feind bis aufs Blut bekämpfen, wenn man sich selbst als Instrument von etwas anderem betrachtete. Dieser Trick des Losgelöstseins wurde auf vielerlei Art gelehrt. Stereotypes Verhalten lehrte man auf dem Kasernenhof durch Order-Parieren und im Klassenzimmer durch Lerndrill. Durch Schlagworte rechtfertigte man das Verhalten. „Es ist ein edler Tod, für Rom zu sterben", kam eher Rom als dem römischen Soldaten zugute. Mannschaftsspiele trugen dazu bei, individuelle Gefühle zu unterdrücken. Wenn es wahr ist, daß die Schlacht von Waterloo auf den Sportplätzen Etons gewonnen wurde, dann ist es ebenso wahr, daß dort auch etwas von der Sensibilität der Spieler verlorenging.

Sich auf technische Leistungen zu konzentrieren, ist ein sehr beliebter Weg geworden, das Bewußtsein der eigenen Person zu verdrängen. Der Fechter in einem Duell oder der Düsenpilot im Nahkampf sind im allgemeinen mehr mit ihrer Technik beschäftigt als mit ihrem eigenen physischen Überleben. Die Losgelöstheit vom Ich erreicht ihr Extrem beim Testpiloten. Angesichts des drohenden Todes bleibt seine Aufmerksamkeit auf die Fluginstrumente konzentriert. Millionen haben die im Angesicht sagenhafter Gefahren ruhigen und mechanischen Stimmen der Astronauten — allesamt Testpiloten — gehört. Mut? Ja, aber auch Losgelöstsein, Geschiedensein vom eigenen Ich. Das kann man lehren. Ich erinnere mich an ein paar Episoden aus meinen eigenen Pilotentagen im Zweiten Weltkrieg. Ich war später über meinen „Mangel an Angst" erstaunt. Einmal, während ich in einer B-25 Unterricht erteilte, ließ ich meinen Schüler zu nahe an das vor uns landende Flugzeug herankommen. Ein paar Fuß über dem Boden wurden wir von der Propellerschraube des Flugzeuges vor uns erfaßt, unser rechter Flügel fing an abzusacken. Ich übernahm die Kontrollinstrumente, betätigte das linke Querruder, dann das rechte Ruder ganz. Der Flügel sackte weiter ab. Es schien unvermeidlich, daß er den Boden berühren würde, daß das Flugzeug sich überschlagen und explodieren würde. Ich konnte das alles vor Augen sehen und dabei meine innere Stimme ganz ruhig und mit einer gewissen Ironie sagen hören: „Jetzt werde ich sterben." Aber diese Betrachtungen waren ganz weit weg und von geringem Interesse. Was mich fesselte, war das technische Problem des Augenblicks. Die ziemlich ungewöhnliche Maßnahme, rechts Gas zu geben, fing den Flügel schließlich gerade noch auf, bevor er den Boden berührte. Wir stiegen wieder auf, ich übergab die Instrumente dem Schüler, und wir machten mit unseren Landeübungen weiter.

Aufgrund dieses und anderer Kriegserlebnisse bin ich in einer schwachen Position, wenn ich Erziehungsmaßnahmen kritisieren will, die mir geholfen haben, erfolgreich zu operieren, während ich ganz kühl von meinen eigenen tiefsten Gefühlen getrennt blieb: stundenlang aufmerksam in der Julisonne Alabamas zu stehen, wobei ich die dringenden Notrufe meines Körpers offenkundig mißachtete, zu lernen, daß es „nur drei Antworten gegenüber einem Vorgesetzten gibt: ‚Ja, Sir', ‚Nein, Sir' und ‚Keine Entschuldigung, Sir'", Einflugsnotmaßnahmen wieder und wieder zu üben, bis sie nicht nur automatisch, sondern ganz und gar unpersönlich geworden sind. Nein, ich kann diese Maßnahmen nicht tadeln, solange sie für die Vorbereitung auf den Krieg getroffen werden, für die gefährliche Eroberung des Universums oder für die Niederschlagung fremder Völker. Für diese Zwecke sind sie ganz geeignet. Ich kann aber trotzdem darüber erstaunt sein, bis zu welchem Ausmaß sie das ganze Unternehmen Erziehung gestaltet haben, ohne Unterschied für Jungen und Mädchen. Das Training eines Flugkadetten im Krieg war nichts anderes als überspitzte Vorschulerziehung, und die Vorschule ist lange das Modell für die „gute" Volksschule geblieben.

„Richtige Antworten", Spezialisierung, Gleichschaltung, scharfer

Wettbewerb, Erwerbseifer, Aggressivität, Getrenntsein vom Ich. Ohne das alles, so schien es, würde die Gesellschaftsmaschinerie zusammenbrechen. Man darf die Schulen nicht grausam oder unnatürlich schelten, wenn sie der Gesellschaft liefern, was diese verlangt. Der Grund dafür, daß wir jetzt radikale Erziehungsreformen brauchen, liegt in der radikalen Veränderung der gesellschaftlichen Bedürfnisse. Es ist bestimmt richtig, wenn man sagt, daß die jetzt fest eingeprägten menschlichen Eigenschaften nicht länger brauchbar sind. Sie sind schon jetzt nicht mehr nur ungeeignet, sondern sogar zerstörerisch. Wenn Erziehung in den alten Gleisen fortgeführt wird, wird die Menschheit sich früher oder später einfach selbst zerstören. Um ein Beispiel zu nennen: der scharfe Wettbewerb, der starke Erwerbstrieb und die Aggressivität, die in den USA mit Herstellung, Marketing und Verkauf von Autos in Zusammenhang stehen, haben die Produktion von immer größeren und stärkeren Maschinen mit Verbrennungsmotor verursacht. Dr. Philipp Leighton, Chemieprofessor und Emeritus der Stanford-University, hat ausgerechnet, daß schon ein modernes amerikanisches Auto mehr als tausendmal soviel Sauerstoff verbraucht wie ein Mensch. Aber schlimmer ist, wie Dr. Leighton schreibt, „daß zum Abtransport der verbrauchten Gase und zu ihrer Verdünnung in ein unschädliches Konzentrat zwischen fünf und zehn Millionen mal mehr Luft nötig ist, als der Fahrer selbst braucht. Mit anderen Worten: schon ein Auto, das auf einer der Schnellstraßen im Los Angeles County-Gebiet fährt, braucht so viel Luft zur Verteilung seiner Abfallprodukte wie alle Menschen im County-Gebiet zum Atmen." Der Anteil von Sauerstoff in der Erdatmosphäre ist gewaltig, aber nicht unbegrenzt. Wenn die Verbreitung des Verbrennungsmotors auf der ganzen Erde sich so fortsetzt wie im Augenblick, und wenn man fortfährt, die sauerstoffproduzierenden Pflanzen und Bäume überall abzuschlagen (um Platz für Straßen und anderes zu machen), dann wird wohl eine Zeit kommen, wo es einfach nicht mehr genug natürliche, reine Luft gibt, um Leben zu ermöglichen.

Und dies ist nur einer der vielen Wege, auf denen der Mensch eifrig seine eigene Vernichtung vorbereitet. In den großen Städten ist schon die reine Existenz fast unerträglich geworden, sogar für die Wohlhabendsten. Die vergiftete Luft der Städte breitet sich aus und beschädigt die Wälder in fernen Berggebieten. Die schönsten Seen und Flüsse werden vergiftet; liebliche Hügel werden eingeebnet, um eintönigen Wohngebieten Platz zu machen. Die ganze Erde liegt unter vergifteter Luft; in den Körpern von Robben, Pinguinen, Raubmöwen und Fischen der Antarktis, also weit entfernt von den Giftquellen selbst, hat man DDT entdeckt.

Daß „kein Mensch eine Insel" ist und „alle Menschen Brüder" sind, mögen einmal theoretische Feststellungen gewesen sein, aber jetzt in einer Zeit weltweiter, ineinandergreifender, alles durchdringender, mächtiger Technik ist daraus ein dringender Schrei nach Selbsterhaltung geworden. Der Stromausfall in großen Gebieten hat uns in den letzten Jahren überragende Hinweise auf unsere Abhängigkeit gegeben. Während des ersten großen Stromausfalls im Osten ist es Leuten in New York City geschehen, daß sie plötzlich Hand in Hand mit Fremden zusammen singend durch die Straßen gegangen sind. Sie hatten ein Stück Zukunft im Griff. Es ist nicht länger edel, für Rom — oder für irgendeinen anderen Staat — zu sterben. Zu leicht kann die ganze Welt mit einem untergehen. Die Wasserstoffbombe ist das entscheidendste Zeichen der Brüderlichkeit. Einzelne immer kostspieligere und nutzlosere Kriege in Randgebieten der Erde mag es in den kommenden Jahren noch geben. Aber der Krieg an sich ist erledigt. Mit welcher Rechtfertigung fährt man dann also fort mit Erziehungsmaßnahmen, die die Jugend auf die Bedingungen großer Auseinandersetzungen vorbereiten? Auch in den wachsamsten vordersten Reihen der nationalen Verteidigung kann man heute junge Luftwaffenoffiziere finden, die in unterirdischen Ständen an ihren Schreibtischen sitzen und sich auf höhere Examen vorbereiten, während sie ihre Raketen mit atomaren Sprengköpfen hüten.

Aber wie steht es mit den Testpiloten? Brauchen wir nicht kühle, gelassene, kaltblütige junge Männer, um die Eroberung des Universums zu Ende zu führen? Vielleicht nicht. Schon jetzt sind die fortschrittlichsten Flugzeuge ganz und gar automatisiert, genauso wie es die Raumschiffe der Zukunft sein werden. In die amerikanischen und russischen Mondfahrzeuge Männer zu setzen, könnte sich eines Tages — selbst innerhalb des Bezugsrahmens der zeitgenössischen Wissenschaft — als eine dumme Verbeugung vor der Vergangenheit herausstellen. Im dritten Kapitel habe ich angedeutet, daß unsere Bemühungen im bemannten Raumflug neue Wahrnehmungsformen und veränderte Bewußtseinszustände als wertvolle Nebenprodukte mit sich bringen könnten. Aber ich bezweifle, daß *diese* Nebenprodukte von den „praktischen" Leuten gesehen wurden, die die enormen Kosten des bemannten Raumflugs rechtfertigen müssen. Ich weiß, viele von ihnen meinen, es wäre weit besser, sich auf weniger kostspielige Roboter mit überempfindlichen Sensoren zu konzentrieren, die für uns den Mond erforschen.

Auf alle Fälle ist das Zeitalter, in dem der Mensch Teil — sei es einer Pyramidenbau-Mannschaft, sei es eines Raumfahrt-Systems — gewesen ist, jetzt zu Ende gegangen. In Zukunft wird es notwendig sein, daß sich Menschen *anders* als in den bisher beschriebenen Weisen verhalten. Eine Welt, in der alle Menschen miteinander Kontakt haben, braucht Menschen, die Kontakt zu sich selber haben. Wo die Handlungen eines Menschen das Leben anderer weit von ihm entfernter Menschen spürbar beeinflussen können, wird es von ungeheurer Bedeutung sein, daß jeder wirklich die Fähigkeit besitzt zu fühlen, was andere empfinden. Diese Fähigkeit wird bald mehr als neue Gesetze und Politik äußerst bedeutsam für das Überleben der Art sein. Diese Empfindungstiefe kann nur jemand aufbringen, der sich seiner eigenen Gefühle bewußt ist. Auf keinen Fall schätzt man in Zukunft von sich selbst losgelöste, zersplitterte, gefühllose Menschen. Solche Leute haben ihre Arbeit getan. Sie haben Schlachten geschlagen, Reiche aufgebaut. Aber Kriege erscheinen in Zukunft niemandem mehr sinnvoll, und Weltreiche wird es bald nur noch in dem unendlich reichen und vielfältigen Lande der Humanität geben. Anders gesagt: Auf einem Erdball, dessen entfernteste Teile eng miteinander verbunden und füreinander sensibel geworden sind, können Menschen, die sich als unpersönliche Instrumente auffassen, leicht zu Instrumenten der Vernichtung werden.

Es muß deshalb eine der ersten Aufgaben der Erziehung sein, den Menschen zu sich selbst zurückzuführen, ihn zu ermutigen, statt seine Bewußtheit zu ersticken; seine Sinne, das sogenannte autonome System auszubilden; den Menschen zu echtem Verständnis zu verhelfen und sie dadurch zu wirklicher Verantwortlichkeit zu bringen. Scharfer Wettbewerb, Erwerbseifer und die damit verbundene Aggressivität — so bedeutsam für das Zivilisationsleben der Vergangenheit — sind schon jetzt in den meisten Fällen unangemessen und können schnell katastrophale Auswirkungen haben. Es läßt sich kaum noch jemand finden, der sich ernsthaft Gedanken über die Zukunft gemacht hat und nicht der Meinung wäre, daß diese Handlungsprinzipien abgebaut werden müssen. Futurologen halten diese jedoch für so tief in der „menschlichen Natur" verwurzelt, daß wir einzig und allein versuchen können, sie auf weniger gefährliche Zwecke zu richten — den Sport, den Handelswettbewerb und ähnliches. William James suchte nach dem moralischen Äquivalent für den Krieg. Moderne Verhaltensforscher vermenschlichen die Tiere, sehen dann den Menschen als Tier. Sie sprechen davon, daß die Tiere ihre „Wut" „entladen", und schließen daraus, in jedem menschlichen Wesen befinde sich eine unabdingbar zu ihm gehörende, feste „Quantität" von Aggressivität, die irgendwie „entladen" werden muß. Das ist nicht richtig. Wie ich schon ausgeführt habe, zieht sich der Lernprozeß der niedrigen Tierarten über den Zeitraum der Dauer von Arten hin, das einzelne Tier lernt während seines Lebens sehr wenig. Wenn man ihren durch DNS vermittelten Lernprozeß verändern wollte, brauchte man dazu viele, viele Generationen. Dagegen findet der Lernprozeß des Menschen während der Lebenszeit jedes einzelnen statt. Der wichtigste menschliche Lernspeicher ist nicht die DNS, sondern die Gesellschaft. Dort hat man den Sitz der Aggressivität zu suchen. Und auch da ist der Lernprozeß weit davon entfernt, vollkommen zu sein. Jeder, der glaubt, daß der Mensch „von Natur" aggressiv ist, sollte einmal eine Ausbildungsschule der Infanterie besuchen, wo die erfindungsreichsten und tollsten Maßnahmen angewandt werden, um aus jungen Amerikanern aggressive Totschläger zu machen. (Typische Inschrift in Fort Ord, einem Ausbildungslager in Kalifornien: „Bajonette sind zum Töten da!") Aber diese Maßnahmen haben niemals vollen Erfolg. Auch wenn das Töten von der Gesellschaft sanktioniert ist, wenn es hoch belohnt wird, sogar wenn es das eigene Leben des Soldaten zu retten vermag: Viele Soldaten feuern ihre Gewehre nie ab. Untersuchungen zeigen, daß im Korea-Krieg nur einer von vier Soldaten während der Schlacht geschossen hat. Nein, der Mensch ist nicht „von Natur" aggressiv. Man *braucht nicht unbedingt* die „Instinkte" zu bemühen, um die wirklich vorhandene Aggressivität zu erklären. Auch wenn der Mensch nicht eine Spur instinktiver Aggressivität besäße, würde er sie auf Grund der Bedingungen in der Zivilisation erlernen müssen. Es fragt sich: Wird er sich schnell genug verändern, oder wird der Übergang zu hart, zu abrupt sein? Und wie kann man durch Erziehung diesen Übergang erleichtern? Das erste, was die Schulen tun können, um scharfen Wettbewerb, Erwerbseifer und Aggressivität zu reduzieren, ist, daß sie aufhören, diese zu lehren. Rangordnungen, Tests, Preise, Ehrungen haben sich als bedauerlich inadäquate Lernmotivatoren erwiesen, und das sogar auf der Höhe der „Zivilisations-Ära". Ich habe schon dargestellt, daß der in den Schulen übliche Wettbewerb in Wirklichkeit nicht angewandt wurde, um den Schülern beim Erlernen neuer Stoffe zu helfen, sondern um den Wettbewerb selbst zu lehren, um damit Spezialisierung und Gleichschaltung zu fördern. Wenn Lernen tatsächlich um seiner selbst willen lohnend werden sollte — und diesem Ziel hat man jahrhundertelang nur Lippendienste geleistet —, dann wird man den scharfen Wettbewerb als das erkennen, was er ist: nämlich als völlig irrelevant für den Lernprozeß und schädlich für die Entwicklung sich frei bewegender, lebenslang lernender Menschen.

Es mag schwieriger erscheinen, Erwerbswut und Aggressionen zu reduzieren. Bisher haben die Gefühle und Handlungen, die mit ihnen in Zusammenhang stehen, einen hohen Grad an Selbstbestätigung mit sich gebracht. Solange die Belohnungen des Lebens außerhalb des Ichs angesiedelt waren, war der Erwerb äußerlich greifbarer oder ungreifbarer Objekte ganz natürlich mit Erfolg gleichzusetzen. Und unter gewissen Umständen können die mit Aggressivität verbundenen Verhaltensweisen und Affekte äußerst wünschenswert sein. Das Blut rinnt schneller durch die Adern, die Sinne sind geschärft, der Schleier des Alltäglichen hebt sich; der Mensch gelangt über sich selbst hinaus.

Die Bestrafung von Erwerbsstreben und Aggressivität hat nie viel Erfolg gehabt. Sie hat mehr Narben als Heilungen hinterlassen. Sie hat als Erbe böse Gefühle gegenüber den Gesellschaftskontrolleuren hinterlassen, die in anderen unterdrücken möchten, was sie selbst am Leben hält. Weder Strafe noch Ablenkungsmanöver geben auf dieses Erziehungsproblem eine Antwort. Das Streben nach Bereicherung wird dann zurückgehen, wenn die Technik die Bedingungen für Überfluß schaffen wird, statt daß alle weitgehend beraubt werden. Aggressivität wird dann nachlassen, wenn man sie nicht mehr unterstützt.

Es wird aber noch ein schneller und sozialer wirkendes, positiveres Heilmittel nötig sein, um sowohl Aggressivität wie auch Wettbewerb und Bereicherungsstreben zu reduzieren. Das Heilmittel ist bereits zur Hand. Es zeigt sich uns in der Form einer anderen Verhaltensbeeinflussung, die Blut und Sinne in Bewegung bringen wird und Aggressivität einfach uninteressant macht. Es ist Freude, Entzücken, Ekstase, das uralte mächtige Mittel, vor dem sich die Zivilisation so lange gefürchtet hat und das uns jetzt ganz gezielt und unübersehbar vorgeschrieben ist. Freude hat ihren Sitz im Zentrum des Ich und ist die dem Menschen angemessenste Form der Ermutigung.

Genauso wie manche Leute unter Frieden einen Zustand ohne Krieg verstehen, halten andere Friedlichkeit für das Fehlen von Aggressivität. Aber das hieße, im Leeren nach Substanz zu suchen. Sich gegen Krieg oder Rassenhaß aufzulehnen, indem man Bittschriften unterzeichnet oder an Protestmärschen teilnimmt, mag nützlich sein. Aber wer diesen Übeln wirklich ein Ende setzen will, sollte seine Energie besser darauf verwenden, Bedingungen zu *schaffen*, die fruchtbarer sind, die die menschlichen Möglichkeiten besser ausschöpfen, die bei den Menschen Begeisterung auslösen. Und diejenigen, die wirklich alle Arten von Aggressivität reduzieren wollen, sollten sich nicht immer andere Strafen dafür einfallen lassen, sondern Aggressivität dadurch *ersetzen*, daß sie die Bedingungen für Faszination schaffen. Der Mensch, der gelernt hat, wahre Freude zu suchen und zu finden, hat keine Zeit für Aggressivität und kein Verlangen danach. Die neue Situation der Menschheit unterstellt nicht länger, daß es „edel ist, für Rom zu sterben", sondern, daß es „edel ist, für Rom sich zu begeistern". Der Sinn des Lebens? Schulen wozu? Mit Worten ist darauf nicht zu antworten. Übergangsperioden der Menschheit sind besonders schwer mit Worten zu fassen; und man ist heutzutage oft versucht, die Unmöglichkeit einzugestehen, der neuen Tatsachen mit den alten Begriffen Herr zu werden. Die eine Antwort war eine absichtliche Übervereinfachung: Der Zweck des Lebens ist, die eigene

Art zu reproduzieren, der Gesellschaft zu dienen und Gott zu ehren. Dabei mag der letzte Teil dieser Feststellung überflüssig sein, denn organisierte Religionen finden immer einen Weg (ohne Rücksicht auf Evangelium oder Dogmen), um den Dienst an der Gesellschaft mit der Verehrung Gottes gleichzusetzen.

Es erhebt sich dann aber die Frage, wie man einer Gesellschaft dienen soll, die den einzelnen Menschen nicht länger nötig hat, um zu funktionieren, um von Augenblick zu Augenblick gestützt zu werden. Eine Antwort kommt mir immer wieder in den Sinn, ein einfacher Satz aus einer BBC-Fernsehsendung über Kalifornien und eine Zukunftsvision. Nach dem Erzähler wird es in einer Zukunft ohne Arbeit im herkömmlichen Sinne nicht mehr die Hauptaufgabe der Menschen sein, vorwärts zu kommen und Reichtum anzusammeln, sondern „zu singen und zu tanzen und miteinander zu leben".

Diese kühne Vereinfachung klingt nach, aber sie führt auch vom Wege ab. Sie hat etwas an sich – und vielleicht haftet das auch all den Überlegungen dieses Kapitels an –, das den Eindruck von Passivität vermitteln könnte, von rein negativen Reformaspekten: Wir müssen, um unserer eigenen Sicherheit willen, uns von den Aufregungen des Wettbewerbs, der Bereicherung und der Aggressivität weg – einer Art Idylle zuwenden, einer nach innen gerichteten Begeisterung, einer Art blassem Paradies. Das will ich ganz und gar nicht sagen. Die jetzt aufkommende Lebensweise verspricht, so herausfordernd zu werden, so lebendig, so intensiv, daß das alte Leben dagegen ungeheuer langweilig erscheint. Das Ende des „Berufs" bedeutet das Ende des Achtstundentages und den Anfang eines Vierundzwanzigstundentages. Ein Leben lang zu lernen, sich ein Leben lang schöpferisch zu verwandeln, ist ein begeisterndes und gefährliches Bestreben, das viel mehr menschliche Intensität und Mut verlangen wird, als all die alten Lebensformen.

Das neue Leben wird auch nicht vor allem nach innen gewandt sein. In einer in hohem Grade aufnahmebereiten, vielfältig untereinander verflochtenen Welt werden alle von uns, ob sie das wollen oder nicht, dabei beteiligt sein, eine Weltgemeinschaft aufzubauen und ständig zu erneuern. Technisch werden alle Dinge, die wir nur irgendwie heraufbeschwören können, möglich sein. Wenn wir es uns in den Kopf setzen, das Wetter irgendwo zu beeinflussen, wird sich das überall auf das Wetter auswirken. Wenn wir das Wetter sich selbst überlassen wollen, so ist auch das eine Entscheidung. Es gibt kein Ausweichen vor der ungeheuerlichen Herausforderung in der Geschichte unseres Planeten: Da wir die Uhr der technischen Entwicklung nicht zurückstellen können, müssen und werden wir alle Mitschöpfer der Welt werden.

Die menschlichen und zwischenmenschlichen Herausforderungen (keineswegs unabhängig von den technischen) sind nicht weniger ungeheuerlich. Befreit vom Kampf des Jägers ums Überleben, von der Bürde des zivilisierten Menschen als eines spezialisierten Teilchens der Gesellschaft, darf der Mensch zum ersten Mal entdecken, was es wirklich bedeutet, Mensch zu sein. Dieses Streben wird nicht auf eine kleine Minderheit Suchender oder Heiliger beschränkt sein, es wird die Pilgerfahrt von Millionen sein, die Suche nach den Milliarden Zeugnissen für erhöhte menschliche Leistungsfähigkeit. Sie wird nicht einfach oder gemütlich sein, diese Reise ins unbekannte Land. Ohne deutliche Karten, ohne sichere Reiseinstruktionen, ohne beruhigende Ermahnungen können wir nur unserem Entzücken folgen, wie ein Jagdhund auf der Fährte.

Wir können nicht ahnen, was die ferne Zukunft von unseren Schulen verlangen wird, aber vielleicht können wir unseren Fuß weit genug in die Zukunft hineinsetzen, um zu erkennen, was unsere Kinder *schon jetzt* brauchen. Schulen zu welchem Zweck?

1. Um die allgemein gültigen Fähigkeiten und das übliche Wissen unserer Kultur zu erlernen (Lesen, Schreiben, Rechnen, Geschichte usw.), es mit Freude zu erlernen und zu lernen, daß es sich dabei, auch bei den heiligsten „Fakten", nur um vorläufige Erkenntnisse handelt.

2. Um schöpferische Veränderungen all der Dinge, über die man sich einig ist, schaffen zu lernen.

3. Um Begeisterung zu erlernen, nicht Aggressivität; mit anderen teilen, nicht sinnlos sich bereichern; Originalität, nicht scharfen Wettbewerb.

4. Um erhöhte Aufmerksamkeit und Kontrolle des Gefühls- und Sinneslebens, wie des allgemeinen physischen Zustandes, zu erlernen und dadurch dann das Einfühlungsvermögen gegenüber anderen zu vergrößern — eine neue Form der Erziehung zum Bürger.

5. Um zu lernen, in verschiedene Stadien des Bewußtseine einzutreten und sie als eine Vorbereitung auf ein Leben des Sich-Veränderns zu genießen.

6. Um zu lernen, wie man die unendlichen Möglichkeiten der zwischenmenschlichen Beziehungen erforschen und genießen kann, vielleicht die bekannteste Form von Faszination und Begeisterung.

7. Lernen, wie man lernt, denn Lernen — und in diesem einen Wort ist Singen, Tanzen, Miteinanderleben und vieles mehr eingeschlossen — ist schon jetzt der Hauptzweck des Lebens geworden.

In den nächsten beiden Kapiteln wird gezeigt, daß diese Verallgemeinerungen von heute schon morgen ganz spezifische Bedeutung gewinnen. Es mag sein, daß sie weit weg führen von der Schule, die Ihr Kind jetzt besucht. Und doch entspringen sie in ihrer Bedeutung dem ursprünglichen amerikanischen Impuls zu Hoffnung und persönlicher

Erfüllung. Sie entspringen auch einer ganz persönlichen Reise des Autors, die vor etwa dreizehn Jahren von einer ganz *gewöhnlichen* amerikanischen öffentlichen Schule ihren Ausgang nahm.

Der Herbst 1955 war schwierig für die amerikanischen Lehrer. Es war zwei Jahre, ehe die Russen ihren Sputnik abschossen und damit eine Flut von Kritik auf die amerikanischen Lehrer herabbeschworen, aber eine vage Unzufriedenheit lag schon in der Luft. Diese Atmosphäre gab einer Schar von Kritikern den Mut, ihre Angriffe gegen das herkömmliche Erziehungssystem zu richten. Fast jede Zeitschrift des Landes hatte ihren eigenen „Experten". Die meisten von ihnen folgten der Linie der Grunderziehung, d. h. sie griffen Lehrer und „Erziehungsleute" scharf an und boten dabei ein merkwürdiges Heilmittel für alle Krankheiten der Erziehung an: nämlich „zurückzugehen", zurück zum harten Stoff-Lerndrill „ohne Faxen".

Gegenüber diesem Rückdrall fand ich mich selbst vor der Aufgabe, einen längeren Zeitschriftenartikel über das zu verfassen, was mein Herausgeber „das Dilemma des Lehrers in Amerika" nannte. Meine Aufgabe bot mir alle Freiheiten und Vorteile, die sich ein Journalist nur wünschen konnte. Es gab keine Vorbedingungen oder festgelegten Konzeptionen. Ich konnte, wo immer ich wollte, im Lande herumreisen, ich konnte mir soviel Zeit nehmen, wie ich wollte, jeden Fachmann um Rat fragen oder ihn für einen Teil der Artikelserie um seine Mitarbeit bitten.

Ich war kein Experte, hatte nie ein Wort über Erziehung geschrieben, niemals auch nur ein Klassenzimmer besichtigt, außer als Vater von Töchtern in der zweiten und dritten Klasse. Dieses Mangels bewußt, stürzte ich mich auf meinen Auftrag, las, was ich nur konnte, von dem, was in den letzten fünf Jahren über den Gegenstand geschrieben worden war, traf mich mit führenden Erziehern und ihren Kritikern. Dabei entdeckte ich, daß mein Mangel an Fachwissen, weit davon entfernt, ein Handikap zu sein, ein Vorteil war. In einem Jahr, in dem die meisten pädagogischen Striftsteller ihre eigennützigen Interessen verfolgten, bereitete meine Naivität allen, die ich interviewte, Freude.

Der Auftrag fesselte mich, nahm mich ganz und gar gefangen. Ich ließ den Gedanken an Hilfe von außen völlig fallen und plante, alles selbst zu schreiben. Ich wollte die ganze Sache an einer Illustriertengeschichte über einen Lehrer aufhängen. Anhand der tagtäglichen Erfahrung des Lehrers sollten die Fotografin Charlotte Brooks und ich die diskutierten Probleme in einer Weise darstellen, die jenseits von Polemik und Sachverständigengutachten liegen würde. So machten wir uns auf den Weg über die Midlands von Illinois, besuchten mittelgroße Schulen in mittelgroßen Städten an Tagen, an denen nichts Außergewöhnliches geschah, und suchten nach dem einen Lehrer, der in gewisser Weise repräsentativ für eine Million Lehrer sein würde. Wir kamen vor Ende des Herbstes nach Decatur/Illinois und waren noch dort, als schon der erste Schnee fiel. Die Garfield-Schule war ein altes, düsteres, blockhausähnliches Gebäude, wie man es überall findet und sich tausendmal vorgestellt hat. Der Lehrkörper war weder der beste noch der schlechteste, dem ich begegnet war. Das Klassenzimmer der zweiten Klasse, in der eine junge Lehrerin namens Carolyn Wilson Klassenlehrerin war, sah, oberflächlich betrachtet, genauso aus wie viele andere. Aber hier wollten wir bleiben und unser ganzes Projekt auf der Voraussetzung aufbauen, daß die „gewöhnlichen" Ereignisse in diesem Zimmer ganz und gar nicht gewöhnlich waren.

Zunächst nahmen wir nur einen kleinen Teil von dem wahr, was geschah. Dann begannen wir zu erkennen, daß achtundzwanzig Kinder achtundzwanzig kleine Dramen aufführten, die jeden Augenblick rings um uns losbrachen. Als wir das erkannten, waren wir überwältigt. Wir wurden taub in der Brandung der Eindrücke. Charlotte stellte zum Beispiel ihren Apparat auf eine Situation ein, und dann, noch bevor sie auf den Auslöser drücken konnte, ereignete sich irgend etwas an der Peripherie ihres Gesichtsfeldes, und sie wirbelte herum, um einen bereits vergangenen Augenblick noch zu erfassen. Wir wurden besessen vom Leben in diesem Raum. Nach Schulschluß sprachen wir von nichts anderem, dachten endlos nach über das komplexe Labyrinth der Beziehungen zwischen den Kindern und zwischen Kindern und Lehrern. Wir lernten. Charlottes Kamera wurde genauer. Sie war bei den Höhepunkten „da". Dennoch ging immer noch alles viel zu schnell. Das Klicken der Kamera blieb immer den Bruchteil einer Sekunde hinter der Handlung zurück. Wir beide hatten das Gefühl, als ob wir endlos gegen eine Strömung schwämmen.

Nach und nach – während die Wochen vergingen – wurden wir zu einem Teil von Carolyn Wilsons Klasse. Wir saßen auf dem Fußboden unter den Kindern. Sie schienen es nicht als seltsam zu empfinden. Wir begaben uns auf ihr Sprachniveau und traten in ihr Leben ein. Alles fing an zu funktionieren. Was schwierig gewesen war, wurde leicht. Das Klicken von Charlottes Kamera wurde zu einer perfekten Begleitung der Handlung, Pizzicato-Akzente in einem Ballett. Carolyn sauste mit einem Jungen, der sich übergeben mußte, zum Klosett. Irgendwie war Charlotte noch vor ihm dort, mit der eingestellten Kamera. Und eines Nachmittags, kurz nach dem Mittagessen, erwischte sie einen elfengleichen blondhaarigen Jungen mitten im Akt des Lernens. Es gab eine unvergeßliche Bilderserie. Ich beschrieb es dann als „einen jener magischen Momente, in denen das Wissen wie ein Funke überspringt und das Kind seine Hand jubelnd emporwirft und ruft:

‚Ich weiß, ich weiß.'"

In Carolyn Wilsons Klasse wurde das Feilschen um Erziehungsbegriffe in den Zeitschriften einfach irrelevant. Was für einen Sinn hätte es gehabt, von Sherryl, deren Eltern sich gerade eben getrennt und sie vollkommen verwirrt und verängstigt zurückgelassen hatten, „intellektuelle Strenge" zu fordern. Was bedeutete für Harold, der manchmal hungrig und müde zur Schule kam, „Konzentration auf den Lehrstoff"? Charlotte und ich waren entsetzt über die Lage des Lehrers. Die Gesellschaft hatte der Lehrerin bedenkenlos die Arbeit eines Herkules aufgebürdet — und sie hatte einfach nicht die Mittel, Techniken und Umgebung, um das Erforderliche zu tun. Die von den Autoren der „Basic Education" angebotenen Lösungen erschienen nicht nur als unangemessen, sondern geradezu als heimtückisch.

Wir besichtigten andere Städte, andere Klassenzimmer. Ich sah mir pädagogische Experimente an und untersuchte die Hauptanklagepunkte der Kritiker. Offensichtlich war mit den Schulen etwas nicht in Ordnung, aber es war auf keinen Fall das, wovon die Kritiker redeten. Ich beendete meinen Auftrag in einem Taumel von Bewunderung für die Lehrer. Unmöglichen Situationen ausgesetzt, schienen sie mir die wirklichen Helden und Heldinnen der Zeit zu sein. Sie brauchten mehr Verständnis und Hilfe und keine selbstgerechte Verleumdung.

Diese Gefühle wurden in einem Feature ausgedrückt, das unter dem Titel „Was ist ein Lehrer?" erschien und Bilder Text und eine „Magna Charta für Lehrer" enthielt. Zu der Zeit, als das Feature in der Nummer vom 21. Februar 1956 von „Look" erschien, beschäftigte ich mich schon mit etwas anderem und dachte nicht im Traum daran, jemals wieder eine Geschichte über Erziehung zu schreiben. Aber „Was ist ein Lehrer?" sollte mich nicht so leicht loslassen. Ich hatte damit irgendeinen nationalen Nerv getroffen und erlebte bald die Begleitumstände des „Erfolges", die uns durch Filme und Romane so vertraut geworden sind — Waschkörbe voll Briefe und Telegramme, Anfragen wegen Nachdrucks, Preise, Übersetzungen in viele Sprachen. Dadurch war ich in den folgenden Jahren viel in Schulen tätig; ich berichtete über begabte Kinder, Schulverwaltung, Schulräte, Slumschulen, Berufsausbildung, Tests, Schreibunterricht, programmiertes Lernen und so weiter. Ich gab mir große Mühe, kein Experte zu werden. Jede Geschichte sollte, so nahm ich mir vor, so angegangen werden, als sei sie meine erste. Aber ich entfernte mich von „Was ist ein Lehrer?". Immer mehr interessierte mich das Thema, wie die Dinge sein könnten, nicht wie sie waren. Neue Experimente zeigten, wie bedauerlich wir die Lernfähigkeit der Kinder unterschätzt hatten. Neue Techniken, die den Kindern beim Lernen helfen sollten — gerade das, so schien es mir, was die Lehrer brauchten —, wurden verfügbar. Und immer mehr interessierte mich das Problem der Erziehung.

Ich glaube, es war unvermeidlich, daß ich meine Begeisterung für meine Artikelserie verlieren mußte. Es gibt die moderne Krankheit der Indifferenz und der Verzweiflung, die viele unserer bekannten Intellektuellen infiziert hat. Zu ihren Symptomen gehört eine krankhafte Furcht vor Enthusiasmus und die Unfähigkeit, in einer Situation noch einen Hoffnungsschimmer zu entdecken. Diese Krankheit ist höchst ansteckend. Ich war nicht immun. „Was ist ein Lehrer? " — diese enthusiastische, hoffnungs- und gefühlvolle Geschichte — fing an, mir peinlich naiv und zu idealistisch zu erscheinen. Ich fing an, die Geschichte wegzulassen, wenn ich um Überlassung von Sonderdrucken meiner pädagogischen Arbeiten gebeten wurde. Ich wollte genauso existentiell verzweifelt sein wie andere Schriftsteller.

Das war vor einigen Jahren. Ich hoffe, ich bin jetzt geheilt. Eine gewisse Naivität ist die Voraussetzung allen Lernens. Ein gewisser Optimismus ist die Voraussetzung allen Handelns. Wenn die besten Geister einer Nation alle Hoffnung aufgeben und allen Enthusiasmus abschreiben, dann überlassen sie die Nation der Anfälligkeit für Nihilismus und Anarchie. Wenn sie sich weigern, engagiert zu sein, überlassen sie das Engagement denen, die zerstören wollen, statt aufzubauen, die rückwärts gehen wollen, statt vorwärts. Existentielle Verzweiflung ist äußerste Flucht, ich möchte nichts mehr von ihr wissen. Und jetzt blättre ich in den Seiten eines Exemplars von „Was ist ein Lehrer? ". In der Welt der Illustrierten sind dreizehn Jahre eine archäologische Zeitspanne. Eine Seite ist zerrissen. Die Bilder sehen verblichen aus. Aber die Schnappschüsse sind lebendig, und die These scheint richtig zu sein. Ich verleugne meinen Enthusiasmus nicht. Ein blonder Junge wirft seine Hand empor, ein verweinter Junge mit Bürstenhaarschnitt will weg aus Carolyn Wilsons Umarmung, weigert sich, sich verzeihen zu lassen. Ein mißmutiges kleines Mädchen schmiegt sich in die Biegung von Carolyns Körper. Seite um Seite kämpft die Lehrerin fröhlich gegen unglaubliche Widerstände, aufrechtgehalten durch unbegründete Hoffnung und den Glauben: „In jedem Kind ist etwas Gutes."

Von Carolyn Wilsons Klassenzimmer aus greife ich nach der Zukunft (obgleich es dann keine Klassenzimmer mehr geben wird). Ich leihe mir den Geist der Hoffnung, den ich bei ihr und hundert anderen Lehrern kennengelernt habe (obwohl es dann keine Lehrer in unserem heutigen Sinne mehr geben wird). Und wenn meine Schule der Zukunft einen radikalen Bruch bedeutet, dann nur deshalb, weil das menschliche Potential, das ich in Schulen wie der Garfield-Schule in Decatur/Illinois gefunden habe, jetzt radikale Maßnahmen fordert.

Eine Schule im Jahre 2001

Jeder, der versucht, die Zukunft in düsteren Farben zu zeichnen und in ein wildes Zetern über sie ausbricht, ist ein Narr. Man wird sich von der Zukunft niemals ein Bild machen können. Sie wird aus einer Richtung kommen, die wir nie gesehen haben, sie wird uns überraschen. Und doch gestatte ich mir dummerweise eine Vision der Zukunft — geboren aus Entrüstung und Hoffnung. George Sand hat in der Entrüstung über die Mißstände innerhalb der Gesellschaft eine der leidenschaftlichsten Formen der Liebe gesehen. Wenn das stimmt, dann ist die Hoffnung auf bessere Zeiten vielleicht eine dauerhaftere Form von Liebe. Die Kennedy-Schule in Santa Fé, Neu Mexiko, existiert nicht in der strahlenden Unmittelbarkeit des einundzwanzigsten Jahrhunderts, sondern in der Entrüstung und Hoffnung von heute. Lassen Sie sich nicht täuschen, wenn das nach Science Fiction klingt. Alles Beschriebene ist technisch machbar. Eigentlich müßten wir gar nicht bis zum Jahre 2001 warten; aber die *Menschen, ihre Gewohnheiten, ihre Organisationen halten die Dinge auf. Die Alternativen, echte Alternativen, existieren schon jetzt.*

Ein Frühlingsmorgen im Jahre 2001. Es ist Besuchstag. Aber nicht in irgendeinem besonderen Sinne; jeder Tag ist Besuchstag. Wir gehören zu den Eltern, die immer mal wieder bei der Kennedy-Schule vorbeischauen, ob unsere Kinder gerade dort sind oder nicht — an den wenigen Tagen, wo sie keine Lust haben, am Unterricht teilzunehmen. Was uns hinführt, ist keinerlei Pflichtgefühl (obgleich ich glaube, daß dieses altmodische Wort passen würde auf das, was wir für unsere Kinder empfinden), sondern wir kommen aus reiner Faszination. In unserer Erwachsenen-Lerngruppe pflaumen wir uns gegenseitig schon an, wieviel Zeit wir in der Vorschule unserer Kinder verbringen, um „Ideen für unsere eigenen Projekte abzusahnen".

Wir werfen einen kurzen Blick auf die Schule, ehe wir unser Elektro-Auto die Rampe hinunter auf den unterirdischen Parkplatz fahren. Der Anblick erfüllt uns — wie immer — mit Freude: schimmernde ausgewogene Kuppeln und durchscheinende zeltartige Strukturen, wie zufällig anmutig unter Bäumen verstreut; eine große Grasfläche zum Spielen, von Blumen eingefaßt, all das ein Zeugnis für die Voraussicht der Gemeindeplanung, die das Land schon vor Jahrzehnten hierfür bereitstellte. Die Planer im Erziehungswesen in den großen landarmen Städten hatten es nicht so leicht. Einige von ihnen mußten in die Höhe bauen, andere befinden sich noch immer in langwierigen Verhandlungen über genügend Land für ein paar Bäume und Blumen.

Wir gehen eine der Rampen zum Eingang hinauf. Zwei Türwächter, ein Junge und ein Mädchen, beide elf Jahre alt, begrüßen uns mit Umarmungen und Küssen. Das Mädchen sucht uns unsere elektronischen Identifikationskarten (EIK) heraus, und wir heften sie an unsere Kleidung. Der Junge gibt jedem von uns eine Blume — eine große orchideenartige Blüte, orange, mit tiefem Rot geflammt für meine Frau, eine lavendelfarbene Rose für mich —, Produkte, wie wir wissen, aus den botanischen Versuchen einer Gruppe Sechs- bis Zehnjähriger. Wir bedanken uns bei unseren Gastgebern mit einer Umarmung und schlendern dann durch einen Eichenhain zum Hauptgebäude, wo wir wahrscheinlich unsere dreijährige Sally finden werden. Auch wenn wir wüßten, daß Sally irgendwo anders wäre, würden wir wahrscheinlich zuerst hierher gehen.

Auf dem Weg gehen wir an Kindern verschiedener Alters- und Bewußtseinsstufen vorbei. Einige wandern ziellos einher, allein oder in kleinen Gruppen, vielleicht zu irgendeinem Bestimmungsort, vielleicht auch nicht. Andere rennen. Wir bemerken eine Gruppe von ungefähr sieben älteren Kindern, die sich sehr intensiv mit zwei Erziehern in der Nähe eines der größten Bäume unterhalten. Fast auf unserem Weg sitzt ein kleines Mädchen mit langem schwarzem Haar und dunkler Haut — wahrscheinlich mexikanisch-indianischer Abstammung. Mit riesigen schwarzen Augen träumt sie vor sich hin, und wir gehen auf den Zehenspitzen um sie herum, um sie auf ihrer inneren Reise nicht zu stören. Aber sie blickt auf und läßt uns einen Moment lang an einem Geheimnis teilhaben.

An der Kennedy-Schule sind insgesamt 800 Kinder — zwischen drei und zehn Jahren — eingeschrieben, aber an einem typischen Morgen wie diesem sind nur etwa 600 (ungefähr fünfundsiebzig Prozent jeder Altersgruppe) auf dem Schulgelände. Die meisten Lernumwelten (Environments) sind von acht Uhr morgens bis sechs Uhr abends in Betrieb. Die Kinder können kommen, wann und wie es ihnen gefällt. Es ist überhaupt kein Problem, wenn Eltern ihre Kinder auf eine längere Reise mitnehmen wollen oder beschließen, sie einfach zu Hause zu lassen.

Haben die Kinder einmal das Schulgelände betreten, sind sie absolut frei, zu kommen und zu gehen und *alles* zu tun, wozu sie Lust haben, sofern sie damit niemand anderen verletzen. Sie sind *freie Lerner*, wie Will Hawthorne, der Kennedy-Direktor, es ausdrückt. Das Prinzip des freien Lernens wird natürlich schon seit Jahren in ganz Amerika praktiziert. Es gibt kaum einen Lehrer, der sich nicht zu ihm bekennen würde, und die überwältigende Mehrheit hält sich sogar mehr oder weniger daran. Will jedoch lebt damit.

„Hier nimmt *alles* seinen Anfang“, sagt er den Eltern. „Ehe wir den freien Lerner hatten, wußten wir eigentlich *nichts* über Erziehung. Der freie Lerner hat die Kennedy-Schule erbaut." Will hat pädagogische Geschichte studiert und die Entwicklung des Frei-Lern-Konzepts auf mehreren Experimentalbändern dargelegt. „A. S. Neill, dieser alte Radikalist, hat 1924 in England eine Sache namens Summerhill gestartet", erzählt Will den Eltern. „Dort waren die Kinder vergleichsweise frei, aber es gab keinen systematischen Versuch, Lern-Environments zu schaffen, um ausfindig zu machen, was ein menschliches Wesen tatsächlich leisten kann. Es gab keine konkrete Vorstellung vom menschlichen Potential. Summerhill war vor allem eine *Reaktion* auf die unglaublich ineffizienten und grausamen Lehrmethoden jener Zeit. Auch war es unglücklicherweise an das Dogma der damals gerade ‚modernen' Freudschen Psychologie mit ihrem statischen und einengenden Menschenbild gebunden. Immerhin gab es ein bemerkenswertes Interesse an Neills Büchern, ein sicheres Indiz, daß man, ohne genaue Vorstellungen zu haben, doch allgemein irgendeine Art von Reform herbeiwünschte.

Erst in den späten sechziger und frühen siebziger Jahren begannen richtige Freie Schulen da und dort zu entstehen, und erst um diese Zeit konnten Lehrer anfangen, etwas übers Lernen zu lernen. Die ersten derartigen Schulen waren heikle Angelegenheiten; vor allem fiel es den Lehrern jener Zeit ungemein schwer, sich vom Konzept der von einem Lehrer zu festen Zeiten geführten Klasse zu lösen. Es gab daher — obgleich die Kinder sich im ganzen Gebäude frei bewegen konnten — immer Leute, die zu bestimmten Zeiten die Glocke läuteten, um den Beginn z. B. des Mathematikunterrichts für alle die anzukündigen, die Lust dazu hatten. War die Stunde interessant genug — was unter den gegebenen Umständen heroische Anstrengungen erforderte —, pflegten immerhin eine ganze Menge Kinder zu kommen. Aber die gewaltige Ineffizienz und der enorme Aufwand der ‚Klassen-und-Lehrer'-Situation wurde immer deutlicher. So verfiel man auf die Idee der Lernenvironments, die man bei voller Ausnutzung ständig in Betrieb halten konnte und die außerdem den Vorzug boten, daß sie sich durch Lehrer den jeweiligen besonderen Bedürfnissen anpassen ließen.

Unter den ersten dieser Lernenvironments waren einfache Papier- und Bleistift-Selbstwählerprogramme, hauptsächlich in Grundfächern wie Lesen, Buchstabieren und Rechnen. Die meisten von ihnen waren schrecklich eingleisig, phantasielos und einseitig. Aber sie erfüllten ihre Funktion, indem sie zeigten, daß freies Lernen selbst im Rahmen der beschränkten Übungsmöglichkeiten jener Zeit machbar war. Aber nicht nur das, sie befreiten auch einige Lehrer und erlaubten ihnen, Erzieher zu werden. Und diese eben flügge gewordenen Erzieher begannen sich zu fragen, wo Erziehung denn eigentlich hinführen soll. Und die Frei-lerner halfen ihnen, Antworten auf diese Frage zu finden.

Etwa zur selben Zeit drang eine andere Entwicklung von einer ganz anderen Richtung ein. Mehrere große Firmen hatten sich auf programmiertes Lernen spezialisiert. Die Computer-Lernprogramme waren zunächst noch weit begrenzter und eintöniger als die Papier- und Bleistift-Programme. Außerdem waren die Lernpulte ausgerechnet in ‚Klassenzimmern‘ montiert. Die Kinder mußten sich zu festgesetzten Zeiten vor diesen Möbeln einfinden und unter ‚Anweisung‘ von ‚Lehrern‘ die jeweilige Botschaft anhören.

Wissen Sie, das ist etwas, was unsere Kinder am allerschwersten experimentell nachvollziehen können. Ich meine die ganze Klassenzimmer-und-Lehrer-Geschichte. Sie können sich das vorstellen. Sie haben historische Filme gesehen. Aber während ihrer geschichtsdramatischen Sitzungen bringen sie es kaum fertig, das Gefühl zu erzeugen, das damals — wie wir wissen — selbstverständlich war. Wenn das Kind, das den Lehrer spielt, die Kinder mit der Schülerrolle zwingt, stillzusitzen, während es selbst an der Wandtafel ein vertracktes Problem erklärt, fällt es den Schülern sehr schwer, das Gefühl der Langeweile, der Ablenkung und der Ungeduld nachzuvollziehen. Viele von ihnen versetzten sich einfach in einen Zustand entspannter und froher Halb-Meditation und genossen die ganze Situation ganz ungemein. Das Kind, das als Geschichts-Drama-Regisseur fungiert, merkt das natürlich, bricht die Sitzung ab, und das Ganze endet unter allgemeinem Gelächter und Verwirrung. Die Tatsache, daß Kinder einmal um Erlaubnis fragen mußten, wenn sie austreten wollten, erscheint ihnen noch unbegreiflicher.

Computer und die Freie Schule waren wie füreinander geschaffen, und es dauerte auch nicht lange, bis sie zueinanderkamen. Etwa gegen Mitte der siebziger Jahre war die Methode des programmierten Lernens in die Frei-Lerner-Situationen integriert. Der sofortige Spar- und Leistungssteigerungseffekt wurde in die Begriffe der Systemingenieure umgesetzt mit dem Erfolg, daß das System in der Tat *zu* leistungsfähig war für die ins Auge gefaßten Erziehungsziele. Die Kinder wurden mit allem zu schnell und zu leicht fertig. ‚Schulaufgaben‘ verschwanden spurlos, was seltsamerweise Angst und Bestürzung unter den Eltern auslöste. Die Große Nationale Schuldebatte der mittleren und späten siebziger Jahre ging um die Frage, was mit all der durch die neuen Lernmethoden gewonnenen freien Zeit anzufangen sei. Meist wurde die Frage so formuliert: ‚Was gehört in den Bereich der Pädagogik?‘ Und die Antwort lautete einfach: ‚Alles.‘ Während der siebziger Jahre verbrachten Kinder und Lehrer sehr viel Zeit mit Begegnungs-Gruppen (encounter groups). Diese Gruppensitzungen halfen, das Gefühlsleben zu erkunden und die zwischenmenschlichen Beziehungen von alten protektiv-defensiven Verhaltensweisen zu befreien. Hier erschlossen sich den Teilnehmern Möglichkeiten und Energiequellen, von denen sie kaum ahnten, daß sie sie besaßen. Nach und nach wurde der Encounter-Modus so sehr Teil von allem, was die Kinder taten, daß man die Gruppen auflösen konnte.

Gleichzeitig erkannten Erzieher, daß computer-vermittelte Programme sich so zusammenstellen ließen, daß im Abnehmer eher die Einzigartigkeit als die Gleichheit entwickelt wurde. Zu diesem Zweck koppelte man das jeweilige Programm mit einer Datenbank, auf der sämtliche früheren Antworten des Lerners gespeichert waren. So konnte in der Tat die Eigentümlichkeit des Lerners gegenüber allen anderen rasch vergrößert werden. Zu rasch sogar, so schien es manchen Erziehern.

Die Programme waren immer noch schmalspurig, insofern sie jeweils nur ein einziges Fach behandelten — mit anderen Worten, sie waren *Programme*. Nach und nach entwickelten sie sich dann zu dem, was wir heute ‚Dialoge' nennen. Es begann damit, daß Programmierer durch Hinzufügung von sogenanntem ‚Fremdstoff' Überraschungsmomente einbauten. So konnten zum Beispiel Daten aus der Astronomie in einem Programm über asiatische Philosophie auftauchen. Bald sah man ein, daß solche Hinzufügungen keineswegs Fremdstoffe waren. Das Kreuz-Matrix-Lernen (*Cross-Matrix-Learning*) steigerte im Gegenteil die Kombinationsfähigkeit des Zentralnervensystems und führte zu einer schnelleren und sichereren Beherrschung jedes beliebigen Stoffes. In den frühen achtziger Jahren war man fasziniert von den Erfolgen des Kreuz-Matrix-Stimulus- und Reaktionsverfahrens. Bei diesem zunächst natürlich teleologisch ausgerichteten Verfahren waren die Gesprächspartner angehalten, die jeweiligen Querverbindungen zu begründen, doch stellte sich bald heraus, daß Begründungen unnötige Beschränkungen waren. Ergänzendes Material, das sich durch Vermittlung eines Zentralcomputers von der Allgemeinen Kulturdatenbank aus den früheren Antworten des jeweiligen Schülers wie aus dem Symbolspeicher beibringen ließ, führte schließlich zu Kombinationsbildern, die alles andere als teleologisch waren.

Statt Lernhilfen betrachteten die Gesprächspartner solche Kombinationsbilder nun immer mehr als eigenständige Kunstwerke. Man begann einzusehen, daß beides — Kunst und Lernen — in Wahrheit eins sind. Das war noch in der Zeit, als die Darstellungen auf altmodischen Kathodenstrahl-Fernsehschirmen erschienen, die vor jedem Lerner aufgestellt waren. Der Kunst-und-Lernen-Bewegung wurde ein enormer Auftrieb zuteil, als um das Jahr 1985 das Hologramm-Konversionsproblem für Massenproduktion gelöst wurde. Laserähnliche Projektionen schufen Bilder von unvorstellbarer Schärfe und Leuchtkraft — bewegliche Bilder, die in der Luft zu schweben schienen und gleichsam die Wirklichkeit überstrahlten.

Noch bedeutender war die Entwicklung der fortlaufenden Gehirn-wellen-Analyse und ihre Anwendung auf programmiertes Lernen. Experimente von Pionieren wie Kamiya und Adey hatten schon gezeigt, daß es mit Hilfe der Computeranalyse möglich war, die Gehirn-wellenmuster nicht nur bestimmter allgemeiner Bewußtseinszustände, sondern auch solche, die mit effektivem kurzfristigem Gedächtnis verbunden sind, zu identifizieren. Manche Experimentatoren fingen an, Gehirnwellensensoren an den Kopfhörern der Lerner anzubringen, so daß die Gehirnwellenmuster zum Zweck der fortlaufenden Analyse und unmittelbaren Beeinflussung der Reaktionen direkt an den Computer weitergegeben werden konnten. Auf diese Weise konnte der Lernprozeß schneller und sicherer vonstatten gehen und die Zahl der motorischen Reaktionen des Lernenden, wie Sprechen oder Knopf-drücken, erheblich verringert werden. Wenn die Nervenzellen des Lernenden antworteten, konnte der Dialog weitergehen. Aber auch sein allgemeiner Bewußtseinszustand konnte den Dialog beeinflussen.

Es dauerte einige Jahre, bis die fortlaufende Hirnwellenanalyse sich in den meisten Schulen des Landes durchgesetzt hatte. Das musikalisch-rhythmische Element, das dem an ein Hirnwellengerät angeschlossenen Lerner als Rückkoppelung dient, hatte sich um diese Zeit freilich schon als eine Grundmatrix des Kreuz-Matrix-Stimulus- und Reaktionsverfahrens etabliert. Wie die Hindus sagen: ,nada brahma', Ton ist Gott. Und indem der Ton auf die innersten Bewußtseinszustände des Lernenden antwortete, war eine Art kosmischer Kontrapunkt entstanden. Die neunziger Jahre waren eine Periode der Konsolidierung der grundlegenden Techniken und brachten atemberaubende Fortschritte in der Kunst des programmierten Lernens und bei einer großen Anzahl anderer Erziehungsenvironments." Will Hawthornes Überschwang wird jedoch dort von Vorsicht abgelöst, wo die Frage der direkten Hirnwellenmanipulation auftaucht. „Zunächst einmal wird es Jahre dauern, bevor Hirnwellenmanipulation die Subtilität und Genauigkeit von programmiertem Lernen auf dem Wege der üblichen Sinneseindrücke erreicht hat. Und dann gefällt mir einfach die Vorstellung nicht, daß man die Sinne, die die Quelle ständig gegenwärtiger Freuden sind, ausläßt. Nein, solange ich irgend etwas da zu sagen habe, erlaube ich erst dann irgendwelchen Kennedy-Kindern, diese lästigen Elektrodenhelme für Hirnwellenmanipulation zu tragen, wenn ich mehr wissenschaftliche Ergebnisse, vor allem bezüglich der Nebenwirkungen auf die Sinnesorgane, gesehen habe."

Einige Eltern und Kinder halten Will in dieser Sache für hoffnungslos konservativ. Aber ein Besuch in der Halle der Grundwissenschaften macht verständlich, warum er zögert, „nach innen" zu gehen. Meine Frau und ich beobachten, daß wir unseren Schritt beschleunigen, als wir uns dem belebtesten und auffälligsten Lernenvironment der Kennedy-Schule nähern. Wir gehen durch einen der drei tunnelähnlichen Eingänge hinein und tauchen fast in der Mitte der Kuppel wieder auf, die nur vom Schein von laserprojizierten Kombinationsbildern rund um uns her erhellt wird. Sitzend oder auf Kissen ausgestreckt, die über den Boden verstreut liegen, sehen wir andere Eltern oder ältere Kinder, die nur aus Neugier gekommen sind, und außerdem die kleinen Kinder, die an ihren Lernpulten warten, bis sie drankommen. Wir lassen uns nieder und öffnen unsere Sinne.

Ganz gleich wie oft man die Halle der Grundwissenschaften besucht, der erste Eindruck ist immer wieder buchstäblich überwältigend. Es dauert eine Zeit, bis das Nervensystem sich eingewöhnt; zunächst muß man mit dem überwältigenden Bombardement an Reizen fertigwerden, das von allen Seiten auf die Sinne eindringt. Um uns herum sind vierzig Lerntruhen; vor jeder sitzt ein Kind zwischen drei und sieben Jahren mit Blick auf die Kombinationsbilder. Jedes Kind arbeitet mit einer Tastatur, die weit einfacher ist als die einer altmodischen Schreibmaschine, aber mit genügend Hebeln ausgerüstet, um fast jedes Symbol jeder beliebigen Kultur produzieren zu können. Ein rund um die Innenseite der Kuppel laufender Hologramm-Konversions-Bildschirm reflektiert die mit den Lerntruhen gekoppelten, etwa drei mal drei Meter großen Kombinationsbilder. Das Bild scheint sich vom Schirm in oft überraschenden Farben und Dimensionen abzuheben. Der Projektionsschirm ist etwas über der Augenhöhe der Kinder angebracht, so daß alle in der Kuppel sämtliche Kombinationsbilder sehen können, wenn sie sich einmal um sich selbst drehen. Ein Bild reiht sich ans andere, so daß der Gesamteindruck der eines Panoramas ist, und jeder hat seine eigene Stereoanlage, wodurch auch ein akustisches Panorama entsteht.

Es gibt fast immer Kinder, die an den Lernpulten warten. Ein kleines elektronisches Schildchen auf der Rückseite jedes Stuhles zeigt den Namen des Kindes und die Anzahl von Minuten, die von seiner Lernsitzung noch übrig sind. Die Zeit, die für jede Sitzung zur Verfügung steht, variiert. Sie wird auf Grund der Gesamtzahl der unter der Kuppel wartenden Kinder elektronisch errechnet, liegt aber nie unter zwanzig Minuten. Kleine Kinder, die in die Kuppel kommen, sehen sich alle Lernpulte an und suchen sich die aus, bei denen am wenigsten Kinder warten oder wo ein Kind nur noch wenige Minuten weitermachen kann. Das Kind setzt sich dadurch auf die Warteliste, daß es das Schildchen mit seiner elektronischen Identifikationskarte berührt; ein Empfangsgerät nimmt die Information auf und der Name des Kindes erscheint am Ende der Liste auf dem Schild.

Wenn ein Kind sich hinsetzt, um mit dem Lernen zu beginnen, dann teilt ein anderer Empfänger dem zentralen Lerncomputer seine Anwesenheit mit Hilfe der Identifikationskarte mit, der dann die individuelle Lerngeschichte des Kindes einschaltet. Das Kind setzt seine Kombinationskopfhörer mit den Gehirnwellensensoren auf, damit die fortlaufende Hirnwellenanalyse ein Bestandteil des Dialogs werden kann (manche Schulen benützen das Gehirnwellenmuster ganz wie Fingerabdrücke, um die Lernenden zu identifizieren). Nachdem der Computer einmal die fortlaufenden Hirnwellen des Kindes aufgenommen hat, beginnt er sofort, in stark verkürzter Weise die letzte Lernsitzung zu wiederholen. Das Kind beobachtet, wie seine letzte Lektion auf seinem Apparat vorbeiwirbelt. Wenn es wünscht, dort fortzufahren, wo es beim letztenmal stehengeblieben ist, drückt es die Ja-Taste solange herunter, bis die Wiederholung beendet ist. Will es etwas anderes lernen, so drückt es die Nein-Taste, und der Computer beginnt, nach Material zu suchen, das für das Lernniveau des Kindes geeignet ist und auf den Apparat solange projiziert wird, bis das Kind die Ja-Taste drückt. Der „Auswahl"-Prozeß dauert im allgemeinen weniger als zwei Minuten, dann beginnt der Dialog.

Zu jedem Zeitpunkt des Dialogs sind fünf mögliche Variationen vorhanden:

1. Eine vollständige Datenbank der allgemein anerkannten Standardkenntnisse, die in Dialogform aufbereitet sind. Die meisten Kinder durchlaufen dieses Stadium in den vier Jahren vom dritten bis zum sechsten Lebensjahr.

2. Grundlagenmaterial, das in Kreuz-Matrix-Stimulus- und Response-Form aufbereitet ist. Dieser Stoff erscheint in zufälligen Intervallen zusammen mit dem Dialog-Stoff, um den Effekt von Neuigkeit und Überraschung zu erzielen und dem Kind zu helfen, jene unerwarteten Sprünge zu machen, die einen so wesentlichen Teil der Kunst des Erfindens und Entdeckens bilden.

3. Analyse der Gehirnwellenmuster des Kindes hinsichtlich seines allgemeinen Bewußtseinszustands und seiner kurzfristigen Gedächtnisstärke.

4. Aufzeichnung der direkten motorischen Reaktionen des Kindes, wie sie bei seiner Benutzung der Tastatur oder in seinen verbalen Äußerungen in das Mikrophon des Lernpultes sich äußern.

5. Gemeinschaftliche Querverbindungen. Hierbei handelt es sich um eine der allerneuesten pädagogischen Entwicklungen, die nur wenige Schulen im Lande besitzen. Durch die Querverbindungen wird der Stoff eines Lernapparates durch den der benachbarten Apparate beeinflußt und wirkt auf diese zurück. Auf diese Weise wird der Lernprozeß

gemeinschaftlich. Diese neue Erfindung trägt auch dazu bei, alle vierzig Anlagen zu einem einzigen Lernkunstwerk zusammenzufassen, das nicht nur verbessertes Lernen und Begeisterung bei den Kindern an den Lernpulten, sondern auch bei den vielen Zuschauern in der Kuppel auslöst.

Sobald sich unsere Sinne an Töne, visuelle Eindrücke und Gerüche in der Kuppel gewöhnt haben, blicken wir umher, um Sally zu finden, die wir an einer der Lerntruhen entdecken. Wir gehen hinüber zu dem Halbkreis von Zuschauern, der um sie herumsteht.

Wie wir dem elektronischen Schildchen an ihrem Stuhl entnehmen, hat Sally erst vor fünf Minuten mit ihrer Lernsitzung begonnen. Links neben ihr sitzt ein etwa sechsjähriger Negerjunge, der tief in eine Sitzung über Grundrechenarten versunken ist. Auf ihrer rechten Seite lernt ein vierjähriges Mädchen im Dialog über primitive Kulturen. Sally selbst ist wie während ihrer letzten Sitzungen mit Sprach-Grundproblemen beschäftigt. Es wird bald deutlich, daß sie mit einer Sitzung begonnen hat, die das Aufbrechen erstarrter Sprachformen zum Ziel hat. Elementare Rechtschreibung und Syntax werden gewöhnlich während der ersten Hälfte des dritten Lebensjahres erlernt. Während der zweiten Hälfte, in der sich Sally im Augenblick befindet, wird im allgemeinen noch mehr Zeit auf Experimente mit Alternativformen verwandt. Diese Experimente münden nach Abschluß des Elementarunterrichts in eines der Hauptprogramme: Fast jedes Kind schafft, bevor es die Kennedy-Schule verläßt, zusammen mit seinen Freunden eine vollständig neue Sprache.

Wir beobachten Sallys Kombinationsbild, das von rosa und lavendelfarbenen Wolken überzuquellen scheint. Allmählich nehmen die Wolken die Gestalt eines Tiergesichts an. Bevor ich herausbekommen kann, was es ist, höre ich, wie Sally in ihr Mikrophon „Katze" sagt. Fast sofort erscheint eine riesige, zähnefletschende Katze auf dem Schirm mit der Unterschrift „Katze". Darauf beginnt eine schriftliche Konversation zwischen Sally und dem Computer:

Computer: Kannst du dir eine andere Schreibweise vorstellen?

Sally (schreibt): Kadse.

Auf dem Schirm verschwindet das riesige Katzengesicht und verwandelt sich in eine weiße Angorakatze, die von vibrierenden und gezackten vielfarbigen kreisförmigen Linien umgeben ist. Ein schnurrender Ton kommt aus dem Gerät.

Computer: Wie wär's mit einer weiteren?

Sally (nach einer kleinen Pause): Kazze.

Das Schnurren wird lauter.

Computer: Eine Katze ist eine Kadse ist eine Kazze.

Sally (schnell): Eine Kazze ist eine Kadse ist eine Katze.

123

Computer: Schreibe Katze ab.

Sally: Schraibö Kadse.

Es tritt eine Pause ein, und das Katzenbild verschwindet allmählich, das Schnurren vermischt sich mit der rauschenden elektronischen Musik vom Kombinationsbild zur Linken. Während dort der Dialog zwischen dem Jungen und dem Computer weitergeht, zeigen sich hübsche Symbole der Höheren Mathematik, ein großes, sich drehendes Rad füllt fast den ganzen Schirm. Die durch seine Speichen – die dünn sind und funkeln, wie Fahrradspeichen – erkennbaren Landschaften, grasige Felder, Wüsten und gewundene Bergstraßen, vermitteln ein Gefühl gleitender Fortbewegung. Ein geisterhaftes Bild des Rades erscheint jetzt auch auf Sallys Schirm zusammen mit mehrfarbigen tanzenden Wellen, die irgendwie mit ihren Gehirnwellen zusammenhängen. Auf dem Kombinationsbild zu ihrer Rechten schleicht sich ein afrikanischer Pygmäe mit einem Pusterohr an seine unsichtbare Beute heran, während das Mädchen seinen rein phonetischen Dialog mit dem Computer fortsetzt. Plötzlich beginnt Sally wieder zu schreiben: Eine Katze zisch eine Kadse zisch eine Kazze zisch.

Computer: Toll!!!

Sallys Gerät scheint einen Augenblick vor blendenden Farben zu explodieren, dann erscheint auf ihrem Schirm der Dschungel des Mädchens zu ihrer Rechten, in dem man die Beute des Jägers, einen Leoparden, sehen kann. Zwischen den beiden Bildern hallt das spannungsträchtige Geräusch dumpfer Trommeln hin und her. Lächelnd wenden sich die beiden Mädchen einander zu. Dann fängt Sally plötzlich an zu tippen:

Sally: Ein Tiger ist ein Tücker – ein Gewehr hat einen Drücker.

Einen Augenblick, nachdem der letzte Buchstabe von Sallys Gedicht auf ihrem Schirm erschienen ist, bleibt der Dschungel noch der gleiche, aber der Leopard verwandelt sich in einen Tiger und der Pygmäe in einen weißen Jäger aus dem Anfang des 20. Jahrhunderts, der ein Gewehr trägt. Das Mädchen zu ihrer Rechten wirft seinen Kopf herum und lächelt Sally an. Sally lacht vergnügt.

Computer: Warum nicht „Leopard"?

Sally: „Leopard" reimt sich nicht auf Drücker.

Computer: Okay. Wie wär's mit einer anderen Schreibweise für Leopard?

Sally: Das ist leicht. Leobart.

Währenddessen spricht das Mädchen zur Rechten weiter mit dem Computer, und plötzlich wird der Tiger wieder ein Leopard, und der weiße Jäger wird wieder ein Pygmäe. Der Pygmäe hebt sein Blasrohr und schickt mit einem kräftigen explosiven Zischen, das durch die ganze Kuppel hallt, einen Pfeil in die Luft. Das nächste Bild, den Pfeil

in Nahaufnahme, wie er in Zeitlupentempo durch das Kombinationsbild des Mädchens hinüber zu dem von Sally und bis zu dem des
Knaben auf ihrer linken Seite fliegt, wo er in der Nabe des sich drehenden Rades verschwindet. Ein anderer Pfeil fliegt im Bogen durch
die drei Bilder, dann noch einer und noch einer, segelt, schwingt sich
empor, abgeschossen aus allen möglichen Ecken, aber immer mit dem
gleichen Ziel: dem Zentrum des sich drehenden Rades auf dem Kombinationsbild des Jungen. „Wunderbare Querverbindung!" höre ich
meine Frau rufen und stelle fest, daß mehrere Leute die Bilderfolge
beobachten und der aufsteigenden und fallenden elektronischen Be-
gleitmusik zuhören. Ich sehe auch, daß der Flug der Pfeile anfängt,
andere, noch entferntere Bilder zu beeinflussen. Aber der Knabe setzt
seinen Rechendialog fort und Sally arbeitet auch weiter:

Computer: Leobart ist gut, aber du brauchst nicht bei gleichklin-
genden Schreibweisen zu bleiben. Möchtest du nicht noch etwas weiter Abliegendes ausprobieren? Sally drückt ihren Ja-Knopf und
schreibt nach einer Pause:

Sally: Lobhart.

Computer: Nett. Willst du noch was anderes versuchen?

Sally: Nein.

Die fliegenden Pfeile beginnen zu verschwinden. Nach und nach
nimmt Sallys Kombinationsbild jenes tiefe, wunderbar satte Violett
an, das sehr oft die Alphawellen des Gehirns kennzeichnet. Etwas von
diesem überwältigenden Farbenreichtum fließt auf die Nachbargeräte
zu beiden Seiten über. Wir wissen, daß Sallys Augen geschlossen sind.
Sie ist gelöst und allem Irdischen enthoben. Das ist einer der wertvol-
len Augenblicke im Erziehungsprozeß. Auch wir sind heiter. Es ist
leicht, in diesem Rahmen Sallys Gefühle zu teilen. Wir können auch
die Freude der Erzieher mitfühlen, die diese Lernenvironments aufgebaut haben und sie ständig modifizieren, ein Genuß, der früheren
Dozenten unbekannt war.

Nachdem Sallys Sitzung beendet ist, verlassen wir mit ihr die Halle
der Grundwissenschaften. Eine Weile sprechen wir mit ihr, aber bald
begegnet sie Freunden und verläßt uns. Sie rennen zum dichtesten Ge-
hölz auf dem Campus und setzen ein Tierspiel fort, das sie wahrscheinlich den Rest des Tages beschäftigen wird.

So schlendern wir von einem Platz zum anderen und suchen (nicht
zu eifrig) nach Johnny, unserem Neunjährigen. Wenn es eilig wäre,
würde es uns nicht schwerfallen, ihn zu finden. Wir brauchten nur zur
Zentralhalle zu gehen und eine unserer elektronischen Identifikationskarten in den Radar-Abtaststrahl zu halten, um unverzüglich zu erfahren, wo ungefähr Johnny sich gerade aufhält. Jedes Kind trägt eine
elektronische Identifikationskarte, wenn es auf dem Schulgelände ist,

und der Zentralcomputer rechnet ständig aus, wieviel Zeit es in jedem Erziehungsenvironment verbracht hat. Außerdem speichert der Zentralcomputer die Lernerfahrung jedes Kindes, das mit einem Lerncomputer arbeitet. Das ermöglicht den Erziehern der Kennedy-Schule, nicht nur die Fortschritte jedes Kindes mit einem Minimum an Anstrengung zu verfolgen, sondern auch, die Attraktivität und Effektivität jeder Lernumwelt zu beurteilen. Das erste Prinzip des Freien Lernens ist es, daß, wenn ein Lernenvironment nicht genügend Anziehungskraft hat oder ungenügend erzieht, das nicht am Lernenden, sondern am Environment liegt.

Erzieher aus pädagogisch unterentwickelten Ländern, die zu Besuch da sind, finden es manchmal schwer verständlich, daß die Computerkontrolle der Kinder nicht zur Erzwingung von Konformität eingesetzt wird, sondern zum entgegengesetzten Zweck. „Asymmetrie" wird nämlich hochgeschätzt. Will Hawthorne ist immer ganz begeistert, wenn ein kleines Kind ein oder zwei Jahre lang den Verlockungen der Halle der Grundwissenschaften widersteht. Es kann sich herausstellen, daß ein solches Kind so einzigartig ist, daß man viel von ihm lernen kann. Individuelle Einzigartigkeit aber ist eines der Hauptziele des Erziehungsprozesses. Auf alle Fälle ist das Erlernen der Grundlagen des allgemein akzeptierten Wissensstoffes so sicher und leicht, daß überhaupt niemals das Problem entstehen kann, man finge vielleicht zu spät mit dem Lernen an. Es erscheint den heutigen Kindern unglaublich, daß es je solche Probleme gegeben hat. „Mir fällt es noch immer schwer zu glauben", sagt Johnny manchmal, „daß Leute von Großvaters Generation den größten Teil ihrer Schulzeit damit verbracht haben, das zu lernen, was die kleinen Kinder bei uns in der Grundlagenhalle lernen."

„Es ist wirklich wahr", sagt ihm meine Frau, „sie lernten viel weniger, und sie arbeiteten fast ihre ganze Schulzeit daran, dieses Wenige zu lernen."

„Sie arbeiteten? " fragt Sally ganz erstaunt.

„Ja, wirklich, und es gab allerhand Diskussionen und Argumente über die Art, wie man arbeiten sollte, und jede Art von Quälerei, die du dir vorstellen kannst."

Wir finden Johnny

Ich freue mich sagen zu können, daß meine Kinder zur ersten Generation gehören, die nicht mehr unter dem Zwang lebt, eine Abschlußprüfung machen zu müssen. Natürlich brauchen sie nach ihrem zehnten Lebensjahr keine spezielle Schule mehr zu besuchen, wo sie offizielle Prüfungen machen müssen. Aber das heißt keinesfalls, daß sie nicht mehr lernen werden. Im Gegenteil, es steht ihnen frei, ihr ganzes Leben hindurch zu lernen — in einer Gesellschaft, die auf Erziehung ausgerichtet ist. Bereits zur Zeit meiner Eltern begann die Unterscheidung zwischen dem Leben im College und dem „wirklichen Leben" zu verschwimmen, da Millionen von Erwachsenen an der damals sogenannten Erwachsenen-Erziehung teilnahmen, während Millionen von Schülern und Studenten Schulen verließen oder — je nach Belieben — Schulen besuchten. Die einst vom übrigen Leben abgetrennten vier College-Jahre wurden aufgebrochen: es war nicht mehr möglich, die akademische von der Berufs- und Alltagswelt isoliert zu halten. Immer mehr verwandelte sich die Universität in ein Studien-Arbeits-Erholungszentrum für jedermann. Sie bot verschiedenartige Formen der „Mitgliedschaft" an — von der vollen Mitgliedschaft bis zur Subskription von Universitäts-Nachrichtensendungen, die auf elektronischen Lerngeräten daheim empfangen wurden. Der rasch und effektiv über Computer vermittelte Nachrichtenstrom ermöglichte Dezentralisation, und die unförmigen Riesen, an denen die Ausbildung stattgefunden hatte, begannen in kleinere Einheiten auseinanderzufallen.

Zu gleicher Zeit blühten Erziehungsenvironments außerhalb der traditionellen Universitäten auf. Laien gründeten eigene Institute, Schulen und Forschungszentren. Industrie- und Handelsunternehmen entdeckten, daß ihre wichtigste Aufgabe Lernen und die Verbreitung des Lernens war. Die Familie, so stellte sich heraus, war eine wesentliche erzieherische Einheit. Eltern fingen an, ihr Haus als eine Umwelt zu konzipieren, in der gelernt werden kann. Als ich ein Teenager wurde, waren Abschlußexamen schon ziemlich bedeutungslos geworden: sie waren einfach etwas völlig Normales. Man lernte so viel außerhalb des Colleges, und das Schwergewicht der Erziehung hatte sich von äußerlicher auf innerliche Befriedigung verlagert. Die alten Aufregungen über Aufnahmeprüfung, Versetzung und Abschlußexamen hatten einen kopflastigen Verwaltungsstab notwendig gemacht. Nachdem diese Aufregungen zum großen Teil aus der Welt geschafft waren, konnte der Verwaltungsstab reduziert werden, und Erzieher und Forscher durften sich endlich mit Pädagogik und Forschung beschäftigen. Zwar existieren Universitäten noch vereinzelt und stark dezentralisiert, aber so, daß sie von der Bevölkerung nicht isoliert sind. Sie nehmen *ihren* Platz in der wachsenden Zahl mannigfaltiger Lernenvironments ein.

Mehr und mehr Gemeinden einschließlich Santa Fé fingen an, die steuerlich subventionierte Erziehung auf die Drei- bis Zehnjährigen einzuschränken. Eine Art Lehrlingssystem entwickelt sich für die älteren Kinder. Nach dem zehnten Lebensjahr können Kinder von einem Lernenvironment zum anderen hinüberwechseln, mögen diese nun offizielle Schulen sein oder nicht. Verschiedenartige finanzielle Arrangements entwickeln sich, wobei die Lernenden oder deren Eltern im allgemeinen einen kleinen Betrag an das Environment entrichten. Nach Beendigung der Lehrzeit kann der Lernende für die gleiche Tätigkeit, für welche er zuvor bezahlt hat, Lohn erhalten.

Der Renaissanceautor des „Sonnenstaates", Tommaso Campanella, bewies merkwürdige historische Voraussicht, als er sich vorstellte, daß „die Knaben gewöhnt sind, alle Wissenschaften ohne Mühe und wie zum Spaß als eine Art Geschichte zu lernen, aber nur bis sie zehn Jahre alt sind". Wenn wir für „Geschichte" „alles bereits Bekannte" und für „Wissenschaft" „Forschung und lebenslanges Lernen" setzen, können wir sagen, daß wir endlich diesen utopischen Zielen nahekommen.

Nachdem Sally verschwunden ist, setzen wir unsere geruhsame Suche nach Johnny fort. Die Kuppel der Stille ist kleiner als die Halle der Grundwissenschaften und aus einem durchsichtigen, milchweißen Material erbaut. Vielleicht wird Johnny dort sein und die Omega-Meditation machen, die er unlängst gelernt hat. Wir lassen unsere Schuhe in einem der Gestelle am Eingang und begeben uns durch die drei schweren, schalldämpfenden Vorhänge ins Innere. Hier treten wir auf einen freischwebenden, schwammartigen Fußboden, der frei auf hydraulischen Montierungen schwingt.

Wo die Halle der Grundwissenschaften die Sinne anfangs mit einem Übermaß von Reizen schockiert, überrascht die Kuppel der Stille durch den völligen Fortfall jedweder Oberflächenstimulanz. Das gesamte im Innenraum verwandte Material ist schallschluckend, und eine dichte Reihe von kegelförmigen Schalltötern umgeben die Wände rundherum sechs Fuß hoch. Aus richtungslosen Lautsprechern strömt ein sanftes Geräusch (wie von einem entfernten Wasserfall), das den Raum ebenso wie das gedämpfte indirekte Licht erfüllt. Ein schwacher Geruch von balsamischem Weihrauch neutralisiert den Geruchssinn. Alles ist neutral, richtungslos und geruchlos. Wir sehen uns nach Johnny um, aber vergeblich. So sitzen wir eine Weile unter Scharen von Kindern und ein paar Eltern und werfen die äußere Welt ab wie ein überflüssiges Kleidungsstück. Fast sofort bildet sich in meinem

Bewußtsein eine Vision. Es ist nicht leicht, sie in Worte zu fassen. Ich befinde mich in einer Energiesäule, in der ich langsam zu einer höheren Ebene aufsteige, wo ich mich in eine weitere Säule begebe, und so weiter. Es ist ein künstliches, wenn auch etwas erschreckendes Gefühl, und ich beschränke mich eine Weile auf die reine Erfahrung des Gefühls. Dann gehe ich vom experimentellen zum analytischen Bewußtsein über. Vielleicht kann ich das Gesicht von eben auf ein Konzept der Kommunikation innerhalb der Familie übertragen. *Stell dir vor, daß die Familienmitglieder auf verschiedenen Bewußtseinsebenen existieren, daß sie miteinander nur in eine tiefe Beziehung treten können, wenn sie sich — wenigstens zeitweilig — auf einer gemeinsamen Ebene treffen; daß es nur eine begrenzte Anzahl von „Säulen" — vielleicht nur eine einzige — jeweils zwischen verschiedenen Ebenen gibt; daß die Familienmitglieder nicht miteinander kommunizieren können, während sie von einer Ebene zur anderen unterwegs sind.* Ich setze meine Gedankengänge fort, obwohl ich zu keinem Ergebnis komme, aber ich freue mich.

Dann empfange ich ein starkes Signal — man könnte es „übersinnlich" nennen — von meiner Frau, daß sie weiter nach Johnny suchen möchte. Ich wende mich ihr zu und nicke, und wir tauschen jenes verständnisvolle Lächeln aus, das manchmal diese besondere Form der Intimität begleitet. Wir gehen an Kindern, die in Schweigen und Kontemplation vertieft sind, vorbei und hinaus. Während Meditation überall auf dem Schulgelände, besonders draußen unter den Bäumen und Blumen, angeregt wird, steht die Kuppel der Stille jederzeit bei schlechtem wie gutem Wetter zur Verfügung. Die Erzieher der Kennedy-Schule halten es für notwendig, daß die Lernenden sich jederzeit in sich zurückziehen können, sich zu sammeln. Sie können dann, bereichert durch neue innere Beziehungen, in die Welt des aktiven Lernens zurückkehren.

Wir gehen weiter zu den Wasser-und-Körper-Kuppeln. Diese Kuppeln sind innen in halber Höhe miteinander verbunden, so daß zwei zusammenhängende kreisförmige Flächen im Inneren entstehen. Die eine dieser Flächen enthält ein Schwimmbecken, die Kuppel darüber öffnet sich der Sonne. Die andere Fläche ist ein Sportplatz und eine Tanzfläche. Das Schwimmbecken ist voll von nackten Kindern. Ich mache eine Bemerkung darüber, wie viele von den Allerjüngsten im Wasser sind.

„Ja", sagt meine Frau, „Will sagt, daß jedes Dreijährige bis Weihnachten Schwimmen gelernt haben wird!"

Es gibt keine Erwachsenen im Schwimmbecken, keine „Lebensretter", keine „Bademeister". Die älteren Kinder übernehmen die volle Verantwortung für die jüngeren, sie helfen ihnen beim Schwimmen und bewegen sich in der übrigen Zeit selbst im Wasser. Wie Will ausführt, wäre es für jeden Neuling praktisch unmöglich, zu ertrinken. Die älteren Kinder haben ihr Einfühlungsvermögen und ihr Verantwortungsgefühl für andere weit entwickelt. Es gibt kein höheres Erziehungsziel.

Drüben auf der Gymnastik- und Tanzfläche sind ständig zwei Erzieher da, die die Lernenden über die überaus wichtige Beziehung zwischen dem Körper — seiner Haltung, Spannung, seinen Bewegungen und ihrer Harmonie — und allem anderen im Leben und im Lernen unterrichten. Eine Gruppe von etwa zehn Kindern verschiedenen Alters tanzt in der Mitte. Ein Erzieher beaufsichtigt, wie sie ihre Gefühle nacheinander gegenüber jedem Mitglied der Gruppe allein durch körperliche Bewegungen zum Ausdruck bringen. Wenn sie fertig sind, wird der Erzieher, falls es ein Kind verlangen sollte, eine verbale Rückkoppelung des Geschehens geben. Und was noch wichtiger ist, er wird ihnen dabei helfen, die Rückkoppelung ihres eigenen Körpers aufzunehmen. Er wird ihnen helfen zu erkennen, wie die Körperbewegung die Wahrnehmung verändert.

Kinder am anderen Ende der Kuppel lernen ihren Muskeltonus, Blutdruck, Herzschlag, Peristaltik usw. kontrollieren. Dabei helfen ihnen einfache Körper-Rückkoppelungsgeräte (KR), die schon seit Jahrzehnten in Gebrauch sind. Um die Muskelspannung im Nacken zu reduzieren, setzt sich das Kind hin, befestigt mit Hilfe von Saugnäpfen Elektroden an beiden Seiten seines Nackens und setzt die Kopfhörer auf. Sobald die Muskelspannung nachläßt, wird der Ton im Kopfhörer leiser. Das Kind konzentriert sich lediglich darauf, den Ton zu dämpfen. Wenn das erreicht ist, sind die Muskeln entspannt. Ähnliche Ton-Rückkoppelungen werden auch für die Kontrolle der übrigen Körperfunktionen verwendet. Zwei Elf- oder Zwölfjährige betreuen das KR und helfen den Kindern bei der Anbringung der Elektroden oder anderer Sensoren. Die KRs sind mit automatischen Sicherungen versehen, die verhindern, daß die Kinder irgendeinen möglicherweise gefährlichen Zustand erreichen. Man ermutigt sie jedoch, recht weitgehende Versuche zu machen, ihre Körperfunktionen unter die Kontrolle des Willens zu bringen. Sie werden auch ermutigt, so bald wie möglich die Körperfunktionen *ohne* KR zu kontrollieren. Wir beobachten, wie eine Gruppe von Kindern ohne KR die Kontrolle des Atem- und Pulsrhythmus ausübt, während einer der Pädagogen zusieht. Durch solche Übungen lernt das Kind, seinen Körper genauso leicht und exakt zu „lesen" wie Gedrucktes. Sobald das möglich ist, werden „psychosomatische" Beschwerden ganz und gar unwahrscheinlich.

Wir gehen zum Spielplatz hinüber. Auf unserem Weg kommen wir an mehreren Entdeckungszelten vorbei — Strukturen von durchscheinendem Plastikmaterial, die an Gerüsten über leichten Plastikböden errichtet sind. Die Zelte sind mit tragbaren Klimageräten ausgestattet. Man kann sie leicht bewegen und ihre Form ändern. Sie sehen nach Experiment, Improvisation aus.

Während wir vorbeischlendern, erkennen wir die Umrisse von Kindern, können aber nicht genau sagen, was sie tun. Erwachsene gehen selten in Entdeckungszelte. Ein Erzieher ist verantwortlich für jedes Zelt (manchmal einer für mehrere), sieht seine Funktion aber ausschließlich darin, solche Erziehungsenvironments aufzubauen und ständig zu verändern, die die Kinder veranlassen, ihre eigenen Entdeckungen zu machen. Zum Beispiel betreut ein Erzieher die beiden laufenden Stoff-Energie-Umwandlungsprojekte und sorgt dafür, daß die geeigneten Geräte und „Daten" jeden Tag verfügbar sind. Er bemüht sich, Bedingungen zu schaffen, welche die Fähigkeiten der Lernenden rasch weiter entwickeln, ohne daß sie überfordert werden. Nur wenig elektronisches oder gedrucktes Bezugsmaterial wird innerhalb der Entdeckungszelte benötigt. Jeder Schüler der Kennedy-Schule erhält, sobald er das Lernen der Basiswissenschaften einigermaßen hinter sich hat, ein Fernlesegerät, mit dessen Hilfe er jederzeit den Zentralcomputer befragen kann. Das Gerät ist nur wenig größer als eine altmodische Zigarettenpackung. Es hat einen Fernsehschirm, der groß genug ist, um mehrere Zeilen Schrift oder kleine Diagramme und Bilder wiederzugeben, und ist ausgestattet mit einem Miniaturmikrophon, kleiner als ein Bleistift, und einem Ohrstöpsel. Auf diese Weise hat der Lernende akustische Verbindung mit dem Computer. Er kann aber auch mit dem Erzieher Kontakt aufnehmen, der das Projekt betreut. Die meisten Kinder haben jedoch keine Lust, das zu tun. Sie haben erkannt, daß die wahre Freude des Lernens darin besteht, entweder allein oder gemeinsam mit anderen Kindern etwas herauszufinden. Wenn ein Erzieher den Aufbau eines neuen Projektenvironments beendet hat, beschreibt er dessen Verwendungsmöglichkeit auf einem Bildschirm am Zelteingang. Kinder verschiedener Altersgruppen gehen hinein. Sie werden elektronisch durch ihre Identifikationskarten identifiziert, und ihre Namen erscheinen unter der Überschrift „Besucher" über dem Zelteingang. Sollten sie sich entschließen, bei dem Projekt mitzumachen, dann berühren sie mit ihren Karten eine Elektrode unter dem Bildschirm, und ihre Namen erscheinen dann unter der Überschrift „Teilnehmer". Sobald sich genügend Kinder für ein bestimmtes Projekt „eingetragen" haben, verkündet der Bildschirm „Projekt ausgebucht, bitte versucht es später noch einmal". Die Kunde über neu anlaufende Projekte breitet sich immer rasch aus, und bei besonders interessanten findet man Kinder, die mehrmals täglich vorbeikommen, um zu sehen, ob nicht irgendjemand zurückgetreten ist.

Seit mehreren Jahren schon ist eines der beliebtesten Ereignisse in den Entdeckungszelten das „Faraday-Projekt", das der Pädagoge für Materie-Energie-Manipulation arrangiert hat. Ein Zelt wird aufgebaut, das möglichst weitgehend dem Laboratorium Michael Faradays am Morgen des 29. August 1831 gleicht. Alle einschlägigen Auszüge aus Faradays Notizbüchern über die Beziehungen zwischen Elektrizität und Magnetismus stehen den Kindern zur Verfügung. Ebenso überläßt man ihnen Berichte von anderen Experimentatoren, besonders von Hans Christian Oersted, der bewiesen hat, daß man aus Elektrizität Magnetismus gewinnen kann. Die Ausrüstung des Zeltes ist primitiv: Draht, Magnete, Eisenkerne, Batterien, ein Galvanometer. Nichts ist da, was nicht auch Faraday schon hatte. Das Ziel der Schüler ist das gleiche wie seins: die Verwandlung von Magnetismus in Elektrizität.

Faraday erreichte in zehn inspirierten Tagen nicht nur dieses Ziel, sondern entdeckte auch im wesentlichen alle Gesetze der elektro-magnetischen Induktion und baute ein Arbeitsmodell des Elektro-Dynamos. Die Kinder der Kennedy-Schule haben große Vorteile gegenüber Faraday. Sie wissen ganz genau, daß Magnetismus in Elektrizität verwandelt werden *kann*, die meisten haben eine ziemlich genaue Vorstellung, wie das geschieht. Es ist aber faszinierend zu sehen, auf was eine Gruppe von zwölf bis fünfzehn Sechs- bis Achtjährigen alles kommt und wie lange sie dazu braucht. Oft fehlt ihren Experimenten die Großartigkeit und Zielstrebigkeit der Faradayschen. Schließlich war er ja auch ein Meisterexperimentator mit lebenslanger Erfahrung. Oft bauen die Kinder Apparate, die verglichen mit seinen umständlich und schwerfällig wirken. Oft machen sie lange Umwege, um zu den gleichen Resultaten zu gelangen. Aber es gibt auch jene ekstatischen Momente, in denen sie auf eine wirklich einfallsreiche Beweisführung verfallen, die über Faraday hinauszugehen scheint. Eltern, Erzieher und andere Kinder warten gespannt auf solche inspirierten Berichte, die — von kleinen Kindern zusammengestellt, die mit primitiven Apparaten arbeiten und versuchsweise Folgerungen ziehen — weit über das hinausgehen, was Faraday auch nur träumen konnte.

Während wir an dem Faraday-Zelt vorbeigehen, können wir sehen, wie sich Kinderköpfe über einen Tisch beugen. Meine Frau und ich beschließen, vielleicht noch heute in der Zentralhalle zu erkunden, was die neuesten Faraday-Projekte gebracht haben. Wir gehen weiter zum Senoi-Zelt, wo wir Johnny finden könnten.

Um das Senoi-Zelt sind meist zwanzig oder noch mehr Kinder verschiedenen Alters versammelt. Es ist ein großes Zelt und evoziert mit seinem Lehmfußboden die Bambus-, Rohr- und Strohatmosphäre eines primitiven Stammes, der im Zentralgebirge der malaiischen Halbinsel lebte. Während all der Kriege und Greuel im 18., 19. und 20. Jahrhundert lebte dieses Volk, die Senoi, ohne ein einziges Gewaltverbrechen und ohne jede Stammesfehde. Ihr Geheimnis waren psychologische Methoden und Formen zwischenmenschlicher Beziehungen, die Zeitgenossen aus der Mitte des 20. Jahrhunderts nicht für möglich gehalten hätten. Selbst heute, da die Abwesenheit von Aggressivität und Gewalt nicht mehr so erstaunlich erscheint, bilden die Senoi-Methoden eine wirkungsvolle Einführung in die Kontrolle psychischer Impulse, dessen, was man früher das „Unbewußte" nannte. Die Senoi waren Jäger und Fischer, trieben aber auch ein bißchen Ackerbau. Sie verbrachten jedoch einen großen Teil des Tages mit Trauminterpretationen und den durch sie ausgelösten nachfolgenden Handlungen. Damit begannen sie schon beim Frühstück. Diese Interpretation war für die Kindererziehung von zentraler Bedeutung. Wie ein Psychiater und Anthropologe aus der Mitte des 20. Jahrhunderts, Kilton Stewart, ein hervorragender Kenner der Senoi, berichtet, reagierten die Erwachsenen mit Enthusiasmus, wenn ein Kind einen Fall-Traum berichtete und gratulierten dem Kind, weil es einen der wichtigsten und aufschlußreichsten Träume gehabt habe. Anschließend pflegte der Erwachsene zu fragen, wo das Kind nach dem Sturz gelandet sei und was es gelernt habe.

Das Kind antwortete vielleicht, daß es erschrocken und plötzlich aus dem Schlaf aufgefahren sei. An dieser Stelle setzte dann der Erwachsene mit seiner Unterweisung ein, indem er erklärte, daß jede Traumszene ein Ziel hat und eine bestimmte Funktion erfüllt. Der Träumende muß seine Angst überwinden. Er muß sich der geistigen Welt hingeben, um dadurch Zugang zu ihren unerhörten Energien zu gewinnen. Am Ende seiner Unterweisung pflegte der Erwachsene das Kind aufzufordern, sich dieser Worte während seines nächsten Fall-Traumes zu erinnern und so an der Ergründung der Kraftquelle, die seinen Sturz verursacht hat, Vergnügen zu finden.

Es bedarf der Zeit und der Übung, um die Furcht vor dem Fall in Freude am Fliegen umzuwandeln. Aber die gesamte Sozialstruktur der Senoi ist darauf ausgerichtet, zu solchen Leistungen anzuregen, und so lernt jedes Senoi-Kind, Zögern und Angst durch Neugier und Ekstase zu ersetzen. Es lernt, sich geradenwegs zwischen die Zähne jeglicher Traumgefahr zu begeben. Es lernt, den ganzen Weg zum Ziel oder zur Lösung eines Traums zurückzulegen und etwas davon mitzubringen, was dem ganzen Stamm zu Nutzen und Freude gereicht.

Im Zelt sind die Kinder der Kennedy-Schule wirklich Senoi. Das hilft ihnen, sich in psychischer Mobilität zu üben und Kontrolle zu erlangen über ein weites Reich des Denkens und Fühlens, das während der Zivilisationsepoche fast vollständig unbekannt war.

Die meisten Kinder der Kennedy-Schule haben bis zum sechsten Lebensjahr gelernt, einzuschlafen, wann sie wollen. Etwa in der Mitte des Vormittags legt sich jedes Kind im Senoi-Zelt hin und durchläuft einen vollständigen Schlafzyklus, der mindestens einen Traum enthält. Das dauert etwa 90 Minuten, dann wachen alle auf, essen und beginnen ihre Traumsitzung. Ehemalige Senoi-Kinder übernehmen jetzt die Rolle erwachsener Senoi. Seit einigen Wochen gehört auch Johnny dazu und hat obendrein die Verantwortung eines *halak*, d. h. eines psychologisch geschulten Pädagogen, übernommen. Er hat „eine Frau" und „zwei Kinder", einen sechsjährigen Knaben und ein Mädchen. Wenn Johnnys „Sohn" davon träumt, daß ein Freund ihn beleidigt hat, dann rät ihm Johnny, das dem Freund zu erzählen. Der „Vater" des Freundes erklärt dann seinem „Kind", daß es den Träumenden, vielleicht ohne das wirklich zu wollen, beleidigt hat und auf diese Weise einem bösen Geist im Traumreich erlaubt hat, seine Gestalt anzunehmen. Er sollte daher dem Träumer (Johnnys „Sohn") ein Geschenk geben und künftig freundlich zu ihm sein. Auf diese Weise wird jede Aggression, mit der sich die Gestalt des Freundes im Kopf des Träumers auflädt, zur Grundlage eines freundschaftlichen Austausches gemacht.

Wenn die Senoi-Projekt-Kinder keine Traumsitzung haben, bereiten sie ihre Mahlzeiten zu oder tauschen solche Geschenke aus, wie es sie auf der unterentwickelten malaiischen Halbinsel gab. Tänze, Gedichte, Trommelrhythmen usw., die sie aus dem Reich der Träume mitgebracht haben, werden „verschenkt". Als *halak* führt Johnny auch Jünglinge in die Kunst der Einverständnis-Trance oder der cooperativen Rêverie ein, die den erwachsenen Senoi kennzeichnet. Wenn ein Senoi nach Beendigung der Adoleszenz viel Zeit im Trance-Zustand verbringt, wird er als Spezialist für Heilkunde und übersinnliche Phänomene angesehen. Kindern der Kennedy-Schule fällt es vermutlich wegen ihrer Erfahrung mit wechselnden Bewußtseinszuständen (Übungen, die in der Halle der Grundwissenschaften beginnen und vor allem in der Kuppel der Stille und der Körper-Kuppel fortgesetzt werden) viel leichter, bewußt in Trance zu fallen, als selbst den Senoi.

Auf unserem Weg zum Senoi-Zelt kommen wir an Zelten vorbei, in denen Kinder mit Spielen beschäftigt sind, die Mathematik und Logik mit Tanz und Tastsinn kombinieren; wo Kinder das Weltraum-Environment simulieren; wo sie einen noch weit exotischeren Ort rekonstruieren: das Amerika des späten 19. Jahrhunderts. Wir suchen auf dem Senoi-Bildschirm nach Johnnys Namen, er ist nicht da. Wir überlegen, welches andere Lernenvironment ihn von dem Senoi-Zelt weggeführt haben mag.

Vielleicht das Spielfeld. Wir kommen dorthin durch eine Lücke in den blühenden Stauden, die den Platz umgeben. Das Spielfeld ist eine große, teils flache, grasbewachsene, teils gewellte Fläche. Menschen früherer Zeiten würden erstaunt sein, weder Markierungslinien noch irgendwelche Grenzen zu finden. Spiele auf begrenzten Feldern, zu denen die meisten Sportarten der Zivilisationsepoche gehörten, verschwanden in den späten achtziger Jahren des 20. Jahrhunderts so schnell, daß der letzte markierte Sportplatz vor einigen Jahren verlassen wurde. Fußball war unter den letzten Spielen, die verschwanden. Mit seinen zahlreichen Variationen war diese Sportart beweglich und anpassungsfähig genug, um auch in einem neuen Zeitalter interessant und wichtig zu bleiben, und manche Kennedy-Schulkinder spielen sogar noch heute eine Abart des Fußballs, die keine festen Grenzlinien und keine Schiedsrichter verlangt. Aber die Aggressivität, die dieser Sport manchmal fördert, hinterläßt bei modernen Kindern einen schlechten Nachgeschmack.

Im Gegensatz dazu ist Baseball schon vor langer Zeit unwichtig geworden. Er wird heute noch in vier großen Sporthallen vor kleinen geladenen Zuschauerkreisen gespielt und von einigen der kleinen Laser-Visions-Sender übertragen. Unnötig zu sagen, daß die Zuschauer meistens Leute über Fünfzig sind. Von süßer, schläfrig machender Sehnsucht durchrieselt, sitzen sie bis spät in die Nacht hinein vor ihren Empfangsgeräten und lassen sich in eine andere, kompliziertere Zeit zurückversetzen. Baseball ist in der Tat typisch für vieles, was vergangen ist. Seine strengen Regeln, seine festgelegten Abschlagwinkel und Entfernungen zwingen den Spielern ein repetitives und stereotypes Verhalten auf. Die völlige Abhängigkeit von Schiedsrichtern, die die Einhaltung der Regeln erzwingen und in unklaren Fällen entscheiden, wer gewonnen hat, enthebt die Baseballspieler aller moralischen und persönlichen Verantwortung und ermuntert sie tatsächlich dazu, auf jede Weise zum Ziel zu kommen. Die Baseballstatistik macht deutlich, was für eine Auffassung vom Wert des Menschen hinter diesem Spiel steckt: Die Spieler werden nach den Punkten, Treffern, Anläufen usw., die sie gesammelt haben, bewertet. Alles geht auf Gewinn, Wettbewerb, Kampf aus, und engt die Spieler ein.

Kinder, die Expansionsspiele gespielt haben, haben große Mühe, die starke Anziehungskraft des Baseballs in der Vergangenheit zu verstehen. Viele der heutigen Spiele werden von den Kindern selbst improvisiert und dann jeden Tag wieder verändert. Diese Verbesserungen bewegen sich im allgemeinen in Richtung auf Einfachheit, Harmonie und ein absolutes Minimum an Ermüdung. Da keine Schiedsrichter eingreifen, haben die Spieler selbständig moralische Entscheidungen zu treffen.

Auf einem Stück Flachland lassen mehrere Kinder jeweils zu zweit aerodynamische Plastikscheiben hin und her fliegen. Ein Kind wirft, sein Mitspieler läuft und versucht, die Scheibe irgendwo aufzufangen, wenn möglich, mit einer Hand. Die Regeln sind relativ einfach, können aber ständig gewechselt werden und werden von niemandem kontrolliert. Es gibt keinen Einspruch und keine „Aus"-Linie. Auf diese Weise sind die Spieler selbst Richter in eigener Sache. Sie fällen moralische Urteile. Die größte Freude ist ein mit Vollkommenheit ausgeführter Wurf und ein aufsehenerregender Fang. In einem solchen Fall bekommt keiner von beiden Punkte angerechnet. Die Belohnung liegt vollständig in den Spielern selbst. Es gibt keine äußeren Richtlinien, keine statistischen Vergleiche, nur den absoluten Wert der individuellen Fähigkeit, Bemühung und Ehrlichkeit. Drüben, auf dem gewellten Teil des Spielfeldes, sehen wir eine Gruppe von vielleicht zehn Kindern wild von einer Hügelkuppe zur anderen rennen, um sich dann im Kreise niederzusetzen. Dann schleichen sie katzengleich zur nächsten Kuppe und lassen sich dort nieder. Ich schlage meiner Frau vor, daß wir eine Weile stehenbleiben und herauszufinden versuchen, was das Wesen dieses Spiels ist. Aber sie ist mehr an Johnny interessiert, und wir sehen schon, daß er nirgends auf dem Spielfeld sein kann. So gehen wir an der großen Kunst-Kuppel vorbei, die am Ende des Spielfeldes steht, zur Zentralhalle.

Ich frage meine Frau: „Bist du hungrig? "

„Ja, ja, ja."

Wir gehen schneller. Den ganzen Weg über werden Eltern und Erziehern im Computer-Ablesesaal Erfrischungen angeboten. Bequeme Sessel und Sofas sind zu ungezwungenen Gruppen zusammengestellt. Aus vielen Stereoanlagen strömt Musik in den Raum. Über die eine Wand ziehen sich Computer, die Eltern und Erzieher nach Daten der Kennedy-Schüler befragen können. Die Eltern, die durch ihre EIKs elektronisch identifiziert werden, können sich nur über ihre eigenen Kinder informieren, während die Erzieher über jedes Kind der Schule Auskünfte einholen können. (In einem anderen, kleineren Raum können die Kinder dieselbe Art von Rückkoppelung über sich selbst erfragen und erhalten.) In Sekundenschnelle wird der Computer die neuesten Daten darüber liefern, wieviel Zeit das Kind auf jedes der Lernenvironments verwandt hat. Er wird den „Fortschritt" des kleinen Kindes in der Halle der Grundwissenschaften analysieren, oder er wird zeigen, welche Art von Information ein älteres Kind mit seinem Fernleseapparat erfragt hat. Er wird auf Anfrage auch einen Durchschnittswert für „Einzigartigkeit" liefern oder für eine Anzahl anderer Durchschnittswerte, wie z. B. Einfühlsamkeit, Freude am Lernen, körperliche Entwicklung, Wachheit, Bewußtseinskontrolle und ähnliches. Man warnt Eltern und Kinder aber, diese Durchschnittswerte zu ernst zu nehmen. Sie sind nur grobe Angaben einer Entwicklung, keine Wertungen im alten Sinne. Das beste an dem Computer-Ableseraum ist, so finden die meisten Eltern, nicht das Ablesen des Computers, sondern die fröhliche Atmosphäre der Verbundenheit zwischen Eltern und Erziehern — und vielleicht die Erfrischungen.

Wir erreichen die Haupthalle jedoch nicht, trotz unseres Hungers. Auf dem Weg kommen wir an einer Gruppe von Jugendlichen auf einer grünen, von schattigen Bäumen umstandenen Lichtung vorbei. Etwas in der Art, wie sie dasitzen, zieht uns an. Wir sehen sofort, daß Johnny dabei ist und daß sie alle geweint haben. Meine Frau geht langsam hinüber und läßt sich auf dem Gras neben ihm nieder. Ich folge ihr. Kein Wort wird gesprochen. Wir machen es uns auf dem Boden bequem und stimmen unser Bewußtsein auf die Gefühle der Kinder ein. Langsam ergreift ihre Melancholie auch von uns Besitz. Ich schließe die Augen, und eine weinrote See, auf der Saphire und Gold funkeln, erstreckt sich an die Horizonte meines inneren Bildes. Ein Gefühl von Vergeblichkeit, von äußerstem Verlorensein, überwältigt mich. Ich öffne meine Augen und blicke in die der Kinder um mich herum. Ihre Augen glänzen von Tränen. Sie sehen mich mit direktem Blick offen an, und ich merke, wie mir selbst das Wasser in die Augen steigt.

„Wir konnten nicht weitermachen", sagt Johnny leise und gibt mir das Manuskript einer Geschichtsdrama-Sitzung, dünne Blätter aus durchsichtigem Plastik, von einer Spirale zusammengehalten.

Thukydides: „Der Peloponnesische Krieg".

Ich nicke und sage: „Ich weiß, was du meinst."

„Wir *versuchten*, Athener zu werden. Wir versuchten, die Rollen durchzuhalten. Aber sieh mal . . ."

Er übergibt mir das Manuskript und zeigt auf einen Abschnitt in „Der Dialog der Meler":

Meler: Aber müssen wir eure Feinde sein? Würdet ihr uns nicht als Freunde empfangen, wenn wir neutral sind und mit euch Frieden halten wollen?

Athener: Nein, eure Feindschaft schädigt unsern Ruf nicht so sehr wie eure Freundschaft, denn eure Feindschaft ist in den Augen unserer Bürger ein Beweis unserer Macht, eure Freundschaft einer unserer Schwäche.

„Und dann", sagt Johnny, „fingen die Athener an, alle erwachsenen Männer dieser — dieser kleinen Insel — zu ermorden, und machten aus allen Frauen und Kindern *Sklaven*. Das ist schwer zu verstehen. Es ist schwer, die Rollen zu spielen."

Tränen fangen an, ihm übers Gesicht zu strömen.

„Wir versuchten gestern Nachmittag den Melischen Teil durchzuspielen, aber wir wurden nicht besonders gut damit fertig. Und dann waren wir heute morgen in der Athener Bürgerversammlung und trafen die Entscheidung, Sizilien zu überfallen, und — in gewisser Hinsicht waren sie so herrliche Menschen — die meisten von uns wissen, wie es dann enden wird — wir alle brachen zusammen und konnten nicht weitermachen. Wir können niemanden finden, der die Rolle des Alkibiades spielt. Ich weiß nicht, ob wir *jemals* damit fertig werden."

Verschiedene Kinder, die Johnnys Worte mit anhören, fangen an, laut zu schluchzen. Zwei kleine Mädchen drängen sich in die Arme meiner Frau.

„Sei nicht unglücklich darüber, Johnny", sage ich. „Jeder, der den Peloponnesischen Krieg oder *irgendeinen Krieg* — nacherleben kann, ohne zu weinen, hat irgendeinen Defekt. Irgend etwas fehlt ihm."

„Ja, aber ist es denn nicht wahr, daß die Menschen früher fähig waren, von Kriegen zu lesen, ohne zu weinen? *Das* kommt mir so traurig vor. Es kommt mir — verrückt vor oder so."

„Das muß dir auch verrückt vorkommen. Aber ich will dich daran erinnern, daß sogar deine Großmütter und Großväter noch zu jenen tränenlosen Leuten gehörten. Die Menschen studierten die Kriege mit einer Haltung, die dir verrückt erscheinen *muß*. Aber ich will das Wort nicht gebrauchen, ‚unmenschlich‘ ist besser. Sie waren dazu imstande, das Ganze als eine Art Schachspiel zu betrachten. Sie wurden zum Beispiel ‚Experten‘ von so etwas wie unserem eigenen Bürgerkrieg von 1861, zeichneten völlig fasziniert die Schlachten in Karten ein, und dabei *fühlten* sie nie etwas, außer vielleicht der glühenden Hoffnung, daß die eine oder andere Seite siegen möge, oder sie waren von Strategie und Taktik ganz bezaubert. Manchmal empfanden sie auch so etwas wie ‚Ruhm‘, was nicht so sehr ein Gefühl ist, als vielmehr ein Ersatz des Gefühls, das von den zivilisierten Gesellschaften programmiert wurde zu dem Zweck, an die Stelle von Gefühlen zu treten oder sogar wichtige persönliche Empfindungen zu blockieren. Wir müssen uns mit der Tatsache abfinden, Johnny, die Leute waren wirklich imstande, brutale Morde und sinnlose Zerstörungen in Büchern und Filmen zur Kenntnis zu nehmen, ohne dabei auch nur die leisesten menschlichen Gefühle zu entwickeln."

„Aber warum nur, wie konnten sie das nur tun? "

„Sie waren *unerzogen*. So einfach ist das. Weißt du, Johnny, bis vor kurzem war die sogenannte Erziehung meist nicht viel mehr als das ‚Lehren‘ von Fakten und Begriffen. Noch in den späten sechziger Jahren des 20. Jahrhunderts konnten die Leute die Schule ganz durchlaufen und doch das bleiben, was man in der Sprache jener Zeit emotionale Krüppel, Sinnes-Ignoranten und somatische Trampeltiere nannte. Das ist schon an sich eine der traurigsten Sachen, die man sich denken kann. Über die Tragödie des Krieges, insbesondere eines solchen Krieges wie des Peloponnesischen, zu weinen, ist Teil des Lernprozesses, und ich meine, auch eine Möglichkeit, sich in wichtigen Gefühlsregungen zu üben — unendlich viel wichtiger als das Einprägen von Namen und Daten."

„Aber wir prägen uns doch all diese Dinge ein", sagt Johnny, „wie kann man das vergessen, wenn man es einmal *erlebt* hat."

„Ja, du kannst es auf mehr als einer Ebene erleben. Mit Hilfe seelischer Beweglichkeit kannst du erfahren, was du als ein Athener des Jahres 415 vor Christus gefühlt hättest, was du — wenn du mit seinem Text arbeitest — als Thukydides fühlst, und was du heute dabei fühlst. Und gibt es da nicht irgend etwas Gemeinsames? Spürst du nicht in Thukydides eine gewisse Ironie, Zorn, tiefe persönliche Trauer über die Ereignisse, die er beschreibt?"

„Ja, das spüre ich, wir alle spüren es. Es macht die Sache nur noch trauriger."

Jetzt hatten sich die Kinder der Geschichtsdrama-Gruppe um mich und Johnny geschart.

„Warum bleibst du nicht heute bei uns?" fragt eins der jüngeren Mädchen und sieht erst mich und dann meine Frau an.

„Warum kannst du nicht den Alkibiades spielen?" fragt mich einer von Johnnys Freunden. „Und Johnny kann dann der Nikias sein, und wir können wieder von vorn beginnen."

„Und wir werden Athener sein", sagt das Mädchen mit Entschiedenheit. „Wirklich."

So finden wir uns wieder einmal, wie schon so oft bei unseren Besuchen, in eine der Lernsituationen hineingezogen. Diese Gruppe unter den Bäumen verwandelt sich in die Athenische Volksversammlung. Ich verwandle mich in den jugendlichen Alkibiades mit all seinem Stolz und seinem Übermut, in ein Instrument der uralten männlichen Verschwörung von „Ehre", „Macht" und „Ruhm", während mein Sohn sich in den alten Nikias verwandelt, den General wider Willen, der vergeblich gegen den Wahnsinn von Arroganz und Macht predigt. Die Stunden vergehen. Wir segeln nach Sizilien und dann in den langsamen, tödlichen Strudel der Vernichtung, in die albtraumhafte Auflösung der Träume von Ruhm, in die Bestätigung von Thukydides' Urteil, daß die ungebändigte menschliche Natur letztlich „in der Leidenschaft nicht zu beherrschen, durch das Recht nicht zu lenken und allem Höheren gegenüber feindlich" ist.

Wir kehren aus der Vergangenheit mit einem neuen Sinn für Gemeinschaft und Liebe zurück, sitzen stumm im Kreise und halten uns bei den Händen. Wir schämen uns unserer Tränen nicht, vergessen die Unterschiede von Alter und Geschlecht. Im schwindenden Sonnenlicht feiern wir die Gegenwart. Die Kraft unserer Fähigkeit, zu fühlen, rettet uns vor der Geschichte. Wir wissen, daß Thukydides irrte. Die menschliche Natur ist, was wir daraus machen. Nichts von all dem braucht jetzt laut gesagt zu werden. Der Augenblick geht über Worte hinaus. Und ich kann nicht sagen, wie lange es dauerte, bevor meine Frau und ich, als wir auf einem anderen Bewußtseinszustand angekommen sind, uns daran erinnern, daß wir noch nichts gegessen haben.

Die Zukunft — heute

Es wird im Jahre 2001 nach Christus keine Kennedy-Schule geben. Ein großes Angebot an Schulen wird dann, so dürfen wir hoffen, weit mehr bieten. *Aber die Kennedy-Schule kann heute existieren.*

Die in den zwei letzten Kapiteln betrachteten Erziehungstechniken sind offensichtlich noch nicht voll und ganz bis zu uns gelangt. Aber sie sind uns näher, als man sich vielleicht vorstellt. Die Anstrengung unseres ganzen Volkes — weit weniger kostspielig als das Raumprogramm der USA — könnte sie lange vor der Wende des Jahrhunderts ins Leben rufen. Viele der neuen Techniken sind schon verfügbar (wie wir sehen werden), aber bisher hat sie niemand in einem umfassenden Erziehungsenvironment zusammengezogen. Die meisten Dinge, die man in der Kennedy-Schule elektronisch erledigte, können *jetzt und heute* von Menschen getan werden.

Tatsächlich basiert alles in den vorhergehenden Kapiteln Behandelte auf etwas, das es schon gibt.

Deshalb werde ich in diesem und im nächsten Kapitel kurze Beschreibungen der Quellen für die Hauptideen der Kennedy-Schule geben. Sie stehen nur für einen kleinen Teil der vielen Organisationen und Menschen, die in ein bisher unerforschtes Gebiet der Erziehung vorwärts drängen. Aber sie sind vielleicht für solche Erzieher, Eltern und Studenten nützlich, die nicht daran interessiert sind, das gegenwärtige Erziehungssystem zu unterstützen, sondern ein neues schaffen möchten. Sie versichern, daß echte Alternativen möglich sind, daß eine weit verbreitete, wirkungsvolle und fröhliche Erziehung nicht nur möglich ist, sondern wirklich direkt vor uns liegt.

Der Freie Lerner ist zum Lieblingsbegriff aller über das Land verstreuten „freien Universitäten" geworden. Aber es ist schwierig gewesen, das Konzept für das Studium wirksam zu machen. Alle, die am akademischen Leben teilgenommen haben, neigen zu Spezialistentum und Theorie. Oft tendieren sie, ohne sie je in Frage zu stellen, dazu, der „Akademischen Irrlehre" zuzustimmen, „das Leben des Geistes" sei alles, was wirklich zähle. Die Einstellung der Akademiker zum Freien Lernen hat sich normalerweise immer entweder als negativ oder als esoterisch erwiesen. Experimentelle Colleges schaffen Examina, Zensuren und Klassen ab — vielleicht ein guter erster Schritt. Zu oft jedoch unterlassen sie es, neue Erziehungskonzepte an die Stelle der alten zu setzen. Auch wenden sie zu wenig Aufmerksamkeit auf die Errichtung umfassender, die Lernenden ganz in Anspruch nehmender Environments. Einige Reformatoren der akademischen Ausbildung nähren einen kindlichen Glauben daran, daß wirkliches Lernen automatisch einsetzen wird, sobald einmal der Zwang beseitigt ist. Ganz so einfach ist es freilich nicht.

Freie Universitäten haben gelegentlich Literatur- und Geschichtskurse durch Kurse über „Bewußtsein und Gesellschaft" oder „Die Suche nach der Identität" ersetzt. Vielleicht auch ein beachtlicher Schritt. Aber es sind noch immer Kurse mit Lehrern und Studenten, keine richtigen Lernenvironments. Von seiten der intelligenteren Collegestudenten und Fakultätsmitglieder werden mit erheblichem Druck Reformen gefordert, und in vielen Universitäten wird eine Menge Energie auf Versuchsprojekte verwendet. Trotzdem wird wahrscheinlich der Freie Lerner zuerst in den unteren Klassen auftauchen.

Die beste Freie Lern-Schule, die ich besichtigt habe, liegt in einem eher düsteren vierstöckigen Gebäude, West 15. Straße, New York City. Diese Schule ist von dem Schauspieler Orson Bean als eine Schule des Summerhill-Typs entworfen worden, freilich mit einem Unterschied. Die meisten Abkömmlinge der Summerhill-Schule sind in erster Linie negativ orientiert, d. h. sie streben danach, alle Zwangsaspekte der konventionellen Schule zu beseitigen, ohne sich gleich viel Mühe zur Schaffung neuer Motivationen zu geben. Die Schule in der 15. Straße aber versucht leidenschaftlich und erfolgreich, das elementare Lernen auszubauen, und zwar ohne gegen das Prinzip des Freien Lernens zu verstoßen.

Von dem Augenblick an, da ein Kind das Gebäude betritt, bis zu dem, wo es die Schule verläßt, kann es völlig frei hingehen, wo es will, und tun, was es will, solange es nicht sich selbst oder einem seiner Mitschüler dadurch Schaden zufügt. Durch alte Flure wandernd, treppauf und treppab kletternd, zeigen die Kinder dieser Schule bereits jene fröhliche Intensität, die ich mir in der weit freundlicheren Umwelt des 21. Jahrhunderts vorstelle. Das gesamte Erdgeschoß des Hauses besteht aus einer Turnhalle, einer rechteckigen Fläche mit buntem Fußboden. In der Turnhalle finden die Kinder eine große Menge Spielzeug, Bälle, Schaumgummischläger, Decken und große Pappkartons. Zwei alte Klaviere gibt es und eine Musikbox, die ohne Geld Rock-Musik spielt. An einem Ende der Turnhalle ist ein kleines Podium und an dem anderen ein Zimmerchen, in dem die Kinder oft geheimnisvolle kleine Welten schaffen, die für Erwachsene beinah unzugänglich sind.

Der Erziehungsdirektor der Schule, ein großer praktischer Mann mit hohen Backenknochen namens Wilbur Rippy, hält die Turnhalle „für den wichtigsten Raum hier. Das junge Tier muß sich erst einmal *bewegen*, das hält es lebendig. Alle Sinne sind in Tätigkeit – Gesicht, Gehör, Tastsinn, kinästhetisches Vermögen. Sie zeigen dem Kind: Die

Welt ist wirklich hier und jetzt".

Es ist höchst instruktiv, einen Tag in der Turnhalle zu verbringen. Mit dem Kommen und Gehen der Kinder verwandelt sich die Stimmung des Ortes wie der Himmel an einem Sommertag. Nach lärmenden Verfolgungsjagden folgen Zeiten des Beobachtens und Abwartens. Ein Kind stellt das elektrische Licht ab, und die einzige Beleuchtung des Raumes kommt durch die Fenster am äußersten Ende. Die Turnhalle ist jetzt eine stille und geheimnisvolle Höhle. Die Sinne werden hellwach. Die Kinder spüren sich gegenseitig, ihre Bewegungen und ihre Gefühle. Eine neue Gruppe kommt herein. Irgendjemand stellt die Musikbox an, wieder verändert sich alles.

Warum verbringen die Kinder nicht ihre ganze Zeit in der Turnhalle, wenn es ihnen vollständig freisteht? Eine solche Frage kommt als erste natürlich uns, die wir stundenlang unter dem Befehl von Lehrern stillsitzen mußten und erlebt haben, wie die gleiche Sache immerzu wiederholt wurde, während wir sehnsüchtig auf Flucht sannen. Die Kinder dieser Schule verlassen die Turnhalle, weil ihnen Leib und Seele sagen, daß sie nun genug haben, und weil es andere faszinierende, sie ganz in Anspruch nehmende Lernenvironments im Hause gibt. Zum Beispiel gibt es im vierten Stock einen Clubraum, wo Kinder herumsitzen und lesen können, ein behaglicher Platz mit bequemen Stühlen, die um einen Tisch herumstehen, und Kissen rings an den Wänden. Vielleicht ist ein „Lehrer" dort, aber das Kind empfängt keine Belehrung im konventionellen Sinne. Es benützt die Sullivan-Programme (vgl. das 2. Kapitel) und kann daher dort anfangen, wo es beim letztenmal stehengeblieben ist. Wenn es Hilfe braucht, gibt es andere Kinder, die ihm helfen können. Wilbur Rippy hat nämlich entdeckt, daß Kinder die allerbesten Lehrer sind. Oft, wenn Kinder bei einer Aufgabe wie Lesen an einen toten Punkt kommen, überwinden sie ihn leichter mit der Hilfe eines anderen Kindes als mit der eines Erwachsenen.

Es gibt noch andere Räume und Umwelten, z. B. eine Holzwerkstatt, einen Mathematikraum, eine Küche, einen Ruhe-Raum, zwei Balkons und einen Dachgartenspielplatz. Ein großes Zimmer im dritten Stock ist für die Kunst reserviert. Jedes erreichbare Material für künstlerische Betätigungen steht den Kindern zur Verfügung. Wilbur Rippys Frau Rachel bleibt meistens in diesem Zimmer, nicht um die Kinder zu unterweisen, sondern um ihnen auf Wunsch zu helfen und um ihnen die Rückkoppelung für ihre Tätigkeit zu geben. Ein anderes großes Zimmer auf dem gleichen Stockwerk enthält Tische, Nachschlagwerke, Schaubilder und eine Menge Kinderbücher. Das Auffallendste an diesem Zimmer aber ist ein großer Vorrat an Gegenständen, die man vielleicht „Abfall" nennen könnte: Holzblöcke verschiedener

Größe, Drähte, Seile und alles mögliche Elektromaterial und andere Apparaturen. Hier können die Kinder ihre eigenen Welten bauen, ihre eigenen Lernenvironments.

Während meiner Besuchszeit erfand ein Sechseinhalbjähriger namens Alan für sich ein Lernenvironment, das so effektiv, umfassend und vollkommen war, daß Erzieher aller Grade sehr wohl von ihm lernen könnten. Da bei Alan alles mit Krieg zu tun hatte, war ich zunächst etwas abgestoßen. Dann aber merkte ich, daß er — mehr als irgendjemand, den ich kenne — den Krieg haßte und fürchtete ebenso wie das auf Krieg ausgerichtete Bewußtsein, das das amerikanische Leben kennzeichnet. Es war, als könne er dadurch, daß er den Krieg bis zu seinen Wurzeln hin zu verfolgen versuchte, eine Art von Gewalt über ihn erlangen. Alans Ausgangsbasis war eine Ecke in dem Lese-, Nachschlag- und Abfallraum. Dort hatte er eine eindrucksvolle Festung gebaut, deren Aussehen und Bewaffnung sich während des Feldzuges, den er führte, allmählich veränderte. Alan verbrachte ziemlich viel Zeit bewaffnet und behelmt in seiner Festung, aber weit mehr Zeit bei dem, was er „seine Arbeit" nannte. Seine Arbeit bestand im Ausfüllen von Skizzenblättern mit langen Schlachtplänen. Lebendig und exakt bis ins Detail warf er diese Zeichnungen in großer Geschwindigkeit und mit einem Minimum an Bleistiftstrichen hin. Als ich ihm erzählte, daß meine eigene Kriegserfahrung mir zum Glück das Leben in Schützengräben erspart hatte, fragte er mich: „Willst du wissen, wie Schützengrabenkrieg aussieht? " und blätterte ein volles Skizzenheft durch. Die Skizzen, die er mir zeigte, vermittelten mir wirklich die *Erfahrung*, in einem Schützengraben des Ersten Weltkrieges zu liegen — die beengende Umgebung, das Gewirr von Stacheldraht, explodierende Granaten und die entfernte, aber unheimliche Gegenwart des Feindes.

Nach einigen Tagen erfuhr ich, daß Alans „Arbeit" ein beinah überdimensionales Projekt war: Er war dabei, eine Geschichte in Bildern zu schaffen von jedem Krieg, den die Vereinigten Staaten, vom Unabhängigkeitskrieg bis hin zum Vietnamkrieg, geführt haben. Zur Zeit meines Besuches war Alan gerade bei den nordafrikanischen Schlachten des Zweiten Weltkrieges angelangt. Sobald Alan noch Informationen über eine Schlacht oder die Art der Kriegsführung brauchte, holte er sich ein Buch über den Feldzug, meist auf dem Niveau von Elf- bis Zwölfjährigen geschrieben, zog sich in eine Ecke zurück und las begierig. Hier gab es kein „Motivations"-problem.

Manchmal ging er auch in den Kunstraum und malte die Flaggen der kriegführenden Parteien und ihre Abzeichen und modellierte Tanks und Kriegsschiffe in Ton. In der Holzwerkstatt baute er die dazugehörigen Waffen. In der Turnhalle erfand er Kriegsspiele. In einer durchaus rationalen Wendung aber konnte er auch Friedensmärsche organisieren und verteilte handgeschriebene Plakate mit dem Text: „Kriegführen ist Krankheit."

Alans Hauptquartier befand sich vielleicht nicht zufällig in Hörweite von dem Tisch, an dem Wilbur Rippy laut über Geschichte, Geographie, Evolution usw. las und diskutierte. Während Rippy las, setzte Alan seine Arbeit fort und schien kaum Notiz von der „Lektion" zu nehmen, tatsächlich aber nahm er alles auf. Wenn Rippy hinausging, ging Alan meist rasch zu dem Tisch, durchforschte das geschriebene Material, betrachtete die Bilder, studierte die Beispiele und murmelte dann vor sich hin: „Ich muß zurück zu meiner Arbeit." Lesen war natürlich für Alan kein Problem. Er brauchte nicht wie in einer gewöhnlichen Schule seine Zeit damit zu verplempern, zuzuhören, wie andere an Worten herumbuchstabieren. Für Mathematik holte ich mir die Beurteilung der jungen Frau, die dieses Lerngebiet betreut: „Alan kommt ein oder zweimal in der Woche vorbei", sagte sie mir, „arbeitet die Aufgaben aus und verbalisiert sie dann so gut wie jeder andere hier. Nach fünf bis zehn Minuten sagt er meist: ‚Ich muß zurück zu meiner Arbeit' und geht."

Die Kinder in dieser Schule bringen ihr eigenes Mittagessen mit und können essen, wann sie wollen (manche essen, sobald sie ankommen). An einem meiner Besuchstage hörte ich, wie Alans Mutter beim Abholen zu ihm sagte: „Aber nein, du hast doch nicht schon wieder vergessen, dein Mittagessen zu essen!" Daß ein Kind so von seiner „Arbeit" in Anspruch genommen sein kann, daß es darüber das Essen vergißt, ist nur ein Indiz dafür, wie faszinierend Erziehung sein kann.

Ich möchte mir nicht ausmalen, was einem Kind wie Alan in einer gewöhnlichen Schule widerfahren würde. Lassen wir mal für einen Augenblick die psychologische Qual, die menschliche Tragödie beiseite und sehen wir uns nur die Ineffizienz an, und das nicht nur für ein Kind wie Alan, sondern für alle Kinder. Wenn es stimmt, daß Menschen einzigartig und individuell sind, dann muß jedes System, das mit festen Lehrplänen arbeitet, einfach wahnsinnig ineffizient sein. Es mag sauber und bequem scheinen, aber das ist eine Illusion, die nur dadurch aufrechterhalten wird, daß man behauptet, individuelle Unterschiede seien nicht wichtig und das Potential des Menschen sei unglaublich gering. Aber das bedeutet im Grunde, daß man Erziehung aufgibt und sich auf Kontrolle konzentriert. Für einen mutigen und anpassungsfähigen Erzieher ist die Methode des Freien Lernens nicht nur pädagogisch fruchtbarer, sondern letztlich auch leicht zu handhaben. Am besten fängt man mit den Jüngsten an. Kinder, die jahrelang in konventionellen Klassenzimmern gesessen haben, explodieren bei ihrer Versetzung in Frei-Lern-Situationen zunächst eine Zeitlang einfach. Die Erfahrungen mit Neuzugängern in der Schule der 15. Straße haben jedoch gezeigt, daß sich die Kinder schnell anpassen. Dem nicht eingeweihten Beobachter kann die Frei-Lern-Situation manchmal, wenn er nur die „Oberfläche" sieht, als Krach und großes Durcheinander vorkommen. Im Unterschied dazu erscheint das konventionelle Klassenzimmer an der Oberfläche ruhig und ordentlich, Lärm und Durcheinander sind dort in den Seelen der Kinder.

Die Schule auf der 15. Straße hat weder Computer noch elektronische Identifikationsgeräte, mit deren Hilfe man feststellen kann, wieviel Zeit jedes Kind in den verschiedenen Lernenvironments verbringt. Die Erzieher übernehmen diese Aufgabe. Sie machen es sich zur Pflicht, zu wissen, wo und wie jedes Kind seine Zeit verbringt (wenn auch nicht mit mathematischer Präzision). Wenn zum Beispiel ein Kind seine ganze Zeit in der Turnhalle verbringt, dann suchen die Erzieher zunächst herauszukriegen, warum, und entwerfen dann Lernsituationen, die das Kind von dort weglocken. Da die Schule noch klein ist (60 Kinder und 5 Erzieher), ist es leicht, zu wissen, was jedes Kind tut. (Größere Schulen könnte man in ebenfalls kleine Einheiten auflösen.) Auf alle Fälle hat die Schule in der 15. Straße gezeigt, daß Freies Lernen in der Unterstufe möglich und sicher nicht mit den wenig anspruchsvollen „akademischen" Zielen der heutigen Erziehung unvereinbar ist.

Die totale Lernumwelt ist ein zentrales Thema während dieser ganzen Untersuchung über Erziehung und Ekstase gewesen. Kein Lernakt existiert in einem Vakuum. Erst wenn man die Lernumwelt als ein Ganzes betrachtet und behandelt, kann Erziehung richtig wirkungsvoll und erfreulich werden. In den meisten Schulen wird nicht vierundzwanzig Stunden am Tag unterrichtet. Aber die inspirierte und hingebende Anteilnahme der Eltern kann dazu beitragen, die zerstückelten Tage zusammenzufügen. Die besten Neuerungsschulen möchten die Eltern eng in den Kreis des Lernens einbeziehen.

Das totale Environment, das Ineinandergreifen aller Faktoren innerhalb eines Erziehungssystems, sollte gerade denjenigen rasch einleuchten, die jetzt als Systemtechniker dabei sind, in Großbetrieben die Ausbildungsmöglichkeiten zu untersuchen. Bis jetzt haben die Systemtechniker die Neigung, nur jene Aspekte der Erziehung, die gemeinhin als Angelegenheit der Schule gelten, in ihre Systeme aufzunehmen, d. h. in Wirklichkeit nur einen geringen Teil. Wenn jedoch diese Ausbildungstechniker ihr eigenes Rückkoppelungs-System offenhalten — d. h. wenn sie weiter aus dem lernen, was sie analysieren —, dann wird sich, glaube ich, auch ihr Horizont erweitern.

Die Frage bleibt: Kann man wirklich durch eine totale, bewußt geplante Umwelt die menschliche Natur von Grund auf verändern? Falls ein Beweis für die Bejahung der Frage gebraucht wird, so kann ihn eine Organisation namens „Synanon" liefern. Weder die stärksten Charakterstörungen oder die „hoffnungslosesten" Formen von Rauschgiftsucht noch „die menschliche Natur" selbst haben sich immun erwiesen gegen ihre vierundzwanzigstündigen Erziehungstechniken. Und Erziehung ist genau das, wofür die Leiter von Synanon ihre Arbeit halten.

Es ist schwer, diese Gesellschaft mit kurzen Worten zu charakterisieren. Auf den ersten Blick scheint Synanon voll von Widersprüchen. Und wenn man sie mit einer bekannteren Organisation vergleicht, so scheint der Vergleich unvermeidlich Mängel an Synanon aufzuweisen. Ihre Struktur ist hierarchisch, ja sogar paramilitärisch, und doch geht es Synanon um die höchste menschliche Freiheit. In einem ihrer Erziehungsmittel (dem „Synanonspiel") wird ein neues Mitglied der unteren Ränge dafür ausgezeichnet, daß es dem Direktor Schimpfworte ins Gesicht schleudert; in einem anderen Fall kann es ihm passieren, daß er den Kopf gewaschen bekommt, wenn er gegenüber seinem unmittelbaren Vorgesetzten viel weniger geäußert hat. Die Theoretiker von Synanon folgen dem Konzept von Maslow (Höchstleistungserfahrung, Selbstverwirklichung) und Rogers (menschliche Werte, unbedingte Liebe). Wenn sie auch eine gewisse Abneigung gegen den radikalen Behaviorismus Skinners empfinden, so sind doch alle Synanon-Leute ganz offenkundig Skinnerianer, und *reinforcement* ist ihr taktischer Lieblingsausdruck. Nichts von all dem ist wirklich widersprüchlich.

Synanon wurde 1958 von Charles (Chuck) Dederich als eine Methode zur Behandlung von Rauschgiftsüchtigen gegründet. Dederich kaufte ein altes Haus am Strand von Santa Monica in Kalifornien und konstruierte eine exakt durchdachte Lebenssituation, in der die Süchtigen die direkten kurzfristigen und langfristigen Folgen jeder Tat gewärtigen mußten. Das Wertsystem, auf dem das Synanon-Ermutigungssystem beruhte, war im allgemeinen mit dem identisch, was in der übrigen Gesellschaft gepredigt (aber nicht gelebt) wird: absolute Ehrlichkeit, persönliche Verantwortung, Zusammenarbeit, Liebe. Die Erfahrung gab ihm wenig Hoffnung auf Erfolg: Seit Sigmund Freud hatte sich jede Therapie gegenüber den Auswirkungen der Sucht auf den Charakter als hilflos erwiesen. Dederich aber bot keine Therapie und Theorien an, sondern richtete sein Augenmerk auf das Leben, d. h. auf die Erziehung in einer total geplanten Umwelt, die geeignet war, Menschen zu *verändern*. Was passierte? Von allen Süchtigen, die nach Synanon gekommen sind, ist mehr als die Hälfte für immer geheilt worden.

Das ist aber für Dederich und seine Mitarbeiter nur ein Anfang. Während ich schreibe, unterhält Synanon Häuser in Santa Monica, San Francisco, San Diego und Marshall in Kalifornien, New York City und Detroit, ein eigenes Werbeunternehmen und mehrere Fürsorgestellen.

Ungefähr tausend Männer, Frauen und Kinder leben ganz in Synanon-Häusern. Dazu kommen etwa 2500 „Normale" (Nichtsüchtige), die Mitglieder des Synanon-Clubs sind, das bedeutet, daß sie mehrere Stunden, mindestens eine Nacht in der Woche, in einem Synanon-Institut verbringen. Obgleich die Synanon-Organisation zunächst ihre Erziehung nur für Menschen in dem schrecklichen Zustand der Sucht gedacht hatte, ist ihr Ziel letztlich nicht weniger als die Schaffung einer gewaltigen und utopischen „Gemeinschaft" mit Millionen von Mitgliedern aus allen Lebensbereichen. Diese Gemeinschaft würde durch ihr Beispiel von Redlichkeit und Erfolg auf die übrige Gesellschaft einwirken und vielleicht auch ökonomischen und politischen Druck ausüben können.

Süchtige kommen freiwillig zu Synanon, „durch den Haupteingang". Neuankömmlinge müssen zwei Gebote strikt befolgen: kein Rauschgift, einschließlich Alkohol, und keine Gewalt. Der Neuankömmling erklärt sich außerdem bereit, seinen ganzen Besitz der Organisation zu vermachen und neunzig Tage lang jeden Kontakt mit Freunden und Verwandten zu meiden. Auf diese Weise wird er erfolgreich aus seiner alten Umgebung herausgenommen und damit den Faktoren entzogen, die ihn in erster Linie süchtig werden ließen.

Der Narkotika beraubt, beginnt der Neuankömmling seine physische Entziehung. Er tut das auf einer Couch im Wohnzimmer des Hauses, wo ihn alle Vorbeikommenden sehen können. Man schenkt ihm kein unpassendes Mitleid und keine übermäßige Beachtung, wenn er sich am Boden wälzt. Ganz im Gegenteil. Und unter solchen Umständen entwickeln sich die Dinge viel weniger dramatisch, als sie meist im Kino gezeigt werden. Schließlich kommt der Augenblick, wo die Entziehungssymptome verschwunden sind. Erwartungsvoll blickt der Neuankömmling auf: „Ich hab's geschafft." Er lächelt und erwartet Glückwünsche, er ist der verlorene Sohn, wo ist das Fest zu seinen Ehren? Jemand reicht ihm einen Wischlappen.

Die Mitglieder von Synanon kennen dieses alte Verhaltensmuster nur allzu gut. Der Süchtige wird eine Gewohnheit daraus machen, seine Sucht loszuwerden, um auf diese Weise für seine Mutter, seine Freundin und seine Kameraden im endlosen Kreislauf immer wieder der verlorene Sohn zu werden. Die Mitglieder von Synanon sind zu sehr Skinnerianer, um einen Organismus zu etwas zu ermutigen, von dem sie wünschen, daß er es nicht noch einmal tut. Der Neuankömmling wird seine Belohnung dafür bekommen, daß er seine Arbeit (anfänglich eine niedrige) tut und ein verantwortliches Mitglied der verständnisvollen Gemeinschaft wird. Er wird nicht dafür belohnt, daß er seine „Probleme" „versteht" oder seine „Krankheit" analysiert; für Synanon sind Leute mit Charakterstörungen nicht „krank" oder „böse", sie sind einfach dumm. Sie sind *unerzogen*, vielleicht nicht verbal oder begrifflich, aber doch moralisch und emotional. Ihre Erziehung besteht darin, daß sie die Folgen ihrer Handlungen von Augenblick zu Augenblick, von Tag zu Tag in einer Umwelt hinnehmen müssen, die so umfassend ist, daß ihnen die Flucht in die Dummheit unmöglich wird. Die traditionelle Psychiatrie wird auf den Kopf gestellt. Statt verbal das Unbewußte zu erforschen, um dem Patienten das Verständnis seiner unbewußten Zwänge zu ermöglichen und erst dann etwas dagegen zu tun, werden die Leute in Synanon in Situationen versetzt, in denen sie ihre *Handlungen* ändern müssen. Sobald sie das tun, ändern sich ihre Gefühle gegenüber sich selbst und anderen. Einsicht kann folgen, wird aber nur für die nachträgliche Erklärung einer *veränderten* Handlungsweise und eines veränderten Gefühls gehalten.

Das Synanon-Spiel, das von ehemaligen Süchtigen und „Normalen" gespielt wird, liegt in etwa am anderen Ende des Spektrums von Verhaltensweisen. Gruppen von 8 bis 12 Personen sitzen auf Sesseln im Kreis und drücken sich mit aller ihnen zur Verfügung stehenden Heftigkeit aus. Hier gelten keinerlei Verbote, außer denen physischer Gewalt oder deren Androhung. Wie in Encounter-Basisgruppen wird nach absoluter Ehrlichkeit gestrebt und Belohnungen für den Ausdruck von Gefühlen ausgesetzt. Ein größerer Nachdruck als sonst üblich aber wird auf Aggressivität und Angriffslust gelegt. Synanon-Leiter beschreiben das Spiel als „eine verbale Straßenschlacht". In der Spiel-Situation stellt man fest, daß man verbotene Gefühle offen und ehrlich und ohne Furcht vor Strafen ausdrücken kann. Man wird aber auch befähigt, das Schlimmste über sich selbst anzuhören, ohne vor Selbstmitleid zusammenzubrechen, seine Zuflucht zu Rauschgiftmitteln zu nehmen oder einen anderen Ausweg einzuschlagen, den die Gesellschaft bietet. Jeder Teilnehmer erhält die Rückkoppelung auf sein eigenes Verhalten so, wie man es „draußen" einfach nicht bekommen würde. Und er erhält sie in direkter, aktiver Begegnung, zu der seine eigenen Reaktionen beitragen. Auf diese Weise lernt er und ändert sich. Bewohner von Synanon spielen das Spiel mindestens an drei Abenden der Woche, externe „Normale" meist einmal wöchentlich.

Synanon hat eine Reihe anderer Erziehungstechniken entwickelt: regelmäßige Mittagsseminare für alle Hausbewohner; tage- oder wochenlange „Arbeit des Gehirns", in der die Mitglieder in Interaktionen mit den anderen sich intensiv mit Dingen beschäftigen, die zum intellektuellen Bereich gehören; „Ausschweifungen", in denen ausgewählte Mitglieder — keine Neuankömmlinge — Marathon-Encounter-Sitzungen organisieren, die bis zu dreißig Stunden ohne Pause dauern und in denen, nach den Worten eines Synanon-Leiters, „Extremerfahrungen" schockweise garantiert werden: Visionen, mystische Erfahrungen und alles mögliche andere.

Es handelt sich also hier um eine „Expedition", die damit begann, ein bis dahin unlösbares menschliches Problem zu lösen, und die jetzt darauf ausgeht, Jünger zu werben, und auf dem Weg zu einem beinah mystischen „Trip" ist. Chuck Dederich sagt, das Zurechtrücken von Leuten, deren Kopf verdreht ist, sei nur ein Nebeneffekt gewesen. Aber die Tatsache bleibt, daß Synanon von der Art von Leuten, mit denen sie es zuerst zu tun gehabt hat, geprägt wurde. Diese Leute waren von ihrer Umwelt so beschädigt (oder in Dederichs Worten so „dummheitssüchtig"), daß sie feste Zügel in ihrer neuen Umwelt brauchten. Eine starre autoritäre Struktur war bei ihnen wirksam, bedarf aber wahrscheinlich der Veränderung, wenn sich Synanon zur größeren Gemeinschaft ausdehnt. Nichtsdestoweniger hat Synanon über allen Zweifel hinaus bewiesen, daß eine veränderte Umwelt menschliche Wesen ändern, d. h. erziehen kann.

Technische Erziehungshilfen für die Zukunft kann man sich leicht vorstellen, weil es schon heute so viele gibt. Es ist in der Tat schon heute, angesichts des großen Angebots an Schulcomputern und anderen von der Industrie gelieferten Erziehungsgeräten, für die Erzieher schwer, die Spreu vom Weizen zu sondern. Das Ausmaß unserer technologischen Anstrengungen macht entsprechend große Fehler möglich. Ein Lehrer, der dreißig oder dreihundert Schüler mit einem Minimum an Rückkoppelung unterrichtet, ist schon ziemlich wenig effizient. Aber es brauchte erst den Erfindungsreichtum und die Größe der amerikanischen Technik, damit ein Lehrer mit Hilfe des Fernsehens (im „Studienprogramm") gleichzeitig zu Hunderttausenden von Studenten sprechen kann — ohne irgendeine Rückkoppelung. Die Ergebnisse dieser Art von Fernsehunterricht entmutigen selbst diejenigen, die ihn sonst befürworten. Der Freie Lerner in einem umfassenden Schulenvironment wird dazu beitragen, Irrtümer bei der Auswahl von „Erziehungsmaschinen" zu verringern. Wenn in dieser Situation ein Erziehungsenvironment nicht funktioniert, dann wird der Pädagoge das schnell genug herausfinden. Das ist nicht der Fall, wenn die Schüler tagsüber an ihr Pult gefesselt, nachts mit Hausarbeiten überlastet und gegen ihren Willen gezwungen sind, Examina abzulegen.

Man könnte Erziehungsgeräte auch danach beurteilen, wieviel Freude sie dem Lerner bereiten. Selbst unter engen, praktischen Gesichtspunkten wird Lernfreude im allgemeinen eine Steigerung der Lerneffizienz beweisen. Jenseits der Effizienzfrage könnte man Erziehungshilfen auch danach beurteilen, wie wirkungsvoll sie zur Erreichung der neuen Erziehungsziele beitragen. Ob diese Ziele nun dem im siebten Kapitel beschriebenen ähnlich sein werden oder nicht, jedenfalls werden sie früher, als wir glauben, sich von den stillschweigend akzeptierten beschränkenden Zielen von heute trennen.

Auf alle Fälle ist die Technik auf dem Vormarsch, und wir können aus ihr machen, was wir wollen. Die Halle der Grundwissenschaften in der Kennedy-Schule ist lediglich eine Projektion der Realität von heute. Mehrere Jahre lang hat Dr. Omar Khayam Moore verschiedene Formen einer „sprechenden Schreibmaschine" dazu benutzt, um dreijährigen Kindern das Schreiben, Lesen und die Abfassung kleiner Geschichten beizubringen. Dr. Moore setzt seine Arbeit jetzt am Zentrum für Erforschung und Entwicklung des Lernens an der Universität Pittsburgh fort. Die folgende kurze Beschreibung seines Projekts ist dem Buch „Der Computer in der amerikanischen Erziehung" entnommen, das Don D. Bushnell und Dwight W. Allen 1967 herausgaben: „Das Edison-Reaktions-Environment (Edison Responsive Environment = ERE) ist eine mit einem Computer verbundene Schreibmaschine, die mehrere der Reaktionen eines menschlichen Lehrers reproduzieren soll. Sobald ein Kind eine Taste herunterdrückt, erscheint das entsprechende Zeichen in großen Lettern auf dem Schreibmaschinenpapier und wird zur gleichen Zeit ausgesprochen. Auf einem weiter rückwärts angebrachten Bildschirm werden Buchstaben, Worte und Sätze automatisch verbal erläutert und mit einem Demonstrationsgerät direkt gezeigt. Alle Tasten der Tastatur außer derjenigen, die das Kind drücken soll, können blockiert werden. Statt des Original-Tonbandes kann das Gerät auch die Stimme des Kindes — für Vergleichszwecke — aufnehmen und abspielen.

Normalerweise wird das Gerät so programmiert, daß ein bestimmter Buchstabe gezeigt, die Aussprache abgespielt und nur der Tasthebel freigegeben wird, der dem Buchstaben entspricht. Sobald der Schüler die richtige Taste gedrückt hat, geht das Programm zum nächsten Buchstaben, Wort oder Satz weiter."

Dr. Patrick Suppes vom Institut für mathematische Methoden in den Sozialwissenschaften an der Stanford University gehört zu den Forschern, die gleichfalls den Computer und die Lerntruhe zur Erleichterung und Leistungssteigerung der konventionellen Erziehung verwenden. In der Brentwood Elementary School in Ost Palo Alto, Kalifornien, lernen die Schüler Sprachen und Mathematik von elektronischen Tutoren. Suppers' junge Lerner haben nicht nur durch die

Schreibmaschine Kontakt mit dem Computer, sondern auch durch Benutzung eines „Licht-Stifts", mit dem sie die richtigen Antworten auf dem Schaubild antippen. Auf College-Niveau sind das Multi-Building und das PLATO (Programmed Logic for Automatic Teaching Operations)- Projekt der Universität von Illinois Beispiele für die akademische Behandlung der elektronischen Erziehung.

All diese Projekte müssen — im Vergleich zu dem, was man noch mit ihnen machen kann — als grob und rudimentär angesehen werden. Den meisten von ihnen fehlt der Sinn für Spaß, Spiel, pures Vergnügen. Ihre Erfinder waren zu sehr mit dem Gerät als solchem beschäftigt, um einen Gedanken an das Lernen als Faszination, als eine Art Kunst zu verschwenden.

Eine solche Vision ist aber schon in einigen der eindrucksvollsten Lernenvironments realisiert, die ich besucht habe: in den Licht-und-Ton-Ball-Räumen, die 1965 in San Francisco gebaut wurden. Wie die Halle der Grundwissenschaften in der Kennedy-Schule überwältigen das Fillmore-Auditorium und der Avalon-Tanzsaal die Sinne bei der ersten Begegnung. Zwei Wände fließen von wirbelnden, ständig wechselnden Bildern über. Filmaufnahmen leuchten ganz kurz auf, um gleich darauf hundert Meter weiter entfernt auf einer anderen Wand wieder aufzutauchen. Immer mehr Bilder werden projiziert, die sich sofort in irgend etwas ganz anderes verwandeln: Eine Rock-Band verwandelt sich in eine mittelalterliche Falkenjagd-Szene. Bilder rasen von einem Ende des Panoramas zum anderen, während flüssige Farben in langsamen Strudeln dahinfließen. Am einen Ende des Tanzsaales spenden mächtige ultraviolette Lampen schwarzes Licht; unter diesen Lampen erscheinen Haar, Augen, Zähne und Kleidung auf einmal ganz *anders*. So lernen wir, daß die festesten und sichersten Farben keineswegs unveränderlich sind. Die Erscheinung kann im Nu verändert sein.

Im schwarzen Licht malen Stegreifmaler mit fluoreszierender Farbe blumige Teppiche auf den Fußboden, bemalen einander Gesichter, Hände und Schuhe. Alles verwandelt sich. Von einer Seitenwand blitzen grelle Lichtstrahlen auf. Langsam anfangs, dann zum Rhythmus der Musik schneller werdend, drehen sich die Lichtblitze schließlich zehnmal in der Sekunde, was der ungefähren Geschwindigkeit der fortlaufenden Alpha-Gehirnwellen entspricht. Einige Tänzer passen ihr Gehirnwellentempo dem Licht an (in der Gehirn-Forschung nennt man diesen Prozeß „brain driving") und treten in eine andere Welt ein; alles um sie her fließt, und sie selbst gleiten wie im Traum über den Boden, der nicht mehr eben und feststehend zu sein scheint.

Einige Anhänger dieser neuen Form von Kunsterziehung, der Licht-und-Ton-Show, haben Wege gefunden, das Licht mit dem Lautsprecher zu verbinden, um so die optische Intensität, Frequenz und

Färbung der Show der Intensität, dem Tempo und der Lautstärke der Musik anzupassen. Ich habe auch von einem (unbestätigten) Gerücht gehört, daß Experimentatoren in Los Angeles menschliche Gehirnwellen dazu benutzt haben, eine Licht-Show zu beeinflussen. Es gibt keinerlei technische Gründe, die gegen die Ausführung einer solchen Idee stünden.

Was wir nämlich in der Tat von all diesen wunderbaren Environments lernen, ist: was alles möglich ist. Dieser Lernprozeß ist sensorisch, somatisch und begrifflich, wenn man so will. Aber es gibt auch noch eine spezifischere Form des Lernens: Als meine Tochter in die erste Klasse kam, war sie eine gute Künstlerin. Das heißt, sie malte Bilder, die mich, meine Frau und unsere Freunde erfreuten, sie malte viel, sie war glücklich und zutiefst von ihrer Tätigkeit fasziniert. Nach sechsmonatiger Unterweisung im Kunstunterricht (leider in einer konventionellen Klasse) sank ihre freiwillige Kunstproduktion fast auf Null herab. Die Werke, die sie herstellte, waren sauber, stereotyp und vollkommen ohne Schwung. Sie fragte sich, ob die Kuh, welche sie gezeichnet hatte, auch den Vergleich mit der Vorlage (!) aushalten würde, die ihr der Lehrer gegeben hatte. Sie sorgte sich um Sauberkeit und um ordentliches Kolorieren innerhalb der vorgezeichneten Linien.

Eines Sonntagmorgens nahm ich sie zum Fillmore-Auditorium mit. Es war überfüllt, sie saß auf meinen Schultern, und ich drängte mich zur Mitte der Tanzfläche. Es dauerte zehn oder fünfzehn Minuten, bis sie sprach, dann aber kam nur ein Wort, während einer Musikpause, aber mit solchem Nachdruck und solcher Überzeugungskraft, daß ich es heute noch zu hören glaube: „’ne Wucht!"

Als wir zu Hause angekommen waren, begann Lillie mit neuem und verändertem Schwung und mit einer Freiheit zu zeichnen, die deutlich den Einfluß der Fillmore-Erfahrung zeigte. In den folgenden Monaten (wir gingen nochmal mit fluoreszierender Farbe hin, mit der Lilly unter dem schwarzen Licht malte) war ihr Kunst-Ausstoß einfach phantastisch. Sie machte Zeichnungen, Gemälde, farbige Masken, Tonmodelle, Collagen und ein paar Objekte, die jeder Kategorisierung spotteten. Selten ist eine einzige Lernerfahrung so intensiv und hält in ihrer Wirkung so lange an. Aber das Fillmore-Auditiorium ist auch nicht von Pedanten entworfen worden, die pflichtgetreu, beschränkt und einseitig etwas *lehren* wollen. Es wurde von einer neuen Art von Künstlern erdacht, die Ekstase erzeugen wollen. Eine ekstatische Umwelt aber kann — wenn sie wie in der Halle der Grundwissenschaften der Kennedy-Schule mit geeigneten Materialien ausgestattet ist — eine Lernrate erzielen, die, am heutigen Standard gemessen, phantastisch ist.

Es gibt keinen technischen Grund dafür, daß nicht so etwas Ähnliches wie die Halle der Elementarwissenschaften bereits jetzt gebaut werden könnte. Computer-Lernapparate könnten ringsherum an der Innenwand eines kreisförmigen Gebäudes aufgebaut werden. Das visuelle Material für die Lerngeräte könnte mit weit mehr Schwung, Humor und Kunstverstand entworfen werden, als es heute der Fall ist. Ein geschicktes Licht-Show-Team könnte von der Mitte des Gebäudes aus eine ständige Rundum-Licht-Show produzieren. Die Fortschritte der Lernenden und ihr Lernmaterial beobachtend, könnten diese Licht-Fachleute eine ähnliche Begeisterung und ähnliches Gemein-schaftsgefühl hervorrufen wie das in der Kennedy-Schule durch das Kreuz-Matrix-Stimulus- und Reaktions-Verfahren ebenso wie durch das Verfahren der Querverbindung zwischen den Lerngeräten ver-ursachte.

Ist das eine mystische Vision? So mag es denen scheinen, die den dionysischen Faktor in der pädagogischen Gleichung vergessen, die bereit sind, zahllose geistige und physische „dropouts" hinzunehmen, und die es ertragen können, daß unsere Schulen in Agonie dahin-vegetieren. Nein, ich meine nicht, daß wir sofort die Arbeit von Männern wie Moore oder Suppes mit der Leistung der Hip-Künstler verbinden *sollen*, um eine Art „Do it yourself"-Halle der Elementar-wissenschaften zu bauen. Ich behaupte allerdings, *daß* wir es *könnten*. Ich erweitere — wenn auch nur in bescheidenem Ausmaß — die Welt der Möglichkeiten. Ich entwerfe eine Vision, um in anderen Menschen Visionen hervorzurufen. In unserer Zeit schiene mir alles, was hinter einer solchen Vision zurückbleibt, als unseriös.

Erziehung für die Welt von morgen

Der neue Bereich der Erziehung ist nicht auf Begriffe, Fakten und Symbole beschränkt. Er schließt jeden Aspekt der menschlichen Existenz ein, der für das neue Zeitalter relevant ist. Um diesen Bereich zu betreten, brauchen wir nicht das 21. Jahrhundert abzuwarten. Experimentatoren überall in den Vereinigten Staaten und in anderen Ländern haben bereits Brückenköpfe in dem neuen Gebiet errichtet. Einige dieser Experimentatoren arbeiten innerhalb von wissenschaftlichen Hochschulen, andere außerhalb. Mächtige und angesehene Institutionen zeigen Interesse daran, daß die Erziehung ihre alte inhaltliche Beschränktheit überwindet. Ein leitender Angestellter der Ford-Stiftung hat sich zu einer Autorität auf einem Gebiet entwickelt, das er — im Gegensatz zur „cognitiven" — „affektive Erziehung" nennt. Die angesehene „Twentieth Century"-Stiftung hat 1966 und 1967 in New York City Essen veranstaltet, auf denen das Problem des menschlichen Entwicklungspotentials diskutiert wurde. Die Redner bei diesen Essen kamen aus Bereichen außerhalb der Grenzen von Pädagogik und Psychologie und schlossen sogar die Spekulation über extrasensorische Wahrnehmungen ein. Das Bureau of Research des immer mächtigeren und innovativeren U.S. Office of Education beschäftigt sich intensiv mit der Erforschung des neuen Bereichs. Das Bureau of Research hat das Western Behavioral Sciences Institute und das Stanford Research Institute damit beauftragt, Möglichkeiten zu sondieren, die über den Bereich der jetzigen Schulerziehung hinausgehen.

Der Ort aber, wo man vermutlich am meisten von dem neuen Bereich auf einmal und in einer kohärenten Einheit finden kann, ist jenes Institut, das der Psychologe Abraham Maslow „das wahrscheinlich wichtigste Erziehungsinstitut der ganzen Welt" genannt hat. Um hinzukommen, muß man von Monterey in Kalifornien 45 Meilen am Pazifik entlang auf einer der schönsten Straßen dieser Hemisphäre nach Süden fahren. Die Straße führt schließlich zu einer Ansammlung von Blockhäusern, einem kleinen runden Gebäude, einem einfachen Pförtnerhaus, einer Reihe von Versammlungsräumen, einem Schwimmbad und heißen Mineralbädern, die — alle seewärts gerichtet — auf einer Landspitze über dem Pazifik liegen. Dieser Platz war bis ins 19. Jahrhundert hinein die Heimstätte eines Indianerstammes, der sich selbst die „Esalen" nannte. Sie fischten im Ozean und dem kalten Fluß, der im benachbarten Redwood Cañon herunterströmt. Sie suchten Eicheln und Wurzeln im fruchtbaren Boden und verehrten die Heilkraft der heißen Quellen, die auf den Hügeln ringsum sprudeln. Von diesen Indianern her stammt die Bezeichnung des Esalen-Instituts, es ist keine künstlich erdachte Bezeichnung.

Während Synanon die kantige Persönlichkeit ihres Gründers Chuck Dederich widerspiegelt, entspricht Esalen ganz Michael Murphy, seinem jugendlichen Präsidenten und Mitbegründer (zusammen mit Richard Price). In einem Film der dreißiger Jahre wäre Murphy vermutlich als Studentenschaftsführer gezeigt worden (was er in der Salinas Highschool in Kalifornien auch wirklich war). In einem Western wäre er der „good guy" gewesen — zu gut aussehend, zu sanft, zu rücksichtsvoll, um seinen eigenen Vorteil herauszuschlagen, aber fähig, am Ende alles zum Guten zu lenken.

Die Aufgeschlossenheit und der inspirierte Eklektizismus Esalens haben vermutlich dazu geführt, daß diese Institution seit ihren bescheidenen Anfängen im Jahre 1961 zum freiesten Umschlagplatz für neue Ideen auf dem Gebiet der Verhaltenswissenschaften geworden ist. Hier kann ich übrigens keine Objektivität (falls es solche gibt) für mich beanspruchen. Ich muß zugeben, daß Michael Murphy ein enger Freund von mir ist und ich seit 1966 selbst Vizepräsident des Instituts bin. Objektiv oder nicht, ich jedenfalls kann mir kein anderes Institut vorstellen, in dem man so großartige, freie Wochenenddiskussionen mit Experten wie Arnold Toynbee, Linus Pauling, dem verstorbenen Paul Tillich, Carl Rogers, B. F. Skinner, Frederick Perls, Joseph Campbell, Abraham Maslow, Alan Watts, Buckminster Fuller und anderen dieses Kalibers verbringen könnte. Dazwischen finden Seminare oder Arbeitstreffen statt, die von minder bekannten, aber vielleicht innovativeren Leuten geleitet werden, mit Themen wie „Sexualität bei Ehepaaren", „Das Ich und körperliche Bewegung", „Meditation" und „Bioenergetische Analyse". Es ist der einzige Ort der Welt, wo der Erzbehaviorist Skinner über „Programmierung nichtverbalen Verhaltens" ein Wochenendseminar abhalten und wo z. B. einem Seminar des rationalistischen britischen Kritikers Colin Wilson ein einwöchiges Arbeitsmeeting über „Meditative Techniken und unbewußte Bilderwelt" unmittelbar folgt.

Als Aldous Huxley 1961 zu einer großen neuen Bemühung um die „nichtverbalen Wissenschaften vom Menschen" aufrief, konnte er kaum eine Handvoll Beispiele für das, was er meinte, aufzählen. Seither haben mehr als 650 Seminare in Esalen zutage gebracht, daß die Aktivität in diesem neuen Bereich kaum gebändigt werden kann. Mit einer Ausnahme sind in der Tat alle für die Kennedy-Schule ersonnenen neuen Erziehungsbereiche bis zu einem gewissen Grade im Esalen-Institut erforscht worden. Im September 1966 wurde ein Programm für Heimschüler in Angriff genommen, in dem Studenten mit Abschlußexamen neun Monate als Freie Lerner in dem neuen Bereich verbringen. Sie meditieren, lernen es, ihre innere Bilderwelt intensiv zu erleben, nehmen an Encounter-Basisgruppen teil, entwickeln die Bewußtheit ihrer Sinne, ihre körperlichen Ausdrucksformen und ihre schöpferische symbolische Gestaltungskraft. Mit Hilfe des einfachen Rückkoppelungsgerätes, das Dr. Joe Kamiya vom Medical Center der University of California entwickelt hat, lernen sie, ihre Gehirnwellenmuster zu kontrollieren. Mit den Senoi-Methoden, wie wir sie für die Schule der Zukunft beschrieben haben, leisten sie extensive Traumdeutungsarbeit. Sie praktizieren auch die ganz auf Handlung abgestellte, antianalytische Gestalttherapie, die der bekannte Frederick Perls, der im Institut wohnt, entwickelt hat.

Selbst das Faraday-Projekt der Kennedy-Schule wurde durch die Arbeit eines Mannes inspiriert, den ich im Esalen-Seminar kennenlernte: Dr. J. Richard Suchmann, damals ein Beamter im U. S. Office of Education, führte die „Forschungsentwicklung" ein, eine pädagogische Methode, die Kindern hilft, ihre eigenen Begriffe von der Welt zu entwickeln. Selbständig forschend haben zum Beispiel Fünft- und Sechstkläßler Erklärungen des archimedischen Prinzips gefunden, die Dr. Suchmann in mancher Hinsicht für großartiger und präziser hält, als die von Archimedes selbst. Suchmann entwickelt jetzt Unterrichtsmaterial für eine weitere Verbreitung. Meiner Ansicht nach besteht die einzige Schwäche seines Ansatzes darin, daß er von der jetzt existierenden Klassenzimmer-und-Lehrer-Situation ausgeht. Das Faraday-Projekt der Kennedy-Schule führt diesen Forschungsansatz lediglich konsequent zu Ende.

Wie Synanon kann auch Esalen nicht mit Worten beschrieben werden. Einzelne, aus dem Zusammenhang gerissene Episoden machen es nur *schwerer*, das Konzept zu erfassen. Zwei Besucher können völlig exakt ihre jeweiligen Erfahrungen berichten und doch feststellen, daß sie wenig Übereinstimmendes berichtet haben. Da so vieles in Esalen wirklich Experiment ist, kann man bei nichts garantieren, daß es „klappt". Die meisten Leute aber, die an einem Seminar teilnehmen, fahren mit der Überzeugung ab, daß sie irgendwie verändert worden sind, und die meisten Experimente in Esalen vermitteln eine charakteristische Hoffnungsbereitschaft und die Einsicht, daß selbst die schwierigsten menschlichen Probleme den Ansatz zu ihrer Lösung in sich tragen.

Ein derartiges Experiment fand an einem Juliabend des Jahres 1967 statt, zu einer Zeit, als Rassenunruhen viele Städte des Landes erschütterten. Das Experiment war in dem Esalen-Programm unter dem etwas unglücklichen Titel „Rassenkonfrontation als transzendentale Erfahrung" angekündigt worden. Die Broschüre fuhr im gleichen Ton fort: „Rassentrennung gibt es nur unter Menschen mit gespaltenem Ich. Eine Person, der ein Teil ihres eigenen Selbst fremd ist, ist stets auch von jeder anderen Person getrennt, die diesen entfremdeten Teil repräsentiert. Das historische Bemühen, schwarze und weiße Menschen in eine Gesellschaft zu integrieren, hat uns alle dazu gebracht, unsere gespaltene menschliche Natur herauszuarbeiten. Rassenkonfrontation kann als Beispiel für alle möglichen Arten menschlicher Begegnung genommen werden. Wenn sie tief genug geht, kann sie — jenseits aller oberflächlichen Höflichkeiten und Rollen-Spielerei — ein Mittel für transzendentale Erfahrung sein. Price Cobbs, ein schwarzer Psychiater aus San Francisco, und George Leonard, ein weißer Journalist, werden ein Marathon-Gruppen-Encounter zwischen den Rassen organisieren. Die Gruppe wird versuchen, über die Rollen und Haltung hinauszugelangen, die ihre Mitglieder entzweien, damit es ihnen gelingt, sich auf einer Ebene jenseits der Rasse zu begegnen."

Price Cobbs und ich hatten diese kühne Übertreibung Monate, bevor das Ereignis stattfinden sollte, gebilligt. Am Freitagabend, kurz vor der Konfrontation, begannen uns beiden Zweifel aufzusteigen. Da saßen nun 35 Leute beider Rassen, die Hunderte von Meilen über schwer zu fahrende Straßen zu uns gekommen waren, um „ihre gespaltene menschliche Natur herauszuarbeiten". Konnten wir ihnen helfen, über „oberflächliche Höflichkeiten und Rollen-Spielerei" hinauszukommen? Konnten wir innerhalb einer Woche „transzendentale Erfahrung" vermitteln?

Die sich rasch verschlimmernde Situation in den Städten machte die Frage nur um so dringender. Es war das Wochenende der Black-Power-Konferenz in Newark, und Price war als Redner eingeladen worden. Nur mit großem Schuldgefühl hatte er sich wegen des so unwahrscheinlichen Experiments in Big Sur entschuldigen lassen.

Wir hatten das Experiment beinahe aus Verzweiflung und aus dem dringenden Bedürfnis heraus geplant, *irgend etwas* zu finden, das einen, wenn auch kleinen Ausweg aus der rassistischen Sackgasse weisen könnte, die die Bürgerrechtsbewegung beinahe zum Stillstand gebracht hatte. Alle traditionellen Methoden hatten versagt. Die Black-Power-Kämpfer schrien ihre verletzten Gefühle, ihren Zorn und ihren Haß hinaus. Indem sie ihre Gefühle offenlegten und der Wahrheit zum Wort verhalfen, suchten sie die wirkliche Begegnung. Aber die weißen Politiker antworteten in konventioneller Sprache und gaben nichts von ihren eigenen Gefühlen preis. Wie konnte es ohne diese Offenbarung Verständigung geben? Fühlten die Weißen denn nicht die Beschimpfung, die Furcht und die unterdrückten Vorurteile? Die maßvolle, kluge Antwort erschien uns als eine Lüge. Die wirkliche Begegnung lag aber ebensowenig in den Komitees von Angehörigen beider Rassen, die in manchen Städten gebildet worden waren. Schwarze und Weiße saßen um runde Tische, äußerten Schlagworte, bezogen

„Positionen", fällten „Entscheidungen" intellektueller und politischer Art. Meist gingen sie von solchen Zusammenkünften unverändert heim; „Erziehung" fand kaum statt. Was würde passieren, wenn wir uns in jenen gefährlichen Bereich wagten, wo man nichts mehr verbergen kann?

Wir saßen in einem einfachen Versammlungsraum im Kreis, vor der kalten Meeresluft durch ein offenes Feuer und Kerzenlicht geschützt. Price und ich skizzierten die Pläne für das Wochenende, und danach stellte sich jeder aus dem Kreis vor und gab die Gründe an, die ihn veranlaßt hatten, das Seminar zu besuchen — schüchterne, sauber verpackte Erklärungen, die noch vor Ende des Seminars vollständig erschüttert sein würden. Wir eröffneten die Konfrontation mit einer von Dr. William Schutz entliehenen Technik. In diesem „Kleinstlabor" sollten den Teilnehmern mehrere Möglichkeiten zur Verfügung stehen, ihre Gefühle in kürzester Zeit zu offenbaren und mitzuteilen. Wir forderten die Teilnehmer auf, ihre Stühle zu nehmen und vier unabhängige Kreise von je etwa acht Teilnehmern zu bilden. Ich bat sie, mit einer Anzahl einfacher Einübungen menschlicher Beziehungen zu beginnen. Ich schlug vor, von der Annahme auszugehen, daß sie — binnen einer Stunde — untereinander in einer Weise miteinander Kontakt haben würden, wie man sie im allgemeinen nicht kennt. Während der Übung sollten sie die üblichen Begegnungs-Regeln befolgen: 1. vollständig offen und ehrlich sein. Alle konventionelle Höflichkeit und Zurückhaltung vergessen. Alles, was man möchte, aussprechen, wie schockierend es auch erscheinen mag. 2. Beziehungen auf dem Gefühlsniveau aufzunehmen, nicht theoretisieren oder rationalisieren. 3. Im Hier und Jetzt bleiben, nicht zu vergangenen Ereignissen oder Zukunftsplänen flüchten. Nur ein Verbot: keine körperliche Gewalt, bitte.

Während der ersten Übung pflegten die Gruppen das zehn Minuten allein zu versuchen. Bald war der Raum von jenem Gesprächslärm erfüllt, wie man ihn auf Cocktail-Parties gewöhnlich hört. Price und ich gingen von Kreis zu Kreis und hörten zu. Nach etwa sieben Minuten ließen wir innehalten und boten unsere Kommentare an. Wir hatten viel höfliches Lachen gehört. Äußerungen negativer Gefühle waren von Humor begleitet gewesen, der den Eindruck milderte und oft dem Redner sein Ungestüm nahm. Nicht daß wir etwas gegen Humor hatten, aber er konnte so leicht dazu dienen, die Art von Konfrontation zu vermeiden, die wir uns für dieses Wochenende erhofften. Auch Charme konnte ein Fluchtweg sein, und einige Leute setzten ihn ziemlich erfolgreich ein. Die Gruppe an der Tür war irgendwie in die Vergangenheit geraten, unterhielt sich über frühere Erfahrungen und Haltungen in der Rassenfrage und wich so den Gefahren und Möglichkeiten der Gegenwart aus. Die Gruppe am Feuer aber war hoffnungslos in abstrakte Probleme ausgewichen. Ihre Mitglieder wetteiferten miteinander in Erklärungen, warum sie hier waren und warum sie so und so empfanden. Die Welt der Ideen ist mächtig, faszinierend und sollte immer geschätzt werden. In diesem Augenblick aber würde sie uns nicht weiterhelfen. Wir baten die Gruppe, es noch einmal zu versuchen.

Jetzt trat eine Änderung des Tones ein. Der Raum wurde stiller, düsterer. Wir spürten Vorwarnungen der Spannungen, die bald ausbrechen sollten. Versuchsweise, zögernd begannen die Leute sich selbst zu offenbaren. Aber sie milderten noch jede „Beleidigung" durch eine selbstherabsetzende Grimasse; sie lächelten freundlich zu dem, was Tränen hervorrufen könnte. Und die Gruppe in der Nähe des Feuers war wieder beim Theoretisieren angelangt.

Nach etwa zehn Minuten unterbrachen wir die Gruppen. Mehrere protestierten und behaupteten, sie hätten gerade erst angefangen. Price und ich hielten das für ein ermutigendes Zeichen. Wir gingen zur nächsten Übung über. Die Gruppen sollten sich im Kreise aufstellen, und jeder sollte nacheinander im Kreise herumgehen und jedem anderen gegenübertreten. Er sollte ihm in die Augen blicken, ihn auf konventionelle Weise (durch einen Handschlag, eine Umarmung, einen Finger auf die Brust legend oder sonstwie) berühren und ihm sagen, was er in diesem Augenblick ihm gegenüber empfindet. Diese Gegenüberstellung zwischen zwei Personen ermutigt einen direkteren und ehrlicheren Dialog. Es wurde schwieriger, in die Theorie auszuweichen. Die Teilnehmer wurden in die Benützung physischer Berührung als eines Mittels der Kommunikation eingeführt.

Price und ich spürten eine verstärkte Spannung im Raum, aber wieder unterbrachen wir die Übung vor ihrem Abschluß. Diesmal gab es heftigere Proteste. Wir forderten die Gruppen auf, sich hinzusetzen und zehn Minuten lang ohne den Gebrauch von Worten miteinander zu kommunizieren. Sie konnten sich berühren, sich bewegen, summen, tanzen, alles Mögliche – nur nicht reden. Und sie durften eine Fertigkeit anwenden, die in unserem Kulturkreis im allgemeinen vergessen oder verboten zu sein scheint: Sie konnten einander direkt und offen eine längere Zeit hindurch ansehen. Diese Art engagierten Schweigens ist ganz besonders wirkungsvoll. Mehrere Teilnehmer sagten uns hinterher, daß sie erst hier zu fühlen begannen, daß etwas passierte.

Zehn Minuten vergingen, wir zögerten einzugreifen. Die meisten im Kreis hatten ihre Hände gefaßt, einige freilich hatten das – ihren Empfindungen folgend – abgelehnt. Nach fünfzehn Minuten fanden vollständige Dialoge ohne Worte statt. Die Leute lernten; schließlich brach Price das Schweigen.

In der letzten Übung standen die Kreise wieder und wurden gebeten, näher zusammenzutreten. Es war unvermeidlich, daß schließlich alle eng zusammengedrängt mit den Armen um die Schultern ihrer Nachbarn gelegt dastanden. War das eine künstliche, manipulierte Art der Integration? Vielleicht. Nichtsdestoweniger empfanden alle eine Art von Nähe gegenüber Fremden verschiedener Rassen, die sie zuvor vielleicht nur ganz abstrakt gekannt hatten.

Wir forderten die Gruppen auf, sich wieder zu setzen und noch einmal zu versuchen, was sie am Anfang versucht hatten, nämlich ihre wahren aktuellen Gefühle mit Hilfe von Worten, Tönen, Berührungen, Bewegungen, Schweigen — zum Ausdruck zu bringen. Der Unterschied war beachtlich. Es war noch längst keine bis in die Tiefe gehende Konfrontation, aber doch ein Anfang. Ganz verschwunden war das Cocktail-Party-Geschwätz. Einige Schranken waren überwunden, und einige Augen waren feucht vor Erstaunen oder Erleichterung, wie das oft beim Überschreiten von Schranken geschieht. Price und ich überließen die Gruppen ohne weitere Einmischung sich selbst. Nach und nach zogen die Teilnehmer hinaus, die meisten den steilen Pfad zum Meer hinunter, der zu den heißen Mineralbädern führt. Das Badehaus liegt auf einer überstehenden Klippe hoch über dem felsigen Strand. Es ist dem Mondlicht, dem Sternenschein, dem Geräusch der Brandung und der kühlen Ozeanluft geöffnet. Wie die anderen bis zum Hals in dampfendem Wasser fühlte ich mich erquickt und milde gestimmt. Hier waren Leute guten Willens, die bereit waren, einander nahe zu kommen. Wie konnten sie unheilvolle Feindseligkeiten in sich verbergen?

Am anderen Morgen begann ich es herauszufinden. Entgegen der üblichen Praxis hielten wir die ganze Gruppe zusammen, statt sie in zwei zu teilen. Das war vor allem Prices Idee. Er wollte uns beide in der gleichen Begegnungsgruppe haben. Das Beispiel unserer Beziehung, so meinte er, würde sich als nützlich herausstellen, vor allem falls die Gruppe in eine ausweglos scheinende Sackgasse geraten sollte.

Die erste Konfrontation ereignete sich jedoch nicht zwischen Schwarz und Weiß, sondern unter den Schwarzen. Der Vormittag hallte von ihren heftigen Anklagen wider. „Rassist", „Onkel Tom" und „Streikbrecher" waren noch die milderen Worte, die im Raum herüber- und hinüberflogen. „Wenn sie mit Maschinengewehren und Stacheldraht kommen", sagte ein Neger, „dann will ich nur noch wissen, Baby, ob du für mich oder gegen mich bist." Gegen Mittag war die Atmosphäre elektrisch geladen. Aber es hatte mehr Anklagen als wirkliche Begegnungen gegeben. Keiner hatte sich wesentlich verändert.

Nach dem Essen begann die Marathonsitzung. Wir wollten in ununterbrochener Sitzung bis in die Nacht hinein zusammenbleiben. Das Abendessen sollte uns gebracht werden. Wir wollten so lange dabeibleiben, bis die konventionellen Abwehrmechanismen gegen Gefühle zusammengebrochen waren, und sollte es bis zum Mittag des nächsten Tages dauern. Es dauerte beinahe so lange. Wir hatten beabsichtigt, die Marathonsitzung mit einer Periode „sensory awakening" unter Leitung von Bernard Gunther zu eröffnen. Gunther sollte mit uns Übungen machen, dazu bestimmt, uns etwas von der reichen Welt der Sinne zu erschließen, die unsere Kultur uns im allgemeinen vorenthält. Weil unsere Gruppe sich aus Menschen verschiedener Rassen zusammensetzte, sollten wir während der gesamten Sitzung die Augen geschlossen halten. Das Vorurteil, so nahm Gunther an, wird vom Auge bestimmt. Wenn wir einen Fremden berührten, den wir nicht sehen können, hätten wir es mit ihm auf eine Weise zu tun, die rassistische Stereotypen umgeht. Aber eine Störung trat ein. Viele wollten unbedingt mit der Encounter-Arbeit weitermachen. Nur etwa die Hälfte der Teilnehmer ging auf die sonnige Terrasse hinaus, um an der neuen Übung teilzunehmen. Ich ging mit ihnen. Price blieb bei den anderen drin.

Es war eine merkwürdige Erfahrung für mich. Während ich Gunthers Übung mitmachte, konnte ich die Stimmen von drinnen hören, aber nicht die Worte verstehen. Mit geschlossenen Augen tappten wir über die Terrasse und suchten einen Partner. Durch Berührung der Hände wurden wir „miteinander bekannt", hatten wir „einen Streit", „entschlossen wir uns" und suchten wir Liebe, Zuneigung oder sonstwas auszudrücken. Zur gleichen Zeit ertönte von drinnen der Kontrapunkt: Aufregung, Ärger, Bitten und schließlich ein Ausbruch von Schluchzen und Wehklagen. Ich wußte, daß die Begegnung endlich in Gang gekommen war. (Wer konnte schon, ohne zu weinen, die Wirklichkeit rassistischer Vorurteile zutiefst und wirklich erfahren?) Schweiß rann an meiner Brust und an den Armen herunter, ich wollte das Gunther-Experiment weiter mitmachen und doch zu gleicher Zeit mit drin sein. Schließlich endete die Arbeit meiner Gruppe draußen in einem langen, hemmungslosen Ruf. Die drinnen empfanden diesen Kontrapunkt sicher ebenso seltsam wie wir den ihren.

Wir drängten zurück in den Versammlungsraum und stellten fest, daß sich alles verändert hatte. Der Dialog hatte eine ungewohnte Ebene erreicht. Die Gesichter sahen unverhohlen tragisch und doch zugleich auf seltsame Weise strahlend aus. Wir schienen aus einer anderen Welt zu kommen. Wir waren Eindringlinge und wurden doch widerwillig akzeptiert, während die Begegnung ihren Fortgang nahm.

Was hatte den Durchbruch bewirkt? Später erfuhr ich, daß es folgendes gewesen war: Ein junger Amerikaner japanischer Abstammung namens Larry war von Los Angeles in seinem Auto zusammen mit seinem Freund, einem hellhäutigen Neger namens Cliff, hierher gefahren. Beide studierten am College Betriebswirtschaft. Sie waren dabei, in der Welt der Weißen ihren Weg zu machen, und hatten versucht, gegenüber Anfeindungen wegen ihrer Rasse gefühllos zu werden. Sie waren kalt und zynisch — sie trugen ihre Masken gekonnt. Aber all die heftigen Reden über Rassenfragen und vor allem die Angriffe der Neger gegeneinander hatten etwas in ihnen nach oben gebracht. Larry begann zu reden. Er hatte nicht gewußt, wie stark er rassische Vorurteile empfand, noch wie sehr sie sein Leben bestimmt hatten. Jetzt aber wußte er, daß er ein Gelber, „ein Japs", war, und war bereit, das anzuerkennen. Er erklärte sich zum „Soul-Brother"*. Nach dieser Erklärung brach all seine Zurückhaltung zusammen, und er brach in Tränen aus. Jetzt waren die Dämme eingerissen, und mehrere Neger begannen ihr Gefühl der Verletztheit hinauszuschreien. „Wie viele von euch wissen, was es für eine Mutter bedeutet, ihre Kinder zur Schule zu schicken, wenn sie sicher weiß, daß sie dort ‚Nigger' geschimpft und angespuckt werden? Und daß man nichts, aber auch gar nichts dagegen tun kann? "

Als die Gruppe von draußen hereinkam, war Larrys Freund Cliff gerade in einem heftigen Streit mit einer sehr hübschen weißen Lehrerin namens Pam. Sie hatte ihm gesagt, daß sie seine Freundschaft suche, und er hatte ironisch reagiert und ihre „herablassend-mitleidigen" Annäherungsversuche öffentlich verspottet. Jetzt standen ihre Augen voll Tränen. „Bitte, was kann ich tun? Ich gebe mir solche Mühe, bitte hilf mir doch." Cliff schaukelte mit seinem Stuhl hin und her und sah voller Verachtung zu ihr hinüber.

„Nein, Baby, ich werde dir nicht helfen. Ich helf dir da nicht weiter. Ich möchte, daß du einmal das gleiche empfindest wie ich. Ich wünsche, daß du fühlst, was ich einundzwanzig Jahre lang gefühlt habe. Wein du nur weiter."

„Bitte", sagte sie. Tränen flossen ihre Wangen herab.

Cliff schaukelte weiter, seine Augen starr auf sie gerichtet. Niemand kam ihnen zu Hilfe. Irgendwie schien es richtig zu sein, daß jedermann im Raum sich dieser Zeitspanne voll und ganz bewußt wurde. Die verstärkte Stille wurde selbst zu einem mächtigen Kommunikationsmittel. Wir fingen an, uns gegenseitig zu *kennen*. Schließlich schien sich die Stille zu entfalten, und wir sprachen wieder; Gedanken und Gefühle wurden ausgetauscht, schneller als der Verstand zu folgen vermochte.

* Bluts-Bruder, wie sich die amerikanischen Farbigen, namentlich die Schwarzen untereinander nennen, soweit sie sich bewußt von der weißen Umwelt abheben wollen. (Anm. d. Übers.)

Obgleich eine ganze Menge anderer „Themen" in den folgenden Stunden aufkamen, war doch wärend des ganzen Essens und noch lange danach die Verletztheit, der Zorn, die Verzweiflung der Neger und ihr absolutes Mißtrauen gegenüber allen Weißen, das Hauptthema (Mehrere Male sagte Price, er traue *mir*. Das hatte zur Folge, daß ich frei kam, was man sich in der Hitze solcher Begegnungen immer wünscht, aber hernach meist bedauert.) Einmal bemerkte ich, daß auch Weiße ihre Probleme, ihre Tragödien hätten. Aber das wurde nicht akzeptiert. Eine Neger-Mutter sagte: „Das kann ich dir einfach nicht abnehmen. Was du auch immer haben magst, du kannst doch was dagegen *tun*. Aber ich kann einfach nichts gegen meine Hautfarbe oder gegen die meiner Kinder tun. Verglichen mit uns, hast du's einfach mitbekommen".

Nach Einbruch der Dunkelheit teilten wir die Gruppe in zwei Abteilungen. Price ging mit seiner Hälfte in den Versammlungsraum eines anderen Gebäudes. Ohne ihn fühlte ich mich mitten in dem Wirbel von Wut und Haß verloren. Aber das war etwas, das wir durchstehen mußten. Es gab keine Möglichkeit, es zu umgehen, wenn wir unser Ziel erreichen wollten. Gegen zehn Uhr waren alle Weißen in meiner Gruppe vollständig verzweifelt. „Ich hatte keine Ahnung, daß es so schlimm ist", sagte eine weiße Frau von etwa 40. „Ich arbeite mit Negern. Es ist mein *Beruf*. Ich habe mir einfach nicht klar gemacht, was los ist. Fünfzehn Jahre lang war meine beste Freundin eine Schwarze, und ich hatte keine Ahnung, daß sie das alles fühlte. Jetzt weiß ich, daß es so ist und daß sie es mir nur vorenthalten hat, um mich zu schonen. Ich möchte nicht nach Hause zurück, ich fürchte mich davor, meine Freundin wiederzusehen. Ich weiß nicht, wie das Rassenproblem je gelöst werden kann." Ich sagte ihr, daß ich mich freute, daß das nun alles offen herauskäme. Das Rassenproblem könne jedenfalls bestimmt nicht gelöst werden, solange wir die Wahrheit nicht wüßten, fühlten und erführen. Ungefähr zu dieser Zeit begann eine Episode, die uns während der ganzen Nacht immer wieder beschäftigen sollte. Während des Abendessens hatten wir einen Neuankömmling aufgenommen. Chuck war Anfang zwanzig, schwarz wie Ebenholz, hatte wache Augen und einen Körper fest wie eine Stahlfeder. Er fing an, der Gruppe zu erzählen, wie er die ganze Rassenfrage überwunden hatte. Er kannte keinerlei ungute Gefühle gegenüber Weißen. Er haßte das System, aber nicht den einzelnen Menschen. Er glaubte, daß Rassenzwischenfälle sehr selten seien, besonders in seinem Leben. Er fühlte niemals Ärger oder Feindseligkeit.

Niemand glaubte ihm. „Es macht mich schon nervös, nur Ihre Stimme zu hören", sagte ich ihm. „Dieser Singsang, in dem Sie erzählen, als ob es gar keine Beziehung zwischen dem, was Sie sagen, und Ihrem

Gefühl gäbe. Es bringt mich auf die Palme. Ich habe Lust, Sie anzu-
brüllen." Jemand schlug vor, ich sollte es doch tun. Und ich tat's.
Andere folgten, fluchten, brüllten, schimpften, während sie ihre Gefühle ihm und seiner vorgeblichen Haltung gegenüber zum Ausdruck
brachten. Aber nichts konnte Chuck beeindrucken. Sein Gesicht wurde zur Steinmaske. Er liebe die ganze Menschheit, wirklich, sagte der
Stein. Die Gruppe vereinte sich, um zu ihm durchzustoßen. Schwarz
und Weiß arbeiteten zusammen. Cliff und Pam hatten die Bitterkeit
des Nachmittages vergessen und arbeiteten wie ein Team zusammen.
Es gab eine Art unausgesprochener Übereinstimmung unter den achtzehn Leuten, daß wir — wie lange es auch dauern mochte — irgendwie
doch zu Chuck durchbrechen würden. Es war eine ermüdende und
aufreibende Arbeit, so als wollten wir mit einem Handbohrer durch
einen riesigen Granitblock bohren.

Um halb drei Uhr nachts kam ein Augenblick der Entspannung. Ein
hochgewachsener Ingenieur, der zuvor als einer der letzten altmodischen weißen Liberalen heruntergemacht worden war, fing an, sich
seiner zahlreichen sozialen Kontakte mit Negern zu rühmen. Dann
sagte er mit einem kleinen — selbstironischen — Lächeln: „In Wirklichkeit sammle ich nämlich Neger." Vielleicht war es nicht diese Bemerkung allein, die uns komisch erschien, wir alle brauchten einfach
dringend etwas zum Lachen. „Haben Sie gute Beziehungen?" keuchte
einer. „O ja, die allerbesten." „Was ist Ihre Bezugsquelle?" sprudelte
ein anderer heraus. Der Ingenieur nannte das Ghetto von San Francisco. Zwischen Lachsalven sagte eine gutaussehende schwarze Hausfrau: „Ich sammle auch Neger, aber meine Bezugsquelle ist meine Ge-
bärmutter." Für die nächsten zehn Minuten hatten wir unser Erleich-
terungslachen. Allmählich wurden wir wieder still. Müde blickten wir
hinüber zu Chuck. Da gab es noch immer viel zu tun. Hätte Chuck uns
gebeten, den Druck von ihm zu nehmen, hätten wir's getan. Er hätte
auch einfach gehen können. Das Prinzip des Freien Lernens gilt besonders auch für Encounter-Gruppen. Hinausgehen wäre eine ehrliche
und angemessene Antwort gewesen. Aber wir spürten, daß Chuck von
der Konfrontation ebenso fasziniert war wie wir. Wie er schrittweise
lernte, so lernten auch wir.

Eine weitere Stunde verging. Endlich fing Chucks Stimme an, natürlicher zu klingen. Er sprach über seine sexuellen Heldentaten. „Ich
könnte jede Frau hier haben", sagte er und ließ seine Augen im Kreise
herumgehen.

„Wie würdest du Pam nehmen?" fragte ich ihn.

„Ich werd's dir sagen."

„Sag's *ihr*."

Er wandte sich an die Lehrerin. „Nun gut. Erst würde ich dich schlagen und dann nehmen."

„Schlagen? "

„Na ja. Beziehung herstellen. Ich schlag dich erst, und dann nehme ich dich."

Pam sah ihn verachtungsvoll an. „Du wirst mich überhaupt nie kriegen. Ich würde dir nicht erlauben, mich anzufassen."

„Ich würde dich aber doch nehmen, Baby." In seiner Stimme schwang Wut mit.

Stimmen ertönten ringsum, und mehrere Frauen leugneten oder bestätigten seine Anziehungskraft. Die schwarze Hausfrau beugte sich zu ihm hinüber.

„Du könntest mich nie haben, und ich werde dir auch sagen, warum." Etwas in ihrer Stimme ließ uns alle schweigen.

„Weil du nämlich nichts als ein schmutziger kleiner Nigger bist."

Chuck sprang beinahe vom Stuhl. An die Armlehne geklammert ließ er seine verborgene Wut heraus in einer langen, wilden und furchterregenden Tirade. Schließlich fing er sich wieder, sah mit verwirrten Augen im Zimmer umher und versteckte sein Gesicht in den Händen. So saß er da, bis Mitglieder der Gruppe ihn trösteten. Dann sah er auf und lächelte. Sein Gesicht hatte sich verändert.

Wenig später, nach einem erstaunlich freundlichen Wortwechsel, sagte er: „Ich möchte Ihnen allen danken. Ich habe in den letzten zwei Stunden mehr gelernt als in den vergangenen zwei Jahren."

Gegen Morgengrauen gingen einige von uns durch den dichten Frühnebel zu den Bädern. Andere schliefen ein oder zwei Stunden. Alle schienen wir von jener typischen Klarheit der Schlaflosigkeit erleuchtet, als wir uns nach dem Frühstück im Versammlungsraum trafen. Fast sofort nahm die Begegnung eine unerwartete Wendung. Die Weißen begannen sich zu offenbaren und klagten über die schmerzlichsten und tragischsten Augenblicke ihres Lebens. *Und die Neger weinten über die Weißen*. Ohne Rücksicht auf die Rasse *fühlten und verstanden sie*. Eine Enthüllung nach der anderen kam heraus. Die Gruppe gewann eigenes Leben, niemand „führte" mehr. Wir wurden alle davongetragen.

Eine attraktive weiße Frau in den Dreißigern hatte uns am ersten Abend strahlend erzählt, daß sie gekommen sei, um einige Interviews auf Band aufzunehmen. Jetzt sagte sie uns den wahren Grund. Sie hatte einen Sohn, der Mischling war. Sie haßte den Vater des Kindes, der sie verlassen hatte, und sie fürchtete, daß sie ihrem Sohn gegenüber voreingenommen sei. Die Jahre vergingen, und sie zweifelte daran, je einen anderen Ehemann zu finden. Der Sohn beeinträchtigte ihre Wiederverheiratungschancen erheblich. Sie grollte allen Schwarzen und ließ sich doch immer wieder mit welchen ein.

„Ich werde Ihnen sagen, warum ich mit Negern ausgehe", sagte sie, einem Zusammenbruch nahe. „Weil ich die weißen Männer aufgegeben habe." Sie brach in qualvolles Schluchzen aus. Während man ihre Worte kurz zuvor noch als vorurteilsvoll angesehen hätte, war es jetzt ein schwarzer Mann, der sie in die Arme nahm und tröstete.

Fast alle im Raum weinten. Wir schämten uns unserer Tränen nicht. Wir waren nicht länger Neger oder Weiße oder Orientalen. Wir waren menschliche Wesen, vereint durch das sehr kostbare, zerbrechliche Bewußtsein unserer gemeinsamen schlimmen Lage, der Vergeblichkeiten und der Verluste in jedem Leben und der Hoffnung auf irgend etwas Besseres. Für viele von uns war dies ein Morgen voller Transzendenz, ein Augenblick, da die gewöhnlichen Dinge einen besonderen Schimmer zu haben schienen, da alle Gesichter schön waren und man die Zeit auf ihrem Gipfel fassen konnte wie eine große heranrollende Woge. So war es wenigstens für mich.

Der Mittag kam und ging, aber wir wollten nicht aufbrechen. Um halb zwei kam das Personal des Eßraums und sagte, daß wir jetzt gehen müßten. Wir standen auf und gingen wortlos in einer großen Umarmung, Tränen in den Augen, in die Mitte des Raums.

Seither haben Price und ich andere Rassen-Konfrontationen, die von der Diözese der Episcopal Church in Kalifornien und von Esalen veranstaltet wurden, geleitet. Andere Organisationen haben die Idee aufgegriffen, und ähnliche Begegnungen verbreiten sich in der Stadt. Wir können nicht voraussagen, was schließlich passiert, aber vielleicht wird es doch Veränderung bewirken.

Die soeben beschriebene Rassen-Konfrontation war aber nur eine von 650 Veranstaltungen von Esalen, von denen jede einzelne einmalig und unberechenbar war. Esalen bleibt wirklich ein Experimentierfeld. Wenn irgendein Ansatz keinen Erfolg bringt, wird er einfach fallengelassen und nicht etwa zur Doktrin erhoben. Es ist ein Ort, an dem Neues, das in die alten Strukturen nicht paßt, sich ereignen kann und sich tatsächlich auch ereignet. Ein Hauptgrund dafür mag sein, daß die Organisation sich selbst finanziert und von keinem Großunternehmer, keiner Stiftung abhängig ist und sich außerhalb des einengenden Betriebs der akademischen Fakultäten bewegen kann. Wenn auch 32 der 43 Angestellten der Institution einen Doktortitel haben, ist die Leitung doch unakademisch, mag nun der Leiter zufällig einen „Doktor" vor seinem Namen haben oder nicht.

Das Esalen-Experiment beweist, daß eine neue Erziehung *möglich* ist. Es ist ganz unwichtig, ob Erzieher und Eltern dem Esalen-Beispiel oder dem Vorbild der Kennedy-Schule nacheifern. Wichtig ist, daß sie erkennen, daß an ihren Schulen mehr geändert werden kann als bloß die Gardinen an den Fenstern. Sie haben wirklich die Wahl, und zwar schon *jetzt*!

Weiter oben erwähnte ich, daß jeder neue Erziehungsbereich in der Kennedy-Schule in Esalen bereits erprobt worden sei – mit einer Ausnahme. Für das Schicksal des Baseball im Jahre 2001 kann ich weder das Esalen-Institut noch Michael Murphy verantwortlich machen. Bevor er das Institut gründete, verbrachte Murphy neun Jahre mit asketischen Studien und Kontemplation in den östlichen Disziplinen. Er meditierte achtzehn Monate lang sechs bis acht Stunden täglich im Sri Aurobindo Ashram (Pondichérry, Indien) und kehrte nach Kalifornien mit der Überzeugung zurück, daß das Potential des Menschen – selbst in dem sogenannten „mystischen" Bereich – am besten auf amerikanische Weise, durch Bejahung der Sinnes-Welt, entwickelt werden kann. Er ist ein amerikanischer *sadhana*. Murphy ist ein guter Amateur-Sportler und ein begeisterter Zuschauer bei Sportwettkämpfen. Dr. James Fadiman, ein brillanter junger Psychologe der Brandeis University, wurde einmal gefragt, ob er eine knappe Formel für „optimale Möglichkeiten menschlicher Bewegung" geben könne. Nach einer kurzen Überlegung sagte er: „Mike Murphy bei einem Spiel der Giants, wenn er heiße Würstchen ißt und zugleich meditiert." Das Spiel mit der fliegenden Wurfscheibe ist keine Erfindung von Esalen. Ich habe es selbst jahrelang – meistens mit Schriftstellern und Journalisten – gespielt.

Vielleicht ist es leichter, das Ganze, als nur einen Teil zu verwirklichen.

Meine Gespräche mit führenden Pädagogen und meine Besuche in Schulen im ganzen Lande haben mich davon überzeugt, daß eine Zeit dramatischer Veränderungen bevorsteht. Erstaunlich ist eigentlich, wie lange unsere Schulen es fertiggebracht haben, unverändert dieselben zu bleiben. Seit 1930 haben sich sogar so gesetzte Einrichtungen wie Banken und Versicherungsgesellschaften beinahe bis zur Unkenntlichkeit verändert. Und doch sieht das durchschnittliche Klassenzimmer der zweiten Schulklasse heute noch ziemlich genau so aus wie das, in dem ich mein zweites Schuljahr verbrachte.

Eine gewisse Vorsicht und Zurückhaltung in Erziehungsfragen ist ganz verständlich. Ein Schulkind ist ein weit komplizierterer Organismus als das gesamte Kommunikationssystem der NASA. Verwirrt durch diese Kompliziertheit und nicht bereit, mit Kinderleben zu „experimentieren", fühlen sich Erzieher in ihrer Abhängigkeit gegenüber Methoden gerechtfertigt, die sich recht und schlecht durch die Jahrhunderte hindurch entwickelt haben, selbst dann, wenn sich zeigt, daß sie unwirksam sind. Andere flüchten sich einfach in die alte, konservative Funktion der Erziehung: das Weitergeben des Durchschnittswissens einer Kultur, die Einführung in ihre geltenden Werte und Erfahrungsweisen — und das in einer Zeit, da all diese Dinge sich oft schneller ändern, als wir wahrnehmen können.

Wo waren die Reformer, die gegen Untätigkeit auf dem Gebiet der Erziehung hätten auf die Barrikaden gehen können? Von der Mitte der fünfziger Jahre bis vor kurzem standen die meisten von ihnen im Lager der Reaktion oder des Konservatismus. Wir brauchen keine Zeit auf die Rickovers, Bestors und andere aus der Gattung der Basic-Education-Leute zu verschwenden. Ihre geistlosen Behauptungen, daß die Erziehung auf den „Geist" beschränkt sein soll, und ihre primitive Empfehlung, um die Erziehung zu verbessern, müßten die Erzieher nur ihren Stoff gut genug kennen und „damit durchkommen", haben genug Schaden angerichtet und werden zum Glück heute generell abgelehnt. Dadurch daß sie die bereits schwierige Situation noch weiter verschlimmert haben, haben reaktionäre Kritiker vermutlich indirekt die wirkliche Reform beschleunigt.

Auf der anderen Seite haben die konservativen Kritiker sicherlich Schuld an der Verschleppung mancher Änderungen im Erziehungswesen. Ein typischer Vertreter dieser Kritiker ist die Graue Eminenz James B. Conat, ein Mann von hervorragendem Ruf und unbezweifelbar gutem Willen. Dieser zum Establishment gehörende Reformer, dem in beneidenswerter Weise Forschungsmittel und Möglichkeiten, seine Auffassungen überall zu verbreiten, zur Verfügung stehen, brütet meist Vorschläge für verwaltungsmäßige und rechtliche Verbesserungen aus und behandelt die Grundstruktur und den Inhalt der amerikanischen Erziehung, als ob sie für mindestens tausend Jahre Geltung behalten sollten. Seine Prioritäten machen deutlich, daß er von der Hochschulerziehung herkommt. Er wendet sich zunächst den High-Schools* zu und ist von Lehrstoff, Bildungsgängen, Lehreinheiten und Verwaltung fasziniert. Als er sein Denkmal für den Status quo, „Die amerikanische High-School heute", schrieb, übersah Dr. Conant einfach das Hauptproblem: die High-School in den Großstadt-Slums. Er gab selbst — in seinem verspäteten Buch „Slums und Vorstädte" — diesen Fehler zu. Indem sie halfen, das bereits brüchig werdende zeitgenössische amerikanische Schulsystem mit Leim und Plastik abzustützen, haben Männer wie Conant die Pädagogen daran gehindert, einen vollständigen Neubau der Erziehung zu beginnen.

Kürzlich hat sich eine ganze Reihe weniger hemmender Stimmen erhoben. Studentische Rebellen und Kritiker, wie Paul Goodman und Edgar Z. Friedenberg, protestierten leidenschaftlich gegen die verdummenden und entmenschlichenden Züge unserer Schulen. Ihre Kritik — vor allem an der College-Erziehung — ist durchschlagend, aber was sie zur Änderung der Dinge bringen, bleibt ziemlich vage. In ihrem Mißtrauen gegenüber der Wissenschaft übersehen sie neuere experimentelle Arbeiten auf dem Gebiet der Lernforschung, die zeigen, daß Reform eine praktische und keine bloß spekulative Angelegenheit ist.

Jetzt ist es möglich, für wirkliche Alternativen einzutreten, Neues aufzubauen und das Alte zu kritisieren. Jeder Pädagoge, jeder Vater und jede Mutter, jeder Schüler hat ein Interesse an diesem Projekt. Alle werden jetzt mitbestimmen, ob unsere Schulen beweglich, humanistisch, fröhlich werden — oder aber monolithisch, starr und doktrinär. In jedem Fall werden die Schulen sich verändern. Die alten Strukturen der Erziehung brechen zusammen, der Leim der Tradition hält nicht mehr lange. Beim Bau der neuen Struktur können wir von drei Annahmen ausgehen, die uns jetzt schon ganz vertraut klingen:

1. *Das Potential des Menschen* ist unendlich viel größer, als wir bisher anzunehmen gelernt haben. Wenn wir auf Grund dieser Annahme *handeln*, werden wir merken, daß selbst kleine und einfache Initiativen bereits große Erfolge zeitigen können; Initiativen, so einfach und bescheiden wie das von dem Psychologen Robert Rosenthal und der

* Etwa unseren Mittelschulen entsprechend, zwischen allgemeiner Grundschule und College. (Anm. d. Übers.)

Schulleiterin Lenore Jacobsen in ihrem Buch „Pygmalion im Klassenzimmer" beschriebene Experiment. Die Kinder in Dr. Jacobsons Schule in Süd-San Francisco erhielten Intelligenztest-Fragebögen. Den Lehrern wurde irreführenderweise gesagt, diese Tests könnten zeigen, welche Kinder beim Lernen „nach vorn spurten" würden. Den Lehrern (nicht aber den Eltern oder Schülern) wurde eine Liste gegeben, die 20 Prozent der Kinder enthielt. Es wurde behauptet, das seien die Kinder mit den höchsten Intelligenzquotienten, in Wirklichkeit waren sie zufällig aus der Gesamtzahl herausgegriffen und gehörten allen Intelligenz- und Leistungsstufen an. Es stellte sich jedoch heraus, daß sie tatsächlich nach vorn spurteten. So erreichten zum Beispiel Kinder aus der ersten Klasse, die auf der Liste gestanden hatten, durchschnittlich 24.4 Intelligenzquotient-Punkte, während der Durchschnitt der Klasse nur 12 Punkte erreichte. Dabei wurde dieser Erfolg sogar mit den groben pädagogischen Techniken erzielt, die heute gewöhnlich zur Verfügung stehen, und resultierte aus einer bloßen Annahme.

2. *Lernen ist reine Freude.* Das bedeutet nicht, daß Spannung vermieden wird oder daß man Angst hat, einer Tragödie ins Auge zu sehen. Erziehung ohne das Moment der Ekstase ist aber nur ein Schatten wirklicher Erziehung. Wir dürfen ruhig annehmen, daß, wenn Lernende apathisch, gelangweilt oder einfach stocknüchtern sind, irgend etwas vollständig verkehrt gemacht wurde, das jedoch durchaus zu ändern ist.

3. *Lernen selbst ist der höchste Lebenszweck.* Diese Annahme hat schwerwiegende Konsequenzen. Es stimmt, daß jeder, der den Lernprozeß — besonders in einem kleinen Kind — blockiert, sich eines gewaltigen Verbrechens schuldig macht. Die Verbrechen gegen die Menschheit ebenso wie die Anliegen, für die Menschen zu sterben bereit sind und tatsächlich sterben, treten nicht plötzlich und klar erkennbar in der Geschichte ans Tageslicht. Verbrechen und Anliegen entwickeln sich allmählich aus dem Stoff der menschlichen Erfahrung. Die noble Ethik der Athener kannte das Problem der Sklaverei einfach nicht. Amerikanische Traktate über Ethik konnten bis zur Entscheidung des Obersten Gerichtshofs von 1954* und sogar noch später, die Frage der Rassentrennung weglassen. Ist uns aber eine solche Verletzung erst einmal klargeworden, dann erschrecken wir meist über ihr

---

* Als die „separate but equal"-Klausel, die bis dahin akzeptiert worden war, ausdrücklich vom Gericht verworfen und die Rassentrennung in Schulen als indirekte Benachteiligung der Negerkinder erkannt wurde. (Anm. d. Übers.)

Ausmaß. Menschen sind immer bereit gewesen, für das zu kämpfen, was ihnen für ihr Leben unabdingbar erschien: Nahrung, Wasser, Salz, Land, Befreiung von Sklaverei, höhere Löhne, bessere Arbeitsbedingungen, Rassengleichheit. Und jetzt taucht neu die Erziehung als das Allerwichtigste auf. Heutzutage entscheidet die schulische Ausbildung so viel, selbst Dinge wie das mögliche Einkommen, den Sozialstatus und Nachbarschaften. Aber sehen wir einmal von diesen äußeren Folgen der Schulbildung ab und betrachten wir den Kern unserer Existenz. In Zukunft wird die Fähigkeit eines Menschen, zu lernen und von seiner Geburt bis zum Tode freiwillig weiterzulernen, die Qualität seines ganzen Lebens bestimmen.

Wenn das aber so ist, sollten wir nicht erstaunt sein, wenn wir eines Morgens aufwachen und feststellen, daß Aufruhr und Rebellion wegen des Inhalts, der Methoden und der Ziele der Erziehung ausgebrochen sind. Wir werden gewarnt: Die Studenten-Aufstände der vergangenen Jahre an den großen Universitäten mögen Fragen wie „Redefreiheit" und ähnliches zum Anlaß gehabt haben, aber täuschen wir uns nicht, sie waren gegen die heutigen Institutionen der höheren Bildung selbst gerichtet. Auch wenn es Eltern erst jetzt allmählich klar wird, die Bedingungen in den frühen Schuljahren sind bei weitem die kritischsten. Die Experimente von Krech an der Berkeley-Universität, die gezeigt haben, daß erzieherische Vernachlässigung das Wachstum der Großhirnrinde hemmt*, werden von mehr und mehr Forschungsinstituten bestätigt. *Ihr Kind – dem man sein Gehirngewebe wegnimmt?* Das ist etwas, wofür eines Tages schon Blut vergossen werden könnte, wenn auch der Anlaß älteren Revolutionären der dreißiger Jahre seltsam genug vorkommen mag.

Aber Blutvergießen, Gewalt und Revolution sind keine Mittel für eine Erziehungsreform in unserem Zeitalter. Gewalttätigkeit, die durch eine Gewalttat beseitigt wird, gebiert meist neue Gewalttätigkeit. Die konventionellen Massenbewegungen mit Kampf-Demonstrationen, Fahnen und vereinfachenden Schlagworten verleihen oft nur den Positionen, gegen die sie sich richten, neues Leben. Die Lebensbedingungen in den Vereinigten Staaten sind zu komplex geworden, alles hängt mit viel zuviel anderem zusammen, um eine antagonistische Weise der Veränderung vom Typ „wir gegen sie" und „entweder – oder" zuzulassen. Die neue Technologie gibt uns neue Methoden der Veränderung an die Hand. Die zunehmende Interdependenz zusammen mit dem über den ganzen Kontinent reichenden Verbindungsnetz der Medien ermöglichen die rasche Verbreitung attraktiver und brauchbarer Alternativen.

* Vgl. das zweite Kapitel

Wir fangen also an, nicht nur die bestehenden Erziehungsenvironments zu kritisieren, sondern zugleich neue aufzubauen. Wie soll das geschehen? — Es gibt viele Wege zu diesem Ziel.

Eine Stiftung oder eine andere Institution, die daran interessiert ist, das amerikanische Erziehungswesen zu verändern, hat jetzt dazu Gelegenheit. Sie wird zu diesem Zwecke nicht spektakuläre technische Neuerungen einführen (wie z. B. einen Erdsatelliten, mit dessen Hilfe die Fernseh-Erziehungsprogramme mehrerer Staaten kombiniert werden könnten) oder mit teurem Geld und großer Mühe eine Überprüfung des bestehenden Erziehungssystems hinsichtlich seiner Effizienz durchführen lassen, stattdessen sollte diese innovative Institution (oder die Institutionen) etwa ein halbes Dutzend Vorschulen gründen, die mit Drei- bis Sechsjährigen beginnen und denen jedes Jahr eine weitere Altersgruppe hinzugefügt wird. Diese Schulen könnten es mit den Prinzipien versuchen, die in den vorausgehenden Kapiteln entwickelt worden sind. Sie sollten aber auf keinen Fall nach Normierung streben. Jede einzelne Schule müßte ermutigt werden, organisch zu wachsen und von ihren Lernern zu lernen. Die Schulen sollten in bezug auf ihre geographische Lage und auf ihre soziale Umgebung möglichst verschieden sein. Bis zu drei von sechs Schulen sollten in Ghettos liegen, und ich würde annehmen, daß die vernachlässigten Kinder der Ghettos in diesen Schulen die Kinder aus reichen Vororten in ihren Leistungen bei weitem übertreffen werden, und zwar nicht nur in den üblichen Fachbereichen, sondern auch auf Gebieten, von denen sich die bisherigen Erzieher meist nichts träumen ließen. Am wichtigsten aber wäre, daß all das ohne eine Spur des sonst üblichen Drucks auf die Lernenden erreicht werden würde.

Die „Lehr-Erlaubnis" an diesen Modell-Schulen sollte nicht auf beruflich vorgebildete Lehrer beschränkt sein. Natürlich wären alle Lehrer willkommen, aber sie wie die anderen müßten erst ihre Bereitschaft unter Beweis stellen, ihre alte Haltung aufzugeben und beim Aufbau eines neuen, ständig sich ändernden Lern-Klimas zu helfen. Leute aus allen möglichen Fächern könnte man zur Teilnahme auffordern, vor allem aber möglichst viele aus dem rasch wachsenden Lager der „Generalisten", der „allround"-Leute, deren Wahrnehmungsfähigkeiten und Handlungen von keiner Fachgrenze eingeschränkt sind.

Zur Frage Spezialist oder Generalist hat Howard Gossage, der sich selbst Generalist nennt, folgendes geschrieben: „Wenn man einmal mit einem Problem zu einem Fachmann geht, dann wird man in eine Spezialisten-Lösung hineingezogen. Nehmen wir an, Ihre Firma hat mehr und mehr Ärger und ist mit ihrem derzeitigen Quartier unzufrieden. Gehen Sie zu einem Architekten, dann wird er sich nach Ihren Bedürfnissen, Wünschen, Zielen, Hoffnungen, Befürchtungen erkundigen und danach, was das für Leute in Ihrer Firma sind. Wissen Sie, was bei all dem schließlich herauskommen wird? Ein neues Gebäude!

Ein Gebäude aber, wie schön es auch sein mag, ist vielleicht gar keine wirkliche Lösung für das vorliegende Problem. Vielleicht ist die richtige Antwort, das Unternehmen sollte seine Expansion einstellen oder den Präsidenten entlassen oder alle Mitarbeiter nach Hause schicken und — durch TV-Netz verbunden — zu Heimarbeit übergehen. Das alles aber sind Lösungen eines Generalisten, nicht Lösungen, die man z. B. von einem Architekten erwarten kann."

Man könnte hinzufügen, daß heute jedes Fachgebiet seine geheimen Generalisten hat. Die neue Erziehungsmethode wird dazu beitragen, sie zum Vorschein zu bringen.

Gegenüber dem gewaltigen Block des Establishments der US-Erziehung mögen sechs Experimentierschulen als wenig erscheinen. Aber die Fernsehnetze und die im ganzen Lande verbreiteten Illustrierten sind in der Geschichte bisher unbekannte Mittel, um mit einer Stimme zu einer ganzen Nation zu sprechen. Aufregende Nachrichten verbreiten sich schnell und weit. Die Medien können ein Klima für Veränderungen schaffen. Wenn überall Pädagogen, Eltern und Schüler nach neuen Wegen der Erziehung suchen, dann könnten sechs ganz andere — und erfolgreiche — Schulen das Bildungssystem überall im Lande verändern.

Aber das ist nur eine der möglichen Strategien. Änderungen kommen meist Schritt für Schritt. Lehrer können ihr eigenes Klassenzimmer in Frei-Lern-Umwelten verwandeln und dadurch neue Formen zwischenmenschlicher Beziehungen schaffen. Sie können mit etwas so Einfachem wie der Tonbandaufnahme einer Klassen-Diskussion beginnen. Das Abhören eines solchen Bandes bedeutet für die meisten Lehrer eine wahre Offenbarung. Sie sind überrascht, festzustellen, wie viel sie selbst reden und wie wenig Gelegenheit ihren Schülern zur Antwort bleibt. Lehrer können auch nützliche Rückkoppelungs-Erfahrungen in Begegnungsgruppen machen. Eine ganze Anzahl von Begegnungsexperimenten sind in öffentlichen und Privatschulen im Gange, um Lehrer auf die Veränderungen vorzubereiten. Einer der Experimentatoren, Dr. Carl Rogers vom Western Behavioral Sciences Institute, arbeitet mit dem Schulsystem zusammen, das von den „Schwestern vom Unbefleckten Herzen Jesu" geleitet wird. Er hat die Absicht, schließlich alle Personen in den rund sechzig Elementar- und Oberschulen — einschließlich der Verwalter, Sportlehrer, Studenten, Eltern, Gemeindevorstände usw. — an solchen Begegnungsgruppen teilnehmen zu lassen. Dr. George I. Brown von der University of California, Santa Barbara, nutzt Methoden wie: Wachheit der Sinne, Körperbewegungs- und andere Techniken zusammen mit der

Encounter-Technik für ein Programm, das mit Hilfe der Ford-Stiftung in Esalen durchgeführt wird.

Viele Lehrer, die an Esalen oder anderen Praxis-Innovations-Arbeitsgruppen teilgenommen haben, haben nach ihrer Rückkehr ihre eigenen Schulklassen verändert und durch ihr Beispiel auf ihre Kollegen Einfluß ausgeübt. Dieser Einfluß mußte nicht notwendigerweise subversiv sein. Manchmal reagierten Schulbehörden positiv auf Experimente und folgten den Lehrer-Pionieren auf dem Weg zur neuen Erziehung.

Gewiß, Schulleitungen zögern oft, das Boot zum Schaukeln zu bringen. Sie fühlen sich durch alle möglichen äußeren Zwänge beeinträchtigt — durch Schulverwaltungsräte*, Lehrergewerkschaften, Lobbies aller möglichen Interessen. Sie halten daher oft die Entscheidung, die am wenigsten Änderung bringt, für die sicherste. Sobald sie aber eine Verringerung dieses Drucks spüren, können Schulleiter, „Erziehungsfachleute" usw. begeisterte Förderer von Reformen werden, durch die den Schülern mehr Freiheit und bessere Möglichkeiten zum Lernen verschafft werden.

In der Tat könnte es sich dann zeigen, daß die heftigsten Kritiker der „Erziehungsfachleute" in Wahrheit die Philister eines Zeitalters sind, das dringend Änderung braucht. Unter diesen Kritikern gibt es möglicherweise sogar ein paar hochgebildete Männer und Frauen, denen „Geschmack und Anstand" so wichtig sind, daß ihnen das unvermeidliche Herumtasten, das nun einmal mit Pionierleistungen verbunden ist, unerträglich erscheint; Leute, die einen Anflug selbstgefälligen Beifalls in sich aufsteigen fühlen, wenn Faulkner sagt, daß die „Ode auf eine Griechische Urne" jede Menge alter Damen wert ist; Menschen, die nichts mehr fürchten als Enthusiasmus und nichts höher schätzen als Ironie, „diesen Fluch, diese Flucht, diesen Panzer, diese Form, sich in Sicherheit zu bringen und doch weise zu erscheinen", wie sie Wallace Stegner genannt hat. Mag die Erzieher unterschätzen, wer will. Jedenfalls sind die Nachkriegslehrer die beste Lehrergeneration, die wir bisher gehabt haben. Sobald die Öffentlichkeit bereit ist, werden sie sich in Bewegung setzen. Meiner Meinung nach ist diese Zeit gekommen. Lehrer und Schüler der höheren Schulen und der Colleges können ebenfalls die neuen Erziehungsformen aufnehmen, wenn sie bereit sind, Neues zu bauen, nicht nur das Alte zu kritisieren. Das State's Experimental-College in San Francisco ist ein gutes Beispiel dafür. Innerhalb von zwei Jahren hat dieses von Schülern selbst entwickelte Programm nicht nur großen Erfolg gehabt, sondern auch

---

* in denen vor allem die Eltern der betreffenden Gemeinde vertreten sind und die letztlich fast alles zu entscheiden haben. (Anm. d. Übers.)

auf das Mutter-College starken Einfluß ausgeübt. Ein Informations-
blatt des Experimental-College beschreibt die hinter dem Versuch
stehenden Vorstellungen: „Wir gehen davon aus, daß die Lernenden
die Verantwortung für ihre eigene Erziehung übernehmen sollten, solange es einem wirklich um das Problem geht, das man sich vorgenom-
men hat, und darum, es so gut wie möglich zu lösen. Unsere Methode
ist eine Aufforderung — zu lernen, wie man lernt . . . Wir nehmen an,
daß Sie selbst eine entscheidende Rolle bei der Beurteilung Ihrer eigenen Leistung spielen können. Wir behaupten, daß bei einer solchen
Zusammenarbeit von Schülern, Lehrern und Verwaltung eine quali-
tativ erstklassige Erziehung herauskommen wird. Das Experimental-
College wurde aufgebaut, um einen neuen Stil des Lernens und Lehrens zu entwickeln, der für die künftige Entwicklung des State-College
von San Francisco zum Vorbild werden kann."

Jeder, der Lust dazu hatte — Student, Lehrer oder Außenseiter —,
konnte eine Lehrveranstaltung über irgendein Thema ankündigen.
Sobald genug Studenten auftauchten, kam die betreffende Veranstal-
tung zustande. Bis zu 1200 Studenten waren eingeschrieben. Inner-
halb der Schranken des Klassen- und Vorlesungsmodells hat sich das
Experimental-College ein gutes Stück in Richtung auf Encounter-
Gruppen, Forschungsarbeiten und Freies Lernen hin bewegt. Seine
Neuerungen wurden eifrig von einer sehr großen Zahl der Lehrer und
Leiter der San Francisco State Colleges aufgenommen.

Dieser Erfolg steht im Gegensatz zu den Folgen des „Free Speech
Movement"*, das vor allem dazu beitrug, daß eine den Studenten
feindliche Regierung in Kalifornien gewählt wurde. James Nixon, der
früher Vorsitzender der Studentenorganisation von Kalifornien war
und zunächst mit ähnlichen Methoden wie die Bewegung für Redefreiheit arbeitete, lernte aus den Erfahrungen in Berkeley und half beim
Aufbau des Experimental-College. Er beschreibt, wie sich die beiden
Vorhaben unterschieden: „Die Bewegung für Redefreiheit zeigte, wie
man handeln und Einfluß ausüben kann. Sie schuf das Vacuum, das
wir jetzt zu füllen suchen. Als ich mich mit der Bewegung für Redefreiheit identifizierte, sah ich das Establishment als totalen Gegner an.
Ich merkte, daß ich hinter einer hohen Mauer stand, und sah keinen
Weg, mit der anderen Seite ins Gespräch zu kommen. Ich mußte daher
demonstrieren, streiken und Sit-ins veranstalten. Ich bezog meinen

---

* Organisation politisch engagierter Studenten an der Universität in Berkeley,
deren Mitglieder zumeist an der Bürgerrechtsbewegung in den Südstaaten teilgenommen hatten und die 1964 für vollständige Freiheit politischer Betätigung auf dem Campus eintrat, was zu heftigen Zusammenstößen mit der
Administration und zu Polizeieinsatz führte. (Anm. d. Übers.)

Standort und beschränkte mich auf meine Opposition gegen das Establishment. So ergab es sich denn auch folgerichtig, daß das Establishment feindselig *war*. Ich *war* wirklich hinter einer hohen Mauer und konnte nicht mit ihm ins Gespräch kommen.

Als wir dann auf die Idee eines Experimental-College verfielen, begann ich das Establishment als möglicherweise freundlich anzusehen, als etwas, mit dem man sich verständigen kann. So bauten wir uns eine eigene Struktur innerhalb des Establishment auf, damit wir etwas anzubieten hatten, etwas Wichtiges zur Verständigung beitragen konnten. Von Anfang an setzten wir voraus, daß ein Dialog mit dem Establishment möglich sei. So stellte sich denn auch schließlich heraus, daß zumindest *ein Teil* des Establishments tatsächlich freundlich war und wir uns mit ihm verständigen konnten. Der Dialog fand statt."

Heute verwandelt sich das State College von San Francisco in der Tat rasch von einem wenig bekannten College in ein Zentrum der Innovation, das im ganzen Lande bekannt ist. Wieder und wieder stellt sich heraus, daß Reformen möglich sind — innerhalb wie außerhalb der bestehenden Institutionen —, wenn die Reformer nur das Beste voraussetzen und zu handeln anfangen, statt nur zu protestieren. Es ist nicht notwendig, auf jeder Ebene auf offizielle Billigung zu warten. Man braucht auch nicht auf Experten zu warten. Zu den interessantesten Erkenntnissen des Western Behavioral Sciences Institute gehört zum Beispiel die Entdeckung, daß Begegnungsgruppen, die ohne Hilfe von Fachleuten arbeiten, therapeutische Resultate erzielt haben, die sich mit denen professioneller Therapeuten durchaus messen können. Der Direktor dieses Instituts, Dr. Richard Farson, meint: „Trotz zwingender Evidenz übersehen wir meist das wesentliche Hilfsmittel zur Überwindung jedes sozialen Problems, nämlich die Bevölkerungsgruppe, die das Problem hat." Farson nennt Synanon und die Anonymen Alkoholiker* als Beispiele dafür, daß Süchtige am besten von Personen geheilt und erzogen werden, die selbst einmal süchtig waren. Aus zahlreichen Forschungen geht deutlich hervor, daß ehemalige Häftlinge als Leiter von Rehabilitationsprogrammen für Strafentlassene weit bessere Resultate aufzuweisen haben als Strafvollzugsbeamte und Sozialarbeiter, die diese Programme vorher leiteten. Auch in den Ghettos sind die besten Resultate dort erzielt worden, wo „Gemeinde-Aktivitätsprogramme" von den betroffenen Negern selbst geleitet wurden.

---

* Eine Organisation, die ehemaligen Trinkern dadurch hilft, daß sie ihnen — in jeder größeren Stadt zumindest — einen Verein von Mitbürgern in der gleichen Lage zur Verfügung stellt, in dem sie sich aussprechen können und wo sie Verständnis finden. Sie besteht auch in Deutschland. (Anm. d. Übers.)

Vielleicht ist das die wahre Bedeutung der Black-Power-Bewegung, daß sie durch Selbsthilfe zur Selbstachtung führt. Derartige Erfolge bei der Behebung menschlicher Schwierigkeiten legen nahe, daß Selbsthilfe auch auf anderen Gebieten erfolgreich sein könnte. Farson hat z. B. vorgeschlagen, daß Ehepaare Organisationen bilden sollten, durch die ihre Ehe beobachtet und – mit Hilfe von positiven Rückkoppelungsmechanismen – verbessert würde. Untersuchungen zeigten ihm nämlich, daß heute oft die Jones wissen, was die Browns tun müßten, um ihre Ehe zu verbessern, während die Browns genausogut den Jones raten könnten. Unter den derzeit geltenden Verhaltensregeln in der Gesellschaft traut sich jedoch keines der beiden Ehepaare, dem anderen Ratschläge zu erteilen. Farsons neue Organisation, ein Netz von Kommunikationen, würde Offenheit und Austausch ermuntern und könnte zur Grundlage eines großen interpersonalen Experiments werden, durch das die Lebensfreude erhöht und ein ständig wachsendes Potential des Menschen ans Licht gerufen würde.

Ermutigt durch andere Familien könnte in der Tat die heutige Familie ganz ungewöhnliche Ziele menschlicher Tatkraft erreichen und zum wohl wirkungsvollsten Organ für Erziehungsreform und Erziehung werden. Eltern haben die erste Chance, für ihre Kinder erfreuliche und effektive Lernenvironments zu schaffen. Von Anfang an können sie forschendes Verhalten in jedem Kind ermuntern und bestärken.

Das kann manchmal den Einrichtungsgegenständen ein wenig schaden, aber – um das Zitat von Faulkner zu modifizieren – ein glückliches, frei-lernendes Kind ist jede beliebige Anzahl zerbrochener Aschenbecher wert. Im übrigen sind Disziplin und die Anerkennung notwendiger Schranken keineswegs unvereinbar mit freiem Lernen. Bestimmte Teile der Wohnung können als Frei-Lern-Gebiete deklariert werden, in denen fast alles erlaubt ist. Eltern, die wirklich Kontakt mit ihren Kindern haben, werden imstande sein, für sie Umwelten zu errichten, die bemerkenswert konstruktive und engagierte Verhaltensweisen hervorrufen. In unserem Hause haben wir einen zentral gelegenen Raum (das frühere Eßzimmer) für diesen Zweck reserviert. Er enthält Tische, Musikinstrumente, Tonbandgeräte, Kunst- und Handwerksmaterial, Kinderbücher und jenen vielfältigen Plunder, den Kinder brauchen, um ihre eigenen Welten zu errichten. Die Voraussetzung dafür, daß eine solche Umwelt wirklich funktioniert, ist der Verzicht der Eltern auf die Lehrer-Rolle. Aufgabe der Eltern ist es, die Umwelt zu erweitern, neues Material – wie in den Entdeckungszelten der Kennedy-Schule – einzuführen, durch das die Kinder herausgefordert, aber nicht überfordert werden. Hierzu bedarf es des Einfallsreichtums. Wenn die Situation geschickt programmiert ist, wird immer die Umwelt eher ausgeschöpft sein als die Fähigkeiten Ihres Kindes, mit ihr fertig zu werden.

Durch Automation werden wachsende Mengen menschlicher Energien verfügbar. Einzelne, Familien und Organisationen haben jetzt die Gelegenheit, neue Kulturen innerhalb eines einzigen Menschenlebens zu schaffen und die Hoffnungen und Ziele aufs neue zum Leuchten zu bringen, denen diese Nation ihre Entstehung verdankt. Aber es ist nur wenig Zeit zu verlieren. Es kann gut sein, daß wir einen historischen Zeitpunkt erreicht haben, an dem — wie manche meinen — die prinzipielle Entscheidung zwischen tiefgreifender Reform und Selbstvernichtung liegt. Die Zukunft wird kaum freundlich mit jenen umspringen, die aus „Vernunftgründen", wegen Schwierigkeiten bei der Durchführung oder aus Furcht, für anmaßend gehalten zu werden, es versäumen, umfassendere Pläne zu machen.

Das erinnert mich an die einzige Begegnung, die ich mit Aldous Huxley hatte. Es war 1962, an einem glühendheißen Junitag in Kalifornien, 17 Monate vor seinem Tod am 22. 11. 1963. Wir saßen auf Gartenstühlen in den Hollywood-Bergen. Ein gelblicher Dunst verdeckte den Himmel. Hunderttausende von Autos sausten über die Autobahnen, Straßen und Gassen, die sich meilenweit um uns herum erstreckten. Dichtes tropisches Laub entzog die Autos unserem Blick. Wir hörten nur ihre Geräusche, ein entferntes Rascheln des Windes. Huxley war ein schlanker, eleganter Mann von fast 70 Jahren, aber sein Geist war jugendlich und lebendig, als er sich jetzt vorbeugte und, den Kopf auf die Seite gelegt, mit den Fragen kämpfte, die wir einander gestellt hatten.

„Als ich 1932 ‚Schöne neue Welt' schrieb, hatte ich keine Ahnung, wie bald so viel davon wahr werden würde. Ich und auch niemand sonst ahnte, wie schnell die Wissenschaft sich entwickeln, wie rasch die Bevölkerung wachsen, wie erfolgreich immer mehr Menschen in immer größeren Organisationen zusammengefaßt werden würden. Schon sind wir dabei, die meisten der Techniken zur Kontrolle des Bewußtseins zu entwickeln, die ich in meinem Buch beschrieben habe. Darüber hinaus ist unsere Macht, die Außenwelt zu kontrollieren oder zu zerstören, schon weit über das hinausgewachsen, was ich vorausgesehen habe."

Huxley, ein von der Wirklichkeit übertroffener Prophet, zeigte mit einer Geste auf unsere Umgebung. „Hier kann man alles auf einmal sehen — die Verpestung des Wassers und der Luft, die Vergewaltigung der Natur, die Verschwendung von Ackerland für den Hausbau. Die Menschheit sollte sich nicht vor einer Invasion von Marsmenschen fürchten. Wir sind unsere eigenen Marsmenschen. Mit Hilfe von Wissenschaft und Technik zerstören wir vieles von dem, was schön und

179

wertvoll auf diesem Planeten war. Sie müssen den Leuten sagen, daß nicht mehr viel Zeit ist. Wir müssen alle anfangen, wie wild nachzudenken. Wir müssen etwas tun."

„Aber *was* sollen wir tun?" fragte ich ihn. „Was soll ich den Leuten sagen?"

„Das ist schwer zu beantworten. Die Begründer der Verfassung dieses Landes beschäftigten sich mit den Quellen der Macht zu ihrer Zeit und mit der Möglichkeit der Beschränkung dieser Macht. Jetzt sind neue Machtquellen entstanden, unendlich viel größer als alles, was man sich früher vorstellen konnte. Ich habe das Gefühl, daß wir eine Art neuer verfassunggebender Versammlung, eine neue Zusammenkunft der Väter der Verfassung brauchen, die dafür sorgt, daß die von den Wissenschaften freigesetzte Macht nicht dazu benützt wird, die menschliche Freiheit zu beschränken oder die Welt zu zerstören."

„Ja, aber wie wollen wir eine solche verfassunggebende Versammlung organisieren?" fragte ich.

„Das würde natürlich sehr schwer sein."

„Welche besonderen Schritte sollten wir denn in der Zwischenzeit unternehmen? Was sollen wir tun, um das sichere Unheil abzuwehren?"

„Ich weiß es einfach nicht", sagte der Prophet.

Seit dieser Begegnung (die mich veranlaßte, dieses Buch zu schreiben) bin ich in Gedanken oft zu unserem Gespräch zurückgekehrt. Viel ist in den Jahren seither geschehen. Seit Huxleys Tod sind die Alternativen klarer geworden. Lebte er noch, könnte er uns vielleicht heute wirklich helfen, eine neue verfassunggebende Versammlung einzuberufen. Sie könnte mit Zusammenkünften auf Gemeindeebene beginnen, dann auf der Ebene der Einzelstaaten. Nicht nur Vertreter der Regierung, sondern auch interessierte Bürger aus allen Lebensgebieten sollten an diesen Zusammenkünften teilnehmen. Diese verfassunggebende Versammlung könnte jenseits aller traditionellen Lösungen unter ganz neuen Aspekten die „menschliche Nutzung der Macht" untersuchen. Sie könnte von der Annahme ausgehen, daß es brauchbare neue Lösungen gibt und daß wir die Mittel haben und die Techniken entwickeln können, um diese Lösungen anzuwenden. Die Zusammenkünfte in den Einzelstaaten könnten schließlich zu einer Reihe von Versammlungen auf Bundesebene in Washington führen — nicht um eine neue Verfassung zu schreiben, aber vielleicht um Richtlinien aufzustellen für eine Aktion, die sich um die Rechte auf *Qualität* im menschlichen Leben kümmert: Rechte auf reine Luft und sauberes Wasser, Schönheit der Natur, Intimität und Individualität in einer elektronisch gesteuerten Welt und — ganz besonders — das Recht auf Erziehung in einem umfassenden neuen Sinne des Wortes. Jetzt schon könnten Schulen — im Zeitalter universeller Erziehung — erreichen, was Utopia niemals konnte.

Schon werden Teile dieser Arbeit von zahlreichen Konferenzen über die Zukunft geleistet. Aber ein wirklich nationaler Aufschwung, der von privaten und öffentlichen Stellen unterstützt die neuen Alternativen definiert, könnte die Nation und die Welt elektrisieren und uns eine ganz neue Ausgangsbasis verschaffen. Unser schlimmster Fehler wäre es, zu bescheiden zu träumen.

Die Rolle der Faszination

Unbegrenzte Mengen von Macht, vielleicht weit mehr als selbst Huxley vor wenigen Jahren noch annahm, fallen in die Hand des Menschen. Die Atomreaktoren, die „schnelle Brüter" genannt werden und jetzt im Entwicklungsstadium sind, versprechen zum Beispiel mehr nukleare Energie zu erzeugen, als sie verbrauchen können. Die Kontrolle der menschlichen Sterberate hat bereits eine Bevölkerungsbewegung von womöglich katastrophalem Ausmaß in Gang gesetzt, obgleich auch die Mittel für die Kontrolle der Geburtenrate zur Verfügung stehen. Zeit und Entfernung im traditionellen Sinn sind überwunden worden. Der ganze Erdball ist durch Kommunikations- und Zerstörungsmittel geeint.

Diese Situation kann trotz der Versuche, historische Parallelen zu finden, nicht als eine bloß quantitative Verstärkung des schon Bekannten angesehen werden. Sie ist etwas vollständig Neues und verlangt auch nach neuen Antworten. Was aber noch wichtiger ist, sie scheint eine neue Art Mensch zu verlangen, die nicht von engstirnigem Konkurrenzgeist, heftigem Aneignungstrieb und Aggressivität getrieben wird, sondern ihr Leben in freudigem Lernen verbringt. Ein solcher Menschentyp wird weniger durch Änderung der Ideologien oder des ökonomischen Systems geschaffen werden, als durch Änderungen in dem Prozeß, den ich „Erziehung" genannt habe. Der Gedanke, daß Erziehung das wirksamste Mittel menschlichen Wandels sein kann, ist keineswegs neu. Ich habe jedoch die Definition der Erziehung erweitert und vereinfacht, das Anwendungsgebiet der Erziehung ausgedehnt, versucht, die Erziehung mit der neuen Technik zu verbinden und die Beziehung zwischen Erzieher und Lerner zu ändern. Als Hauptbestandteil in all dem und als Alternative für die alten Motivationen habe ich die Ekstase genannt, Faszination, Lust, *ananda*, das höchste Entzücken.

Unsere Gesellschaft weiß wenig von Ekstase. In der Tat neigen alle Kulturen in unserem Kulturkreis dazu, Ekstase zu fürchten und als eine Gefahr für Vernunft und Ordnung zu meiden. In einer Hinsicht hatten sie damit recht. Man kann sich kaum eine revolutionärere Feststellung für uns vorstellen als den Satz: „Der natürliche Zustand des menschlichen Organismus ist Lust." Denn wenn das wahr ist, dann werden wir tagtäglich betrogen, und dann müßte man wohl das Gesellschaftssystem, das uns unser angeborenes Recht stiehlt, beseitigen.

Wie viele von uns können drei oder vier vollständig glückliche Tage ertragen, ohne schon bald darauf zu glauben, daß unser Flugzeug abstürzen wird oder daß wir vom Blitz getroffen werden. Diese gesell-

182

schaftliche Lehre steckt tief in uns drin. Und wenn ein sehr großer Teil unserer Jugend mit manchmal recht kurzsichtigen Mitteln Tag und Nacht auf der Jagd nach Lust und Freude verbringt, wie viele von uns fühlen sich dann nicht zutiefst bedroht? Freude bedroht in der Tat die Dinge, wie sie sind. Ekstase ist gefährlich wie Kernenergie. Das einzige, was noch gefährlicher werden könnte, ist die Vernachlässigung der Ekstase und das Festhalten an alten Gewohnheiten, die uns offensichtlich der Vernichtung entgegenführen.

Vielleicht ist es Zeit, daß sich Wissenschaftler und Weise ernsthaft mit dem Studium des Entzückens, der Ekstase, befassen. Was sind die Gefahren? Was ist der Nutzen? Für den Anfang möchte ich in erster Linie auf drei negative Überlegungen hinweisen:

1. Ekstase ist nicht notwendig der Vernunft entgegengesetzt.

Andererseits kann sie den Weg zeigen, der zu Verbindungen, Gesellschaftssystemen und Erziehungssystemen führt, in denen Vernunft und Gefühl nicht mehr in Widerspruch zueinander stehen; in denen die beiden vielmehr so sehr übereinstimmen, daß die Ausdrücke selbst als Gegensätze verschwinden.

2. Ekstase ist nicht notwendig der Ordnung entgegengesetzt.

Andererseits kann sie uns dazu verhelfen, Ordnung neu zu definieren. Nach dieser neuen Definition wäre Ordnung eine ausgeglichene, natürliche Lebensumwelt, in der alle Geschöpfe sich frei entwickeln und frei handeln können. Unsere Kennedy-Schule und unser Freies Lernen repräsentieren weit höhere und großartigere Formen von Ordnung als eine Schule, in der „Ordnung" erzwungen und künstlich ist. Das Leben ist eine ordnende Kraft. Der Mensch ist ein ordnendes Lebewesen. Ordnung wird sich weiter entwickeln. Ekstase gehört zur Änderung nicht der Quantität, sondern der Qualität von Ordnung.

3. Ekstase an sich ist weder moralisch noch unmoralisch.

Zuzeiten haben bestimmte Formen der Ekstase einige der zerstörerischsten Bewegungen der Menschheit beeinflußt. Das Dritte Reich zum Beispiel zeigte einen gewissen ekstatischen Wahn. Aber Hitlers „Enthusiasmus" wurde nur dazu benützt, um das alte Antriebssystem zu stärken: Leistungswettbewerb, Bereicherung und Aggression wurden auf ihre selbstmörderische Spitze getrieben. Ekstase wurde nicht als ein alternatives Antriebssystem ins Spiel gebracht, das das alte ablösen sollte.

Wenn wir uns mit Ekstase beschäftigen, ist wie bei allen starken Mächten der Kontext ausschlaggebend. Unser Kontext ist weder der ausgelassene dionysische noch der rein beschauliche Kontext, sondern der erzieherische. Ekstase ist der mächtigste Verbündete der Erziehung. Sie ist eine Triebkraft für das Moment des Lernens und seine Substanz.

Da er das weiß, strebt der Meister der Erziehungskunst nach „Entzücken". Sogar die als große Redner bekannten Professoren haben ihre Hörsäle in Theatersäle verwandelt und waren ganz hemmungslos im Einsatz von Spannung und Faszination. Große Männer haben den Augenblick einer Entdeckung (des Lernens), wie jedes Schulkind weiß, mit Freudengeschrei begrüßt. Man erzählt uns, wie Archimedes in seiner Badewanne „Heureka!" (ich habe gefunden) rief; wie Händel nach der Fertigstellung des „Messias" seinem Diener sagte: „Ich glaubte, alle Himmel und Gottvater selbst zu sehen." Wir kennen die Stelle, an der Nietzsche seine Empfindungen bei der Abfassung von „Also sprach Zarathustra" beschreibt: „Eine Entzückung, deren ungeheure Spannung sich mitunter in einen Tränenstrom auslöst, bei der der Schritt unwillkürlich bald stürmt, bald langsam wird; ein vollkommenes Außer-sich-sein mit dem distinktesten Bewußtsein einer Unzahl feiner Schauder und Überrieselungen bis in die Fußzehen . . ."

Was wir aber nicht anzuerkennen pflegen ist, daß jedes Kind als ein Archimedes, ein Händel, ein Nietzsche beginnt. Das achtmonatige Kind, dem es gelungen ist, einen Baustein auf den anderen zu setzen, hat einen Zusammenhang hergestellt, der für es nicht minder wichtig ist als für Nietzsche die Vision des Zarathustra. Es kann diese Erfahrung nicht so beredt artikulieren wie Nietzsche und würde vermutlich auch wenig Wert darauf legen, wenn es dazu imstande wäre, denn solche Augenblicke sind bei ihm nicht so selten wie bei Nietzsche; ein großer Teil seines Lebens in diesem Alter besteht aus Lernen, die Möglichkeit einer endlosen Reihe von ekstatischen Momenten breitet sich vor ihm aus. Wir Erwachsenen unterdrücken meist die Ekstase und den Lernprozeß, aber das ist schwierig und selten vollständig erfolgreich. Albert Einstein sagte in seiner Autobiographie, warum er ein Jahr nach seinem Schlußexamen unfähig war, über wissenschaftliche Probleme nachzudenken, und meint: „Es ist in der Tat nichts weniger als ein Wunder, daß die modernen Lehrmethoden die heilige Forscherneugier nicht vollständig abgewürgt haben. Es ist ein schwerer Irrtum anzunehmen, daß die Freude an der Erkenntnis und am Forschen durch Zwang und Pflichtgefühl gefördert werden können."

Und doch — Leben und Freude können einfach nicht ganz unterdrückt werden. Der Grashalm durchdringt den Beton. Frühlingsblumen blühen in Hiroshima. Und ein Einstein geht aus der europäischen Universitätserziehung hervor. Jene, die den Menschen bezwingen, kontrollieren und unterdrücken wollen, müssen am Ende unterliegen.

Die ekstatischen Kräfte des Lebens, Wachstums und Wandels sind zu zahlreich, zu vielfältig und zu stürmisch. Im achtzehnten Jahrhundert glaubte der schwedische Botaniker Carolus Linnaeus, sämtliche Tier- und Pflanzenarten der Welt katalogisiert zu haben. Es waren 4345. Er täuschte sich. Biologen nehmen heute an, etwa zwei Millionen verschiedene Tierarten, Botaniker, rund 300 000 Pflanzenarten klassifiziert zu haben. Und das ist erst der Anfang. Entomologen nehmen an, daß, könnte man alle Insektenarten zählen, eine Gesamtsumme von zwei bis zehn Millionen herauskäme. Angesichts dieser Fülle sind den Wissenschaftlern die griechischen und lateinischen Namen ausgegangen, und sie suchen jetzt nach eindrucksvoll klingenden Worten, die in keiner Sprache etwas bedeuten. All dieses Leben, all diese Bejahung des Wandels und der Entwicklung fand auf der Oberfläche eines mittelgroßen Planeten eines mittelgroßen Sonnensystems in einer von Hunderten von Millionen Milchstraßensystemen statt. Wäre dieser Planet so groß wie eine Orange, dann wäre die Lebensumwelt aller Lebewesen nicht dicker als ein dünnes Blatt Papier.

Das Leben hat eine elementare Botschaft, ein „Ja", das in unendlicher Mannigfaltigkeit wiederholt wird. Das Menschenleben, das jahrtausendelang von der Zivilisation in enge Bahnen kanalisiert wurde, fängt gerade erst an, seine Vielfalt und seine unendlichen Möglichkeiten zum Ausdruck zu bringen. Sie zu leugnen, heißt gegen den Strom des Daseins zu schwimmen. Ja zu sagen und der Ekstase des Lernens zu folgen — trotz aller Ungerechtigkeiten, Leiden, Verwirrungen und Enttäuschungen —, heißt entschlossen einer Erziehung und einer Gesellschaft entgegenzugehen, die das gewaltige Potential des Menschen freisetzen.

Vierter Juli. Ein See in den Wäldern Georgias. Die milde, stille Nachmittagsluft vibriert von tausend Lebewesen: Die monotone Trance-Musik der Zikaden steigt und fällt über dem Zirpen der Grillen und dem Summen der Bienen; das Schreien eines Habichts auf einem abgestorbenen Baum jenseits des Sees; Vogelsang ringsum, die Zusammensetzung ändert sich bei jeder Veränderung des Himmels oder der Luft. Die Geräusche sind unvorstellbar vielfältig. Geräusch fließt über den See, berührt mich, gegenwärtig und ewig zugleich. Alles ist eins, und ich bin das Eine.

Langsam schlendere ich auf das Ende des Sees zu. Eine Schwarznatter schlängelt sich durchs Gras. Zwei weiße Fischreiher, die sich ihren Weg am Seerand gebahnt haben, erheben sich mit wogendem, selbstbewußtem Flügelschlag; verächtlich, ohne Eile fliegen sie an einen Ort in ausreichender Entfernung von mir. Vollkommenheit. Über dem Wasser schießt ein Fliegenschnäpper mit flatternden Flügeln steil in die Luft, breitet dann still die Flügel aus, steht einen Augenblick unbeweglich in der Luft, wie gefroren. Ein Bussard, ein umgekehrter Schatten, kreuzt über ihm. Und drüben, auf einem dünnen Kiefernast, zeichnet sich eine kleine Grasmücke ab.

Eine Schildkröte ruht am Ufer. Ich nehme sie auf. Dunkelbrauner Panzer, lange durchsichtige Finger, die in die Luft greifen. Ein gelbgestreifter Kopf streckt sich, schwenkt herum; unpersönliche Augen, die nichts sehen, alles sehen. Ich lege die Schildkröte ans Ufer zurück. Weiter hinabsteigend beobachte ich eine Libelle, weniger als drei cm lang, mit Flügeln wie aus gelbem Zellophan, die auf einem Halm im brennenden Gold des späten Nachmittags zittert.

Was nun? Ein grüner Grashupfer ist — aufgestört von meinem Schritt — in den See gesprungen. Er zappelt wie im Krampf, liegt dann ruhig im Wasser. Zwei kleine Wellen bilden konzentrische Kreise um ihn, künden von seinem Kampf. Er zappelt noch einmal, bewegt sich auf den Strand zu. Wird er es schaffen? Noch zwei krampfhafte Sprünge, und er ist in seichterem Wasser. Der Grund ist sichtbar. Beinahe in Sicherheit. Aber ein Fisch ruht dort, ein zarter Schatten, bewegungslos. Wenn auch nur handgroß, ist er doch irgendwie schrecklich unheildrohend. Schnapp, ein kurzer Prozeß, Geräusch des sich schließenden Fischmauls. Leeres Wasser.

Später, kurz vor Sonnenuntergang, legen sich blaue Schatten unter die Bäume jenseits des Sees. Am Himmel verschwimmen dahinziehende Wolken und Farben. Beim Herannahen des Zwielichts werden die Farben reicher, der Himmel still. Nach Sonnenuntergang rudere ich in einem Boot hinaus aufs Wasser. Die Luft kühlt sich ab, die Bäume sind völlig still. Weiße Didonien am Seeufer sind schon für die Nacht geschlossen. Schildkröten kriechen aus dem Wasser, eher neugierig als beutelustig. Eine Singdrossel singt, ihr Tirilieren füllt plötzlich den Abend wie einen sich weitenden Ballon. Ein Zaunkönig singt, ein Kardinal, eine Grasmücke — lauter süße Sänger.

Dunkelheit naht. Die Lieder hören auf. Etwas schwimmt, kommt meinem Boot ständig näher. Der Schwimmer geht einen Augenblick ans Ufer, kehrt dann ins Wasser zurück, das zwei gerade Furchen hinter ihm zeichnet. Der Schwimmer sieht mich, taucht. Ich weiß, die Nachtjäger sind erwacht. Zwei Frösche quaken versuchsweise. Ein Nachtfalke fegt über den See. Kaum kann ich noch ein Opossum ausmachen, das am anderen Ufer entlang läuft. Ich rudere zurück zum Ufer. Der See schimmert schwarz, die Bäume sind schwarze Schattenrisse. Diese Welt bildet aufs großartigste mit allen ihren Teilen eine Einheit. Nichts kann abgetrennt werden. Nie stirbt sie ganz.

Wenn Menschen als vorausberechenbare, vorfabrizierte Teile einer festgeordneten gesellschaftlichen Maschinerie dienen müssen, dann ist das Ekstatische dafür ganz sicher nicht nützlich und kann in der Tat die Abteilungen, die für das Funktionieren der Maschine so notwendig sind, auflösen. Wenn sich aber eine Gesellschaft von dieser Maschinerie loslöst, wenn Individuen als unbegrenzt umherschweifende Entdecker sich betätigen dürfen und wenn „Muße" den Hauptteil der Lebenszeit ausmacht, dann kann Ekstase mit fast jeder Handlung nützlich verbunden sein. Die Technik bereitet eine Welt vor, in der es uns möglich sein wird, das ganze Leben lang zu lernen. In dieser Welt werden Freude und Wonne kein Luxus, sondern eine Notwendigkeit sein.

Ich kann mich nur noch an wenig erinnern, was in jenem Winter, als ich fünfzehn Jahre war, in der Schule geschah. Vielleicht war es das Jahr, als jeder von uns eine detaillierte Inhaltsangabe der „Schatzinsel" anfertigen mußte. Aber die Nachmittage und Abende dieser Zeit sind mir noch ganz gegenwärtig. Ich war damals ein Amateur-Radio-Fanatiker. Ein Nachbarjunge, der zwei Jahre älter war als ich, hatte mich angesteckt, und ich lebte monatelang in einem Zustand herrlicher Begeisterung. Ich ging von der Schule nach Hause in dem Bewußtsein, daß der Tag nicht lang genug sein würde. Ich arbeitete ständig, übte das Morsealphabet, verschlang Handbücher für Radiobastler und studierte Kataloge mit Radioteilen, baute mir schließlich einen einfachen Kurzwellenempfänger. Ich fand das alles herrlich.

Eines Nachts erreichte meine Radio-Erfahrung ihren Höhepunkt. Wochenlang hatte ich an meinem ersten größeren Gerät gebaut, einem Vierröhren-Kurzwellenempfänger. Der Entwurf stammte von mir selbst, abgeleitet aus den Schaltplänen der Handbücher, und war von meinem kenntnisreichen Freund gebilligt worden. Jeder Teil war von bester Qualität, alles war in einem höchst fachmännisch aussehenden Metallgehäuse untergebracht. Jeder Bedienungsknopf war sorgfältig angebracht und entsprach den Anforderungen der Zweckmäßigkeit und der Ästhetik, es gab auch einen überdimensionalen Bandbreitenwähler. In dieser besonderen Nacht hatte ich vom Augenblick meiner Rückkehr von der Schule an gearbeitet, ich hatte das Abendessen gegen den Protest meiner Eltern ausgelassen — endlich gegen elf Uhr lötete ich den letzten Kontakt.

Mit zitternder Hand brachte ich das Erdkabel und die Antennenverbindung an, steckte den Steckkontakt rein und schaltete den Apparat an. Es kam ein leichtes, beruhigendes Summen, nach einem kurzen, bangen Augenblick leuchteten die Röhren auf, wurde das Summen stärker. Kein weiterer Ton. Nichts. Ich überprüfte alle Kontakte und Einstellungen. Vielleicht lag es am Lautsprecher, ich schloß die Kopfhörer an. Immer noch nichts.

Ich konnte mir nicht vorstellen, was los war. Während der nächsten Stunde ging ich noch einmal alle Anschlüsse durch, überprüfte den gesamten Stromkreis, bis mir schwindlig wurde. Da ich alle Bauteile neu gekauft hatte, dachte ich einen Augenblick daran, daß es etwa an ihnen liegen könnte. Das Geheimnis, das mir so übermächtig und unfaßbar erschien, hätte natürlich von jedem Radiofachmann in wenigen Minuten aufgeklärt werden können. Für mich war jedoch seine Aufklärung von größter Tragweite.

Der Stromkreis des Radios bestand aus zwei Stufen. Auf der ersten Stufe wurden Radio-Frequenz-Wellen in elektrische Impulse von hörbarer Frequenz umgewandelt, die zweite Stufe verstärkte die elektrischen Impulse, die aus der ersten Stufe kamen. Da fiel mir ein, daß ich die Kopfhörer am Ende der ersten Stufe einschalten könnte. Hurra! Störgeräusche, Telegraphenverkehr, Stimmen. Das schien darauf hinzudeuten, daß der Fehler irgendwo in der zweiten Stufe liegen mußte. Einem plötzlichen Impuls folgend schloß ich ganz am Anfang der zweiten Stufe ein Mikrophon an. Wiederum mit Erfolg. Die zweite Stufe funktionierte ebenfalls. Ich konnte meine Stimme im Lautsprecher hören.

In diesem Augenblick war die Antwort klar: Beide Stufen arbeiteten getrennt voneinander. Der Fehler mußte bei der Verbindung zwischen ihnen liegen. Meine Blicke richteten sich auf eine kleine grün-silberne Spule (die unterbrochene Verbindung zwischen Unterbewußtsein und Bewußtsein, der verborgene Sprung zwischen dem Individuum und der Gemeinschaft). Es mußte an dieser Drosselspule liegen. Von dieser Gewißheit wurde ich geradezu überwältigt. Mit dem größten Vergnügen wäre ich bereit gewesen, im nächsten Radiogeschäft einzubrechen, um eine Ersatzspule zu bekommen. Zum Glück hatte mein Freund eine. Ich baute sie ein, ohne mir die Zeit zu nehmen, sie festzulöten, und eine ganze Welt strömte aus der sternhellen Nacht in mein Zimmer herein. Ich drehte am Bandbreitenwähler: ein Dorf in Kalifornien, Kurzwellensender aus England, Deutschland, Mexiko, Brasilien. Das Ende war nicht abzusehen. Ich hatte mir neue Sensoren aufgesetzt. Wo vorher nichts gewesen war, war jetzt all das.

Ekstase, Faszination ist etwas, worüber man nicht leicht schreiben kann. Wenn es aber so was wie „Außer-sich-sein" gibt, dann war ich es in dieser Nacht. Und ich war — wie jeder, der wirklich etwas Neues gelernt hat — danach ein anderer Mensch.

Jedes Kind, jeder Mensch kann Freude am Lernen haben. Eine neue Art der Erziehung hat schon angefangen und drängt vorwärts, trotz aller Schranken, die wir errichtet haben. Warum sollten wir nicht aktiv dazu beitragen, daß sie stattfinden kann?

Erziehung in Wissenschaft und Praxis

Beiträge zur Pädagogik der Gegenwart,
herausgegeben von Andreas Flitner

sachbuch rororo

Schule in der Reform

Elin-Birgit Berndt u. a.

Erziehung der Erzieher: Das Bremer Reformmodell

Ein Lehrstück zur Bildungspolitik [6782]

Wendula Dahle

Deutschunterricht und Arbeitswelt: Modelle kritischen Lernens

Materialien für Lehrer und Schüler [6785]

Selma Fraiberg

Die magischen Jahre in der Persönlichkeitsentwicklung des Vorschulkindes

Psychoanalytische Erziehungsberatung [6794]

Ivan Illich

Schulen helfen nicht

Über das mythenbildende Ritual der Industriegesellschaft Einleitung von Erich Fromm [6778]

Initiativgruppe Solingen

Schule ohne Klassenschranken

Entwurf einer Schulkooperative [6724]

Mosse Jørgensen

Schuldemokratie – keine Utopie

Das Versuchsgymnasium in Oslo [6802]

Herbert R. Kohl

Antiautoritärer Unterricht in der Schule von heute

Erfahrungsbericht und praktische Anleitung [6699]

Alexander Sutherland Neill

Theorie und Praxis der antiautoritären Erziehung

Das Beispiel Summerhill [6707]

Das Prinzip Summerhill:

Fragen und Antworten, Argumente, Erfahrungen, Ratschläge [6690]

Summerhill: Pro und Contra

15 Ansichten zu A. S. Neills Theorie und Praxis [6704]

Everett Reimer

Schafft die Schulen ab!

Befreiung aus der Lernmaschine [6795]

Gerhild Werner

Keine Angst vor Schularbeiten

So können Eltern ihren Kindern helfen. Mit Pädagogik-Lexikon und Einführungskurs in die Mengenlehre [6781]